欠发展地区由于缺乏自主知识产权的核心技术，不具备"技术赶超"的条件，但可以充分发挥后发优势，承接先进产业转移，实现"蛙跳"式经济增长，进而实现产业结构和技术结构升级，提高竞争力。

经济新常态下欠发展地区
提升产业国际竞争力路径研究

JINGJI XINCHANGTAIXIA QIANFAZHAN DIQU
TISHENG CHANYE GUOJI JINGZHENGLI LUJING YANJIU

本书运用产业经济学、管理经济学等相关理论，结合案例研究，深入分析研究多元经济发展状态下欠发展地区产业国际竞争力提升的路径。以河北省为例，对欠发展地区经济产业结构、利用外资、产业集群、企业经营等进行实地调研，分析其产业国际竞争力提升的约束条件，提出建设性解决方案。

康学芹◎著

人民出版社

总　　序

时光荏苒,岁月如梭,河北经贸大学已历经60年岁月的洗礼。回首她的发展历程,深深感受到经贸学人秉承"严谨为师、诚信为人、勤奋为学"的校训,孜孜不倦地致力于书山学海的勤奋作风,而"河北经贸大学学术文库"的出版正是经贸师生对她的历史底蕴和学术精神的总结、传承与发展。为其作序,我感到十分骄傲和欣慰。

60年来特别是改革开放以来的三十多年,河北经贸人抓住发展机遇,拼搏进取,一步一个脚印,学校整体办学水平和社会声誉不断提升,1995年学校成为河北省重点建设的10所骨干大学之一,1998年获得硕士学位授予权,2004年在教育部本科教学工作水平评估中获得优秀,已成为一所以经济学、管理学、法学为主,兼有文学、理学和工学的多学科性财经类大学。

进入新世纪以来,我国社会经济的快速发展,社会各届对高等教育提出了更高的要求,高等教育进入了提升教育质量、注重内涵发展的新时期,不论是从国内还是从国际看,高校间的竞争日趋激烈。面对机遇和挑战,河北经贸人提出了以学科建设为龙头,走内涵发展、特色发展之路,不断提高人才培养质量,不断提升服务社会经济发展的能力和知识创新的能力,把我校建设成高水平大学的奋斗目标和工作思路。

高水平的科研成果是学科建设水平的体现。出版"河北经贸大学学术文库"的主要目的是进一步凝练学科方向、推进学科建设。近年来,我校产业经济学、会计学、经济法学、理论经济学、企业管理、财政学、金融学、行政管理、马克思主义中国化研究等重点学科在各自的学科领域不断进取,积累了丰富的研究成果。收入文库的著作有的是教授们长期研究的结晶,有的则是刚刚完成不久的博士学位论文,其作者有的是在本学科具有较大影响力的知名专家,更多的则是年富力强、立志为学的年轻学者,文库的出版对学科梯队的培养、学科特色的加强将起到非常积极的作用。

感谢人民出版社为"河北经贸大学学术文库"的出版所付出的辛勤劳动,人民出版社在出版界的影响力及其严谨务实的工作作风,与河北经贸大学积极推进学科建设的决心相结合,成就了这样一个平台。我相信,借此平台我们的研究将有更多的机会得到来自社会各界特别是研究同行们的关注和指教,这将成为我们学术生涯中的宝贵财富;我也希望我们河北经贸学人能够抓住机会,保持锲而不舍的钻研精神、追求真理的科学精神、勇于探索的创新精神和忧国忧民的人文精神,在河北经贸大学这块学术土壤中勤于耕耘、善于耕耘,不断结出丰硕的果实。

河北经贸大学校长　纪良纲

·目　录·

前　　言

　　产业结构如何升级、怎样推动技术进步是今天中国经济发展直面的迫切问题,专家学者、政府、企业对产业升级、技术创新战略及路径在理论层面和实践层面一直都存在着很大的争议。在理论层面存在着以比较优势理论为基础的"要素禀赋说"与以竞争优势理论为基础的"技术赶超说";实践层面有模仿性创新与自主创新路径的选择。从 20 世纪 90 年代一直争论到现在,经济进入新常态,经济发展动力迫切需要从要素驱动切换到创新驱动上来。创新驱动的确是经济新常态的内在需要,但是,胡鞍钢 2001 年提出的"一个中国,四个世界"的地区发展差距依然存在,这就决定了经济换挡期动力转换需要对经济格局准确把脉,进行战略性调整,才能稳妥地实现承前启后。

　　党的十八大报告中对区域经济一体化深入发展进行了部署,2014 年,政府工作报告提出"把培育新的区域经济带作为推动发展的战略支撑","加强环渤海及京津冀地区经济协作",京津冀协同发展上升为国家重大战略。十八届五中全会进一步指出,当前要推进双向开放,支持沿海地区全面参与全球经济合作与竞争,提高边境经济合作区、跨境经济合作区发展水平。2016 年 4 月 20 日国务院常务会议上,李克强总理解读经济新常态下新旧驱动力间的关系时辩证地提出,"双引擎要劲,旧马车要稳"。李克强总理一直强调中西部是中国经济发展的纵深回旋腹地,此次国务院常务会议上明确提出要实施支持中西部承接国内国际产业转移、利用中西部的要素禀赋稳住进出口的战略。在中国发达地区实施创新推动的同时,中国广大欠发展地区、落后发展地区的经济产业结构调整是成功实现经济新常态经济发展目标的关键环节之一。

利用帕累托分类法,基于中国 2013 年统计数据进行综合测算,结果显示:内地 31 个省(区、市)中,有 9 个省(市)属于先发展地区,22 个省(区、市)属于欠发展地区。胡鞍钢 2001 年提到的中国东西部三大发展差距(经济发展差距、人类发展差距和知识发展差距)依然存在。著名经济学家赫希曼主张一个国家不可能平衡发展,在发展过程中要出现区域增长极,通过增长极的涓滴扩散效应达到整体的发展。基于赫希曼理论,这就涉及在整个国家发展战略中的有效投资顺序问题。打破常规的按部就班的发展顺序,会催生一些环节或一些地区跳跃式地更高效地发展。在一个开放的社会体系中,除了自我增长之外,体系内部与外部都会产生自然资源、信息、技术、思想的交流,开放体系与外部世界一旦形成一个良性正反馈循环系统,将会促进体系内部的资源有效利用,节约本体系资源,激发本体系的技术、开拓思想,从而激发开放体系内部结构的不断完善、升级跃迁,形成新的耗散结构,提高生产力。欠发展地区、落后地区与国内先发展地区、国际上拥有先进技术的国家或地区间就形成增长极与受力场的关系。

经济新常态下,中国先发展地区"技术赶超型"发展模式已经在路上,而欠发展地区在缺乏具有自主知识产权的核心技术、研发资源禀赋匮乏、还不具备"技术赶超"的条件下,经济发展的核心重点依旧处于要素结构升级阶段。这就决定了,东南沿海地区在改革开放第一季的"专业化模仿—模仿与创新—专业化创新"路径在中西部还有很大上升空间,仍需要"全球搜索,本地开发",并且该战略选择会直接影响中国经济整体的结构升级。所以,欠发展地区要充分发挥后发优势,承接先进产业转移,实现"蛙跳"式经济增长,进而实现产业结构升级,提高竞争力。这是目前欠发展地区依然要走的路径,首先要完成要素结构升级阶段的重点工作,进而带动技术结构升级。

"社会能力"学说认为,欠发展地区只有具备良好的基础设施与技术存活条件才能充分发挥承接产业转移的后发优势。欠发展地区在新一轮深化改革开放阶段要抓住先发展地区自主创新驱动、产业结构调整释放的新机遇,同时充分借鉴中国改革开放第一季先发展地区招商引资、承接产业转移的经验教训,采取正确引导外商投资措施,鼓励外资进入中西部地区的优势行业的同时,从国际直接投资理论和现实国情、省情出发,寻找中西部地区引进国内外直接投资的制约因素与突破路径,努力实现超越传统的代工和低端引进外资的路径,在引资过程中模仿、消化高新技术,提高自身创新能力、开拓国际市场能力,促使我国经济发展区域的分布更加合理。这就需要对欠发展地区经济发展进行深入实地调研,获取一手资料进行分析,经济新常态下才能够创造性发展适宜于欠发展地区发展水平的新制度、新组织、新模式,提升欠发展地区的"社会能力",提升产业国际竞争力。

本书运用产业经济学、发展经济学、管理经济学、国际经济学、管理学、竞争战略学等学科相关理论,历时5年实地调研与积累,运用质性研究与量性研究相结合、案例研究、对比分析等方法,在经济新常态背景下,深入分析研究多元经济发展状态下欠发展地区产业国际竞争力提升的路径选择。

经济新常态下欠发展地区提升产业国际竞争力路径研究

本书主体分为三部分:第一部分,主要分析产业国际竞争力提升的内涵与路径,分析开放体系下对外贸易、利用外资、对外直接投资等经济方式促进产业国际竞争力提升的运行机理。在梳理中国开放经济体系的构建历程基础上,对中国经济发展中的国际地位相关问题进行了探讨。第二部分,经济发展水平不同的地区产业竞争力提升路径选择不同,本部分量性研究中国经济发展的不均衡性,测算出全国先、中、后发展地区的分布(对中、后发展地区本书统称为"欠发展地区")。第三部分,以河北省为例,对欠发展地区经济产业结构、利用外资、产业集群、企业经营进行实地调研,在调研基础上进行深入分析其产业国际竞争力提升的约束条件,提出建设性解决方案。

第一,欠发展地区在既有的产业基础上,可以借鉴东南沿海、亚洲新兴工业国家利用外商直接投资经验,基于竞争优势理论,通过挑资选资引进外商直接投资,促进欠发展地区既有产业从劳动密集型向技术、知识密集型转型,实现产业内部升级,打造核心国际竞争力,提升在国际生产体系中所处的价值环节。

第二,欠发展地区产业集聚区以中小企业居多,有其灵活性优势又有对长远发展战略上认识不足的地方,不妨借鉴国外经验,建立欠发展地区产业集聚区生产服务性体系,充分发挥行业协会作用。行业协会协调各方社会力量,向中小企业传播技术信息和技术知识,促进地区经济体系的革新进程;促进中小企业间的技术合作和企业网络的发展;为中小企业技术创新提供质检、各种认证、技术培训等多方面的服务;为中小企业技术创新创造良好的外部环境。此外,还有会计、法律、经营管理、市场调查、国际贸易、职工培训等服务机构要为本地企业提供专业性的生产性服务。比如,为企业走出国门到海外发展提供海外市场调研和产品推广,组织本地企业集团参展,监督本地专业化生产质量,制定相关标准,协调政府和相关企业的关系,促进企业领会产业政策,也有利于政府了解企业发展的真实要求。

第三,经济新常态下,要以个性化消费为宗旨构建平台化企业,实施供给侧结构性改革,实现有效供给,需要各方协同努力,形成具有内在逻辑的有效驱动机制。一是要打破以往专注生产环节的观念,欠发展地区的企业尤其要注意这一点。在全球生产网络价值生态圈中,生产性服务是其灵魂,这就决定了企业要开辟、完善各个生产环节的服务工作,从卖产品到卖方案,使智力产品比重不断上升。企业、员工、消费者、合作方、工会、社团、政府等利益线性、非线性相关者要形成合作共赢生态圈。二是在经济发展具体实施过程中,要注重引进过程中创新因子的培养。吸纳中国改革开放第一季获取的海内外经验与启示,不仅要在生产设备、专利等硬技术承接中创新,而且要结合本地特色在企业家精神培育、企业组织管理、体制创新等软技术上也能够继往开来,创新发展。三是构建有效驱动机制。鉴于欠发展地区企业全球经营观念和能力等约束条件,新常态下欠发展地区产业国际竞争力的提升愿景的实现,需要宏观、中观、微观等多层面齐头并进,共同作用,实现欠发展地区企业承接产业转移中的创新。也就是政府、行业协会、企业及其他社会力量要协同形成对企业发展有效的牵引驱动机制:政府通过相关政策引导,促使企业加大创新投入的比例;行业协会汇集国内外发展信息,积极进行技术路径指导。

第四,经济新常态下,中国已经进入改革开放第二季阶段,企业管理者必须更新观念。加强全球化经营人才引进和培育,加强信息化生产经营建设,树立规则意识,进行制度创新和管理创新,最终建立既能适应本土文化和市场环境,又能与国际接轨的现代企业制度和管理模式,强化品牌培育。

付梓之际,党的十九大胜利召开,细读报告,令人振奋。党的十九大报告明确提出的"实施区域协调发展战略"正是贯穿本书写作的整个灵魂。"一带一路"使西部的半径通过瓜达尔港伸向了欧洲西部及南部沿海,欠发展地区产业国际竞争力的提升已开始破题。希望本书对更高质量实现党的十九大提出的"发挥优势推动中部地区崛起,创新引领率先实现东部地区优化发展,建立更加有效的区域协调发展新机制"有推动作用。

本人虽已尽心努力,鉴于能力的约束,敬请各位同仁、读者对书中依然存在的错误与纰漏进行批评与斧正。

康学芹

河北经贸大学

第一章　经济新常态下产业国际竞争力相关理论

　　但凡两个或两个以上的多方力图获取有限物品时就会产生竞争,物竞天择,竞争伴随人类的繁衍生息而演绎着其核心内涵。在经济全球化的今天,开放经济体系是一国发展经济、产业结构不断优化升级的前提。中国经济学家张培刚认为:工业化是国民经济中一系列基本的生产要素组合连续发生由低级到高级的突破性变革的过程。工业化不仅是工业本身的机构优化与现代化,其实质上也包含了农业的机械化与现代化,可以说工业化包含了整个国民经济的进步与发展。

　　"云经济时代"全球生产网络视阈下,竞争对于跨入中等收入的中国来说又赋予了新的内涵与外延。中国欠发展地区产业国际竞争力成为中国经济突破中国三重叠加的新常态问题的关键所在。所以,本章在对产业、产业结构演变规律相关理论梳理的基础上,对工业产业内部结构演进规律进行归纳总结,最后落脚于全球化背景下后发展国家工业化路径分析,为探究中国欠发展地区提升产业国际竞争力的发展方向与一般要遵循的路径打下理论基础。

第一节　产　业

一、社会分工与产业的形成

在部落、氏族原始社会,人类共同采集、渔猎,进行着基本生存的简单群居劳动。部落内部根据性别进行简单的自然分工劳作,没有职业划分,也就没有中观层面的社会分工——产业。到了后期,有些部落学会了驯养动物,能够获得持续的乳、肉等生活资料,随着饲养规模的扩大,就形成了人类社会的第一次大分工——畜牧业与农业相分离。随着经济发展、私有制的出现,人类进入奴隶社会,铁制品在生产中的使用大大提高了社会生产力,随着生产方式的多样化,出现了专门生产工具的手工生产者,出现人类历史上第二次社会大分工——手工业从农业中分离出来。随着交换日益频繁,出现了专门以交换为目的的商品生产与专门从事商品买卖的商人阶层,人类社会出现了历史上的第三次社会大分工——体力劳动与脑力劳动的分工,出现了不从事生产而专门从事交易的商人。社会化大生产的资本主义大机器时代,工业作为独立的物质生产部门才从农业中完全脱离出来。在信息化时代,人类社会实现了第四次大分工——产品内的分工,呈现为物质生产过程中的脑力劳动阶段与实物生产阶段的分工。实物生产阶段又根据复杂程度分割成模块,根据要素禀赋实现地域分工。随着社会分工专业化程度不断发展深化,把具有某类共同特性的企业划为一个集体,形成产业,产业是社会生产力发展的结果呈现。同一产业的经济活动具有某种相同或类似的性质,不是具体某一个企业的部分或全部经济活动,而是具有共同属性的某类企业的总和,是介于微观经济主体与宏观经济主体间的集合范畴,属于中观层面。西方经济学中,产业一般是指在某一国民经济体中,以社会分工为基础,生产某种程度上具有替代关系的同类产品的生产者集合。社会生产力发展的不同阶段,社会呈现不同的主导产业。各个产业形成一个有机体,呈现为国民经济的产业结构。

二、产业的分类

（一）产业分类依据

对产业边界的界定标准是有选择性的,可分为微观、宏观以及从微观宏观两个维度融合进行产业的界定。为了分析某一市场企业间的垄断与竞争态势,从单个经济主体行为、行为结果来划分,把使用相同或可相互替代的原材料,相同生产技术、工艺流程,生产相同产品或生产的产品用途可相互替代的各微观企业归为同一产业。这种只关注单个经济主体行为、行为结果的微观视角产业划分,在经济分析中往往只考虑单独产品市场的局部均衡,这种分析往往引致市场垄断与经济危机,成为市场失灵的温床。基于服务于国家对社会失业、通货膨胀等宏观经济问题制定干预政策,从社会总需要与总供给以及社会再生产等宏观视角对产业进行各大类部门间、制造业行业间的分类,经济分析往往着眼于行业内部的一般均衡状态分析,但是宏观状态下的一般均衡状态的产业研究又往往难以直捣产业失衡的真正病灶。为了尽量规避经济运行中市场失灵、宏观社会再生产难以查找到社会问题的根源病灶等现实性问题,经济研究中对产业的划分一般是基于宏观与微观两个维度考虑。微观宏观两个维度融合对产业的划分就可以把国民经济笼统的供给与需求简化成容易透彻分析的某一产业内企业间的供给与需求,再通过产业间的供给与需求透视国民经济的社会化再生产过程,从微观到宏观的推演路径有助于规避微观的市场失灵与宏观的政府失灵①。基于这一产业分类依据展开本研究工作，立足于欠发展地区企业、产业集群、行业协会的调研，是为了实现欠发展地区产业国际竞争力的研究目标。

（二）产业分类

基于微观、宏观两个维度的考虑，根据研究需要，产业分类一般有：三次产业分类法、关联式分类法、标准产业分类法、生产结构产业分类法等。

1. 三次产业分类法。三次产业分类法是社会实践与学术研究中最普遍，也是最重要的分类方法，最早由新西兰奥塔格大学的费希尔（A.G.B.Fisher）在 1935 年出版的《安全与进步的冲突》中提出。费希尔根据人类社会分工发展演变相应地区分了三次产业。把人类活动最初作为主要劳动对象的农业、畜牧业以及对以自然界物质的采掘业作为人类社会第一阶段的产业——第一产业；第二阶段是以手工、机器大生产为工艺，对原材料进行加工提供物质产品的生产制造业；随着经济发展和人类需求的提高，把满足人类非物质性需要的服务划归为第三产业。第三产业的划分有一种排除法，不能归到农牧业第一产业、产品制造业第二产业的都划入第三产业。1940 年澳大利亚经济学家、统计学家克拉克（Colin Clark）在《经济进步的条件》中，用统计方法对经济发展与产业结构变化进行了研究，得出人类社会发展具有普遍性、规律性的东西，结果得到统计学界的认可与应用，三次产业的分类就在全世界广泛应用起来，故此三次产业分类方法也称为"克拉克大分类法"。

---

① 景跃军:《战后美国产业结构演变》，博士学位论文，吉林大学世界经济专业，2004 年，第 7 页。

1985 年 5 月 4 日,《人民日报》第二版刊发了国务院办公厅转发的《国家统计局关于建立第三产业统计的报告》,中国三次产业划分为:第一产业:农业(包含林业、畜牧业、渔业等在内);第二产业:工业和建筑业(工业包含采掘业、制造业、电力、自来水、蒸汽、煤气、热水等在内);第三产业:除上述产业以外的其他产业,第三产业可分为流通部门、服务部门。

2. 关联式分类法。关联式分类法是根据企业经济活动中所依据的技术、原材料、产品用途、国家发展战略的相关性进行分类。按技术关联性可分为信息产业、装备制造业、运输业、旅游业等;按投入原材料的关联性可分为:造纸业、纺织业、矿业、电业等;按产品用途的关联性可分为:电子信息产业、航天业、造船业、汽车制造业等;按基于国家发展战略的关联性可分为:支柱产业、主导产业、重点产业、传统产业、新兴产业等。在依据不同标准进行关联性产业划分中,一些企业在产业归类时往往会出现交叉性现象。

3. 标准产业分类法。标准产业分类法是为了产业经济研究的统计与分析口径的一致性,国家政府根据该国或该地区的经济实际进行编制与颁布的国家标准的产业划分。各个国家一般都有各自的国家标准分类法,比如美国在 1972 年就编制颁布了 7 位数字的编码,第一位数字是产业部门,第二位是产品类共 99 类,依次细分下去一直到第七位,共分为 7500 种不同产品类型;英国国家标准分类法有 27 个主要产业,181 个产业分类。[①] 标准产业分类法与三次产业分类相一致,各国第一大类都可以划分到三次产业的相应部分。

---

① 李悦、李平:《产业经济学》,东北财经大学出版社 2004 年版,第 12 — 13 页。

联合国于 1948 年、1958 年、1988 年分别制定、修订了《全部经济活动的国际产业分类标准》（简称 ISIC），把全球人类经济社会活动分为 10 大项，大项下是中项、小项、细项共四级。联合国的十大项分别是：(1)农业、狩猎业、林业和渔业；(2)矿业和采石业；(3)制造业；(4)电力、煤气、供水业；(5)建筑业；(6)批发与零售业、餐馆业与旅店业；(7)运输业、仓储业和邮电业；(8)金融业、不动产业、保险业及商业性服务业；(9)社会团体、社会及个人的服务业；(10)不能分类的其他活动。

中国国家标准分类是 16 个门类、92 个大类、300 多个中类和更多个小类。中国产业 16 门类依次是：(1)农业、林、渔、畜牧业（含五个大类）；(2)采掘业（含七个大类）；(3)制造业（含三十个大类）；(4)电力、煤气及水的生产供应（含三大类）；(5)建筑业（含三大类）；(6)地质勘查业和水利管理业（含两个大类）；(7)运输业、仓储业、邮电业和通信业（含九个大类）；(8)批发与零售、贸易、餐馆业（含六个大类）；(9)金融业、保险业（含两个大类）；(10)房地产业（含三个大类）；(11)社会服务业（含九个大类）；(12)卫生、体育和社会福利业（含三个大类）；(13)教育、文化、艺术、广播电影电视业（含三个大类）；(14)科学研究与综合技术服务业（含两个大类）；(15)国家机关、政党机关和社会团体（含四个大类）；(16)其他行业（含一个大类）。中国的十六门类分法有助于产业经济研究。

4.生产结构产业分类法。生产结构产业分类法根据生产过程中要素投入的种类与依赖程度，即产品生产中的要素密集程度分类，分为劳动密集型产业、资本密集型产业、技术（知识）密集型产业。劳动密集型产业中的"劳动"一般指体力劳动，劳动密集型产业中对物化的劳动——资本、机械在生产体系构成中成分很低，主要依赖劳动力进行生产,一般用产业就业系数来界定其劳动力依赖程度。各类消费性服务业、纺织业、服装业、食品加工业等都是劳动密集型产业。在生产过程中需要投入大量的物化劳动资本与机器设备,对资本依赖程度高的产业为资本密集型产业,可以用资本系数来进行依赖程度界定,汽车业、钢铁冶炼、石油化工等都是典型的资本密集型产业,因其资本依赖程度较高,这类产业往往是自然垄断产业。在生产过程中物耗小、产品附加值高的产品往往需要投入大量的脑力劳动,需要高学历、创新型人才的脑力劳动,这类产业为技术(知识)密集型产业,这类产业往往是人类的新兴产业,代表着人类最先进的智慧与生产力,如纳米技术下的电子产业、航天航空业。同一个产品,在产品生命周期的不同阶段要素密集程度会发生转移演变,比如,在产品创新阶段就是技术(知识)密集型产品,在产品成熟阶段一般属于资本密集型产品,在产品标准化阶段一般属于劳动密集型产品。同一产品,不同生产环节要素密集程度也不同,比如汽车是资本密集型产业,但是汽车的装配环节就是劳动密集型生产环节。生产结构产业分类法是开放体系下产业组织生产布局的理论基础之一,厂商根据产品的要素密集程度、生产环节要素密集的不同在全球寻求具有区位优势的地方进行生产布局。

三、产业结构

汉语"结构"一词是指组成整体的各部分搭配与安排。依据产业关联性,产业结构是产业间的技术经济数量比例关系,依据产业关联性对产业结构的界定是一种静态的从"量"上的分析产业间的投入与产出的相互依存关系。依据产业发展形态理论,产业结构是分布在国民经济各产业中经济资源之间的相互关系、相互依存、相互提升资源配置效率的运动关系。依据产业发展形态理论对产业结构的界定是从动态角度解释产业间技术经济相互联系的形态和发展趋势,是质的分析,揭示了一个国家或地区劳动力、资金、技术、自然资源、物质生产资料、非物质服务性商品在国民经济各部门的配置状况及其相互制约的方式。动态角度产业结构分析能够反映出该国或该地区的经济发展水平、内在活力与增长潜力,一般通过某一产业在国民收入中所占价值比例来衡量,或者通过该产业部门在就业总人数中所占比例来衡量。产业间的数量比例关系与产业间的质的有机媾和,即产业的量与质组合构成产业间经济资源的分布结构,也就是产业结构。[①] 本研究主要基于产业结构的动态研究方法,从生产要素在各产业间的配置状况及有机媾和度来分析中国产业竞争力演进。

第二节　产业结构演变与经济发展理论

一、马克思的产业结构与计划调整理论

马克思根据人与人、人与自然二维关系视角把产业划分为两大部类:生产生产资料的部类;生产消费资料的部类[②]。两大部类均衡发展的前提是:

---

① 李悦、李平:《产业经济学》,东北财经大学出版社 2004 年 7 月第三次印刷,第 78—79 页。

② 马克思在《资本论》里写道:"社会生产过程既是人类生活的物质生存条件的生产过程,又是一个在历史上经济上独特的生产关系中进行的过程,是生产和再生产着这些生产关系本身,因而生产和再生产着这个过程的承担者、他们的物质生存条件和他们的相互关系即他们的一定的社会经济形式的过程。因为,这种生产的承担者对自然的关系以及他们相互之间的关系,他们借以进行生产的各种关系的总和,就是从社会经济结构方面来看的社会。"(《马克思恩格斯全集》第 25 卷,人民出版社 2016 年版,第 925 页。)

$$Ⅰ = (v + m) = Ⅱc$$

$$Ⅰ(c + v + m) = Ⅰc + Ⅱc$$

$$Ⅱ(c + v + m) = Ⅰ(v + m) + Ⅱ(v + m)$$

第一大部类中生产资料生产总量应该等于人类社会中两大部类生产过程中生产资料投入的总和,而第二大部类消费资料生产总量应该等于两大部类为保证社会再生产而必需的消费资料的总和,这是两大部类均衡发展的前提条件。社会扩大再生产条件下,第一大部类在满足基本前提条件下,多生产出来的生产资料要追加到两大部类生产中来,抑或说生产资料生产部类剩余等于两大部类生产资料追加总和,消费资料扩大再生产亦然。社会再生产必须对两大部类保持一定比例的补偿与追加,两大部类相互依存、相互促进。"随着资本主义生产的发展,投在机器和原料上的资本部分在增加,花在工资上的资本部分在减少,这是不容争辩的事实"。"随着机器体系的每一次进步,由机器、原料等构成的不变资本部分不断增加,而用于劳动力的可变资本部分则不断减少"。马克思进一步指出了资本有机构成提高理论,即机器设备的提高会促使在生产中不变固定资本会不断增加,而劳动力等可变资本会不断减少。列宁进一步丰富发展了该理论。首先提出,在技术进步条件下生产资料生产优先增长的规律。在社会扩大再生产中,增长速度最快的是制造生产资料需要的生产资料的(装备制造业)生产,其次是制造消费资料需要的生产资料的生产,最后是制造消费资料的生产。后来德国经济学家霍夫曼进一步证实了马克思、列宁的优先发展生产资料生产(重工业)理论。

马克思产业结构的二分法具有一定的时代发展的历史局限性,随着经济的发展,非物质经济生产成为了国际经济竞争力的核心环节,服务业成为物质生产部门的润滑剂与联系纽带并成为产业结构调整的发展方向。但这并不否定马克思、列宁的产业结构二分法的指导精神与思想。

马克思对价值规律完全调整分配市场资源的局限性的揭示是完全正确的,但是不能完全否定市场规律的作用,正如邓小平的"黑猫白猫理论",两手抓两手都要硬,把市场与政府调控有机地结合起来。

从苏联经济发展以及中国在改革开放以前的经济发展经验可以看出,重工业发展太快会造成经济发展比例失衡。对优先发展重工业必须注意的前提是:(1)重工业化一定要和经济发展阶段相适应;(2)重工业的优先发展不能建立在牺牲消费资料的生产基础上,否则会殃及整个国民经济的扩大再生产;(3)在开放经济体系下,要关注世界经济发展的特定时期经济体发展的外部环境,基于世界经济的机遇与风险战略性地思考资本的有机结构,制定有效的优先发展战略,尤其要抓住世界经济大调整时期释放出的经济崛起机遇期。中国产业国际竞争力提升过程中要时刻审视企业行为是否符合第三点。

二、主要的三次产业结构演进理论

(一)配第—克拉克产业结构演进定律

英国经济学家威廉·配第(William Petty,1623 — 1687)早在17世纪就注意到了产业结构演变的规律。威廉·配第在其《政治算术》中对英格兰农业、制造业、商业进行了比较,用英格兰的一个普通农民与随机一个船员进行了对比,农民每周的劳动收入是4先令,船员每周的所有收入为16先令,是农民的四倍;当时荷兰从事制造业与商业的人口比例比较高,处在当时的经济霸主地位,堪称"海上的马车夫"。该书论述了不同产业间的收入差异,制造业的收入比农业高,商业的收入又比制造业高。这种差异推动劳动力由低收入产业向高收入产业流动,威廉·配第第一次揭示了产业结构演变与经济发展方向的规律,这就是配第定律。但是配第定律没能进一步解释产业结构演变与人均国民收入水平间的内在关系。英国经济学家科林·克拉克(Colin Clark)按照三次产业分类法,对40多个国家产业结构演变通过截面和时序统计分析,于1940年在其著作《经济进步的条件》中揭示了劳动力在三次产业间依次移动的规律。由于不同产业间的收入差异,劳动力随着经济的发展、国民收入的提高,从第一产业向第二产业转移;国民收入进一步提高,劳动力便由第二产业向第三产业顺次转移,这就是克拉克定律。克拉克定律内在运行机理有两个维度:需求维度、效率维度。需求维度是随着经济发展、国民消费结构变化,导致对制成品的边际需求上升,上升到一定程度开始下降而对服务业(包含消费性服务业、生产性服务业)需求开始上升。效率维度是由于人类技术进步,制造业动态发展的生产率比农业发展得要快,制造业的收益率相应地也就要高于农业,所以劳动力会向制造业转移;随着经济发展,劳动力也相应地向服务业转移。克拉克利用统计实证研究验证了配第的理论发现,并从需求与生产率提高速度差异揭示了经济发展国民收入与产业结构演进的内在规律,所以把产业结构随着经济发展、国民收入提高依次演进的研究成果称为"配第—克拉克"定理。

尽管克拉克没能对三次产业间相对收入差别产生的原因进一步挖掘,今天,"配第—克拉克定理"中劳动力在三个产业间的分布结构对一个国家产业结构时间序列的演进分析仍然是一个有力的分析工具,在国家标准统计分析与学者学术研究中都得到广泛应用。而且劳动力在三次产业间的分布结构还可以以某一时间节点进行横截面的分析进行国际产业结构竞争力的比较。20世纪50年代西方发达国家相继进入以服务业为主要拉动力的经济增长阶段,进一步印证了该定理产业结构重心由农业向工业制造业,再向服务业依次转移演进的规律。

(二)库兹涅茨产业结构演进动因——人均收入影响理论

美国经济学家西蒙·史密斯·库兹涅茨(Simon Smith Kuznets)以"配第—克拉克定理"为基础对英、美、法、日等20多个国家的就业人口变动、国民收入与产业结构演进间的规律进行研究,进一步解释了产业结构演进的动因,该理论被称为"人均收入影响理论"。

根据恩格尔系数定律,人们的消费结构是随着收入的提高而发生变化的,饮食消费开支所占比例会不断缩小,对工业制成品的需求弹性比较大,对服务性商品的需求弹性更大,这就导致了随着经济的发展,工业、服务业增长快,而且各个产业的不同生产周期与科技进步速度都导致不同产业的边际报酬不一致性发展。农业的生产周期最长,生产技术的进步要比工业困难,是依托于工业的进步而进步的,再加上人们消费对农产品的低弹性,对工业制造品的高弹性需求,工业制造品的投资边际报酬往往是上升的。从农业中释放出大量劳动力就会转向第二产业、第三产业。由于第三产业许多行业进入门槛低,行业内竞争激烈,导致服务业的许多行业吸纳劳动力能力强,但是劳动密集型服务性商品技术进步速度低、附加值低、竞争激烈,导致国民收入占比上升要比第二产业上升要难。

库兹涅茨对不同收入水平国家进行分组研究。在人均收入较低的组距(70美元—300美元)内,第一产业农业产值在国民收入中占比显著下降,而第二产业、第三产业产值在国民收入中占比大幅度提升,随着国民收入的提高,劳动力在三次产业中的分布也呈现相应的显著变化,第一产业就业比重快速下降,第二、第三产业快速上升。在人均国民收入较高(300美元—1000美元)组距内,农业部门产值占比会继续下降但是变动速度下降,工业制造业与服务业产值占比上升,但是第二产业上升速度快于第三产业产值占比。在两个组距内三次产业内部结构变化也不是一贯的,在第一组距内,虽然第二产业、第三产业产值占比上升速度快但是内部结构变化较慢,在第二组距内第二产业、第三产业内部结构变化要快于第一组距,第一产业内部结构变化不大。总体上,从时间序列来分析,第一产业在国民收入产值占比、就业人口占比一直处于下降之中;第二产业在国民收入产值占比中一直是处于上升状态,但是由于资本有机构成占比上升,第二产业中就业人口比重达到一定程度相对人口比重上升缓慢;第三产业就业人口占比一直处于上升状态,其产值占比也一直处于上升状态,但产值占比上升速度与就业人口占比上升速度不同步。

库兹涅茨的理论让我们能够动态分析三次产业的演进中内部结构的变化动因及规律,能够战略规划产业结构调整的有效投资顺序。

三、市场调节与产业结构调整的机理

马克思在《资本论》中揭示了市场价格这只"看不见的手"自发调整经济发展中存在的内在矛盾。古典经济自由学派主张在完全竞争市场经济条件下,市场价格这只看不见的手能够把社会一切资源优化组合、最佳分配达到市场均衡。逐利性是以市场供求

为基础资源配置的根本的内在属性,而公共物品的存在、市场信息的不对称性、产品的差异性、某些产品的特殊属性(具有外部性的知识产品)、内外规模经济的存在、经济运转中内在不易感知的机理,等等这些市场内在属性必然会引致市场机制的失灵。市场价格围绕价值上下波动自发性调节生产要素在不同部门间的流动,会导致以私有制为基础的社会生产的无政府状态,并以经济危机的形式释放出来。马克思主张以产品经济、计划经济代替商品经济、市场经济,以计划的方式调整社会资源进行有效配置。

1929年经济大萧条背景下,以凯恩斯为代表的西方经济学家认为,因为存在着边际消费倾向,边际效率递减以及流动偏好等心理预期因素,导致市场机制的失灵,出现社会的有效需求不足和非自愿失业现象,政府有必要运用财政、货币政策对经济进行有计划的调整,弥补市场的失灵。但由于作为微观主体的政府工作人员的有限理性、市场信息的滞后性及本身市场信息挖掘能力不足等,这都可能引致政府失灵,从而可能会出现通货膨胀、经济过热等市场失衡。

这就需要我们进行介于市场调节与总量调节的产业结构调控机制的理论研究,研究产业结构间的转化、升级与经济发展间的相互促进效应。

第三节　工业产业内部结构演进规律

从库兹涅茨三次产业结构演进规律中可以发现,人类工业革命以来,工业是国民收入的主导产业,任何一个经济体的核心竞争力集中体现在工业体系内的结构优化升级,工业体系的结构优化升级牵引农业、服务业内部结构的演进升级,反过来农业、服务业又助推工业体系的优化升级,尤其是知识性服务业的发展与工业形成强烈的正反馈效应。工业制造业是国民经济的主体,是科技创新的主战场,是立国之本、兴国之器、强国之基,对工业产业结构演进的研究就显得尤为重要。

科技与工业交融在一起,实现工业化就包含着工业产业以外的产业更多地采用工业技术、工业产品、工业组织的方式。如果工业发展本身竞争力不强,即便从外部引入高技术产业某一环节,也是无本之木,长期受制于人,不能发展壮大成具备国际竞争力的产业。工业的工具效应与价值决定了工业上的创新与革命就是产业转型、国际竞争力的提升。工业发展的必然逻辑就是当前以信息化、智能化为基础的全球生产网络生态圈的建设。①

一、霍夫曼比例定理

1931 年德国经济学家海因茨·霍夫曼(Heinz Hoffmann)在《工业化的阶段和类型》一书中,通过对 20 个国家经济发展进行时间序列的研究,发现在这些国家工业化进程中,消费资料工业的净产值与生产资料资本工业的净产值之比是不断下降的,霍夫曼定理利用构建的霍夫曼比例或霍夫曼系数(霍夫曼比例 = $\frac{消费资料工业的净产值}{资本资料工业的净产值}$)揭示了一国工业化的一般规律。霍夫曼根据比例下降的规律把工业化分成四个阶段,如表 1.1 所示。

---

① 金碚:《工业的使命和价值——中国产业转型升级的理论逻辑》,《中国工业经济》2014 年第 9 期。

表 1.1　霍夫曼工业化阶段指数

工业化不同阶段	霍夫曼比例 = $\dfrac{消费资料工业的净产值}{资本资料工业的净产值}$
第一阶段	4—6
第二阶段	1.5—3.5
第三阶段	0.5—1.5
第四阶段	1 以下

资料来源:引自李悦、李平:《产业经济学》,东北财经大学出版社 2004 年版。

20 世纪 20 年代世界上处于工业化第一阶段的国家有印度、巴西、智利、新西兰等。在第一阶段消费品工业的生产在制造业中占主导地位,而资本品工业的生产还处于不发达阶段,这时霍夫曼比值一般在 5 左右,资本品工业结构发展缓慢。20 世纪 20 年代处于工业化第二阶段的国家有加拿大、日本、匈牙利、丹麦、南非联邦、澳大利亚等。在第二阶段虽然消费品工业生产在国民收入中依旧占主导地位,但是资本品工业生产增长速度要快于消费品工业的增长速度,霍夫曼比值在 1.5—2.5。20 世纪 20 年代世界上处于工业化第三阶段的国家有美国、英国、德国、法国、瑞士、比利时、瑞典等。这个阶段霍夫曼比值在 1 左右,资本品生产继续增长、规模继续扩大,基本与消费品工业生产处于持平状态。处于工业化第四阶段国家的资本品工业化的生产作为主导地位,其生产规模要大于消费品的生产规模,基本上实现工业化,霍夫曼比值要低于 1。在 20 世纪 20 年代世界上还没有处于此阶段的国家。

霍夫曼比值定理很好地解释了工业化早期的发展趋势,最早进入工业革命的英国就是先从纺织业工业化开始发展消费品工业生产的,并逐渐向资本品工业化生产转变从而进入重工业化时代,但是该定理不能够全面反映产业结构的发展趋势。其一,消费品工业(轻工业)与资本品工业(重工业)并不能完全对应起来,有些生产部门可以跨越轻重两大部类,尤其是资本品生产中的中间投入品。其二,霍夫曼比值定理让"优先发展重工业"的国家工业化发展战略有悖于发展规律之虞,其实在后进发展国家在发挥后发优势的过程中,完全可以根据国内外环境进行有效的投资选择。其三,霍夫曼比值定理没有关注到产业结构向服务业发展演进的趋势。

二、重工业结构内涵的演变

(一)盐野谷祐一从统计口径上对霍夫曼比值估值进行修订

日本学者盐野谷祐一指出霍夫曼比值定理中排除了中间投资资料,霍夫曼是使用"75%以上的用途"作为划分标准的,这就难以在严格意义上确定中间投资资料是消费资料工业还是资本资料工业。盐野谷祐一利用国民收入统计中的"商品流动法"对霍夫曼比值进行了重新计算,也就是用消费资料工业中的最终产品与资本资料工业中的最终产品来代替行业部门的分类。盐野谷祐一的计算结果显示,大多数国家轻工业与重工业比值普遍存在下降趋势,但是美国、丹麦、瑞典的长期时间序列显示生产资料工业生产比重长期处于稳定状态。这一研究说明,霍夫曼比值定理在工业化初级阶段是比较适用的,但是当国民收入超过200美元—300美元(1950年的价格)水平的工业化国家,霍夫曼比值就处于相对稳定状态。日本学者筱原三代平对这一现象背后的原因进行了进一步探索。

（二）日本经济学家筱原三代平探究资本资料工业内部结构的演进：内涵的转变与深加工化

随着经济的发展，耐用家电、汽车等资本密集型消费品的需求快速上升，成为国家的支柱产业，这就促使生产耐用家电、汽车等资本密集型消费品的机械生产快速发展起来，机械工业生产中逐渐大量生产耐用消费品，这就部分弥补了消费资料工业生产比重下降的问题。当资本耐用消费品消费使用达到相对饱和状态，霍夫曼修订比值将处于一个比较平稳状态，这也就是说工业化发展并不是一个无休止的发展趋势，会出现饱和点。

一般来说，工业生产过程中越是深加工，产品的附加价值越大，筱原三代平在对霍夫曼修正比值进行探究时论述到，重工业化过程就是深加工的过程，制造业产业结构呈现为从原材料为主要投资资料的劳动密集型产业向以加工、装配资本密集型产业为中心的产业方向进行发展。这就决定了当以原材料投入为中心的工业发展到一定的阶段，其经济地位将被资本更加密集型的加工装配工业所超越，也就是工业化过程中资本投入成为工业增长的主要生产要素。当伴随资本密集型产业发展过程中资源的大量投入造成的严重污染使自然环境日益恶化，将迎来进一步的产业结构升级调整，向知识、技术密集型产业转换升级，技术取代资本成为工业增长的主要生产要素。所以工业化进程从生产要素角度来看就是：劳动密集型向资本密集型转化，再向知识技术密集型转化发展。工业化演进过程就是深加工的过程。

三、产业结构的服务化理论

1973 年美国思想家丹尼尔·贝尔（Daniel Bell）在《后工业社会的来临——对社会预测的探索》中认为后工业化时代将进入

"服务性经济"时代,服务业在国民经济中居于主导地位,专业与技术成为后工业社会的灵魂,科技与工业经济部门紧密结合成为拉动经济发展的主要动力,技术性决策在社会发展中起重大作用。有的学者称之为产业的软化率(投入构成中非物质的投入所占的比率)。

软化率指数计算公式:

软化率(A)=非物质投入/(非物质投入+物质投入)

软化率(B)=(非物质投入+工资费用)/生产额

"服务经济"时代,整个国民产业中服务业的比重上升,而物质生产部门的产业比重下降;即使在所谓物质生产产业中,其服务部分也在日益扩大。今天的社会对此进行着比较充分地演绎,随着知识和技术密集程度及信息控制程度的提高,生产职能在整个经济活动中所占比重有所下降,研究开发、调查计划、维修保养、推广宣传等服务性的职能比重上升。在产业结构服务化过程中,企业规模的扩大并不是扩充其生产职能、增加直接生产人员数,而是在于扩充生产以外的服务职能,尤其是研究开发、售后服务的职能和管理职能。这正是企业核心竞争力所在:从卖产品到卖策划、卖服务。

第四节　后发展国家工业化发展战略

一、后发展国家工业发展的一般规律

产业结构升级就是工业化的过程,是工业向资本密集型、高附加值产品在整个工业产值比重不断上升的过程,整个经济向技术知识密集型、资源节约方向发展的过程①,包括中国在内的后发展

————————

① 江小涓:《产业结构优化升级:新阶段、新任务》,《财贸经济》2005 年第 4 期。

国家、新兴工业化国家经济发展也都证明了这一点。后发展国家工业化发展历程一般是基于促进经济发展的贸易战略而开展的工业化历程,要经历四个阶段(如图 1.1)①才能实现现代意义上的工业化。第一阶段:轻工业进口替代导向模式。取得民族独立后的后发展国家,利用贸易保护政策,引进国外成熟技术、设备建立满足本土市场稀缺的轻工消费产业,主要集中在食品、服装、日用百货、小家电等消费品上的进口替代。第二阶段:轻工业出口导向模式。在引进国外先进技术设备过程中需要大量外汇,所以在第一阶段的进口替代模式基础上,经济体必须要根据本国在劳动力、自然资源相对丰裕的静态比较优势,大力发展起具有国际竞争力的劳动密集型产品,大力发展外贸企业,解决长期以来的外汇短缺,满足进一步引进国际先进技术设备的外汇需要,经济发展总体呈现出口导向模式景象。第三阶段:资本品进口替代工业发展模式。经过轻工业进口替代(第一阶段)与轻工产品出口导向赚取外汇为目的的出口导向阶段(第二阶段),工业生产设备、中间工业产品投入的增加,重点转向国内短缺的资本品生产上,导致化工、石油燃料、钢铁、机械等重型中间产品工业发展,政府引导、市场利润推动导致企业开始通过进一步引进中间产品生产设备发展进口替代型重工业,进口替代型重工业发展是后发展国家经济发展的第三阶段。第四阶段:技术、资本密集型产品出口导向型模式。随着技术的熟练掌握、科学研究发展的深入,资本品进口替代工作深入发展,后发展国家逐渐能够生产出具有国际竞争力的机械产品,产品出口从劳动密集型向技术密集型、资本密集型转变,进入后发展国家经济发展的第四阶段——出口导向型Ⅱ,此阶段后发展国家

---

① 薛凤旋:《香港工业化与工业地理》,《经济地理》1997 年第 9 期。

逐渐形成本国一定的动态国际竞争优势。

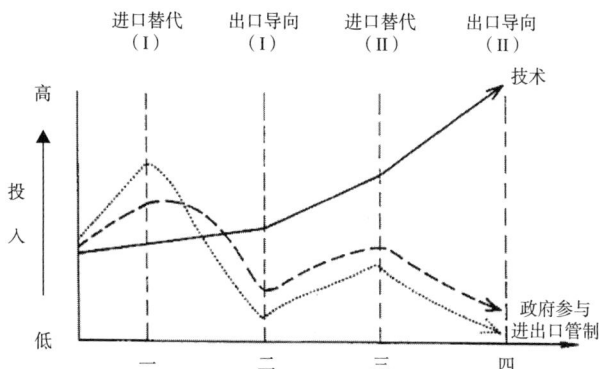

图 1.1　后发展国家工业化示意图

资料来源:基于薛凤旋的《香港工业化与工业地理》中的图改绘。

　　在四个工业化发展阶段,工业产业结构内涵发生了根本性变化,从轻工业到重工业再到技术知识为核心的软化发展,达到了产业竞争力的实质性调整升级。亚洲四小龙等新兴后发展国家的发展轨迹更能清晰地说明这一点。我国在 2014 年开始大举对外进行装备制造业的出口,开始步入出口导向型 II。

二、后发展国家工业发展历程中的战略选择

　　在工业发展过程中,进口替代战略与出口导向战略交替出现,不分伯仲。为了对国家工业企业实行行业培育与保护,后发展国家选择进口替代战略,这一目的的实现又不能脱离世界市场的产业技术、设备转移,在产业转移过程中又需要大量外汇,工业发展初级阶段,后发展国家就只好凭借国内自然资源、劳动力等静态比较优势发展劳动密集型制造业,提供出口产品,来支撑进口替代企业生产从国外引进技术、设备的外汇需要。进口替

代战略的实施逐步促进、实现工业结构内部升级,进而能够实现出口产品结构从劳动密集型向资本密集型、技术密集型升级。后发展国家或地区战略选择依据完全取决于本国经济发展现实的需要,战略间相互交叠支撑,正反馈循环。进口替代战略与出口导向战略的交替一般不是时间段上的更迭,而是在工业的不同领域交叠并行实现,而在整个国民经济发展路径趋势中各自又有明显的自行轨迹,并汇聚成产业结构的调整升级,产业升级实现的前提是在每一个阶段成就进入下一个阶段的条件与竞争能力。在幅员辽阔,发展层次多元化的中国,产业升级中的战略选择呈现区域性的不同,直接考量着政府宏观调控、顶层设计与政策引导的有效性。

三、开放经济体系下后发展国家工业化实现路径

不论是工业革命之后发展起来的后工业化国家,比如美国、德国、法国等,还是第二次世界大战后新兴独立的后发展国家,比如阿根廷、巴西、墨西哥、中国等,在经济发展战略中都曾通过国家实施保护性政策措施发展本国的幼稚性产业。开放经济体系框架下实施幼稚产业保护政策不仅不存在矛盾,而且有着紧密的内在逻辑,开放政策实质上是保护幼稚产业政策见成效、产业国际竞争力真正升级的前提,是进口替代战略顺利实施的物质保障。进口替代战略框架下后发展国家采取开放政策实现产业升级的一般具体路径是:在最终消费品轻工业上通过引进技术、设备,建立起本国企业自给性的生产能力;在引进技术、设备基础上通过派本国企业员工出国培训,提升本国战略性产业发展所需要的技术、管理;通过国际合作、补偿贸易等加工贸易提升本国加工技术与技能;通过引进外商在本国建立合资企业、独资企业发展本国的战略性产业;

通过科学技术跨国交流等服务贸易形式获取先进技术与发展方向。为了加强本国工业的国际竞争力、促进经济发展、实现出口产品结构升级，后发展国家有步骤地实施出口导向战略：最初，出口的主要是易掌握、劳动力与资源投入比较大的劳动密集型产品，如食品加工、服装、纺织品等技术水平比较低的产品；随着出口导向战略的开展，出口国贸易条件逐渐改善，国际市场进一步扩大，出口替代产品逐渐转向家电、机械、电子等现代技术产品，出口创汇成为技术引进、产业结构升级的雄厚物质基础，从而推动产业结构深度优化。

工业经济基础普遍薄弱的新兴民族国家不可能"一刀切"地实施进口替代战略或出口导向战略，必须根据本国的实际情况，根据国内各地区的要素禀赋采取相应的发展战略。对于疆域广阔、人口众多的中国，经济发展水平、自然资源、人力资源、基础设施存在明显的区域不平衡，国内在经济发展战略上随之有着明显的区域规划性。经济特区、沿海沿江开放城市、省会城市，三步走战略、西部大开发、长江经济带建设、振兴东北老工业基地、京津冀协同发展战略等都充分彰显出中国在产业结构调整中"东—中—西"的国内区域梯度性产业转移。区域经济发展不平衡中的欠发展地区为中国产业结构升级、转型提供了广深的经济回旋腹地，成为中国经济可持续发展、化解国际经济风险的蓄水池。

第二章 开放体系下工业化路径 选择的运行机理

"市场领土"是在市场培育和开拓过程中形成的,无国界且具有全球性的扩展弹性市场范围。"市场领土"是国家竞争力的承载体,是一国经济增长、国家安全中带有根本性质的影响因素。拓展中国的"市场领土"可以拓宽中国人的人格发展,可以显示中华民族大国风范而雄立于世界民族之林①。一国企业全球资源整合能力与该国的"市场领土"相互印证,中国企业应该以"胸怀全球"的视野活跃在全球舞台上,参与全人类的"和争"——和平竞争。本章结合企业全球整合资源的主要方式——国际贸易、利用外资、对外直接投资,对产业国际竞争力提升效应的工作机理进行论述,为欠发展地区在开放体系下的产业升级、国际竞争力提升路径选择打下基础。

第一节 国际贸易促进产业结构升级的运行机理

一、国际贸易的产业结构升级效应

对外贸易是企业异质性选择,生产效率高的企业一般能够对

---

① 廖进中"市场领土论"的思想与逻辑理念。廖进中,原湖南大学教授,博士生导师,中国"工业外贸"创始人,研究方向:工业外贸与产业发展,原创性地提出"市场领土论"新理论。

外出口,但是出口对其技术进步并没有显著影响,持此观点的研究一般是忽视了出口创汇支撑技术进口的外汇需求。国际贸易是国际技术传导的最主要方式之一。外贸企业在同行业中不仅是生产效率高的企业而且通过对外贸易能够进一步加强企业竞争力,外贸企业自生技术与对外贸易间接技术进步形成良性互动循环效应。一般来说,对外贸易的国际技术溢出对于发展中后进国家的技术溢出、规模经济、"干中学"等具有显著的正外部效应①。然而,佟家栋、彭支伟在对中国加工贸易对中国经济发展全要素生产率(TFP)协整、因果关系研究中发现:在全球产品内分工进一步深化、世界经济飞速融合发展的今天,后发展国家"干中学"所获得的技术进步更多地仅仅集中在加工技术方面,要想根本上改善国际分工地位、真正拥有富有国际竞争力的核心技术还必须依靠后发展国家的自主创新②。佟家栋、彭支伟的研究结果充分证明:后发展国家要想更好地跨越被动接受发达经济体的技术溢出,就必须要有意识地、突破性地引进吸收,在对外贸易过程中不断地积蓄自主创新的力量,不断培育核心创新能力,最终使企业向价值链高端移动。而后发展国家的企业由于自身知识资本要素的缺乏、极强的逐利性往往会导致企业强烈的路径依赖性,这成为他们从劳动要素投入为主转向知识资本投入为主的主要障碍,国家政策对微观企业的有限理性进行引导就显得非常必要。

二、国际贸易促进产业结构升级的运行机理

美国经济学家罗伯特逊(D.H.Robertson)在1937年最早提出

---

① 海闻:《国际贸易理论的新发展》,《经济研究》1995年第7期。
② 佟家栋等:《从"干中学"到"加工中学"——经济全球化背景下的国际分工、技术外溢与自主创新》,《南开学报》2007年第6期。

外贸是经济增长的发动机理论,他认为外贸是经济增长的动机与源泉。对于后发展国家来说积极参与国际市场,企业就能够及时获取到国际市场的最新信息,企业不断更新知识,提升市场理念,增强竞争意识,从而达到促进或倒逼一国技术进步、产业结构调整的目的。企业在对外贸易过程中一般通过外生、内生两条路径实现技术进步:其一,对外贸易过程中外商的技术外溢与企业"干中学"(Learning-by-Doing)直接、间接方式促进企业外生技术进步;其二,通过国际市场的激烈竞争效应促使企业投入更多的研究及人力资本促进企业内生技术进步。

(一)进口先进设备、技术促进产业结构升级

知识产品的特殊属性决定了知识产品耗时长、市场风险大,形成过程中往往会形成大量沉没性成本。后发展国家技术相对落后,通过国际贸易进口技术,可以加速国内经济科学技术的发展。根据本国实际情况对引进的技术进行消化、改良,生产出与本地生产要素更匹配的产品,这往往会快速地形成蕴含着后发展国家比较优势的具有更强国际竞争力的产品。从经济体现实发展经验来看,需要十几年自我研发的技术、产品,通过国际贸易技术引进,只需要三年左右的时间就能达到技术的消化、吸收、创新。后发展国家在技术进口过程中不仅提高了本国劳动生产率,提升了产品质量,也在国际竞争中加大了产品差异化,增强了出口竞争能力,在消化、吸收、创新过程中还激发、培养了科学技术研究开发人才,生成了具有浓厚研究开发氛围的环境,改良了科研体制,从根本上提高了本国自主研发能力,增强了核心竞争力。

(二)外贸出口企业技术进步促进产业结构调整

技术进步是由人力资本积累、研究与开发的投资,"干中学"

等内生因素决定的,美国经济学家保罗·罗默(Paul M.Romer)与罗伯特·卢卡斯(Robert Lucas)在索洛模型基础上将技术进步作为内生变量①,新贸易理论认为国际贸易的"干中学"、技术溢出对后发展国家技术内生进步具有促进作用。在出口过程中,出口企业自身为了增强产品国际竞争力,吸引国际市场上更加挑剔的消费者,不断提升产品质量、加大产品差异化的研究开发。海外经销商在开拓市场、扩大市场份额过程中会对出口企业的上下游关联企业提供的中间产品、技术进行指导,促进出口产品生产企业的技术进步,繁荣企业所在产业的发展,产业发展获得正外部性。

大力发展出口,内生技术进步,在带动本国经济发展的同时,也增加了外汇收入,加快资本形成,保证技术、设备引进的外汇需要。在技术进步的内生与外生过程中出口与进口形成正反馈循环效应。当然引进技术能否达到预期目的与国家的产业发展战略、外交政策、国际环境密切相关,与引进技术的先进程度、本国的人力资本、市场环境与相关配套政策有密切关系。积极参与国际市场竞争,充分利用国际分工所带来的经济利益对国家经济发展来说是肯定无疑的。

第二节　外商直接投资促进产业结构升级的运行机理

一、外商直接投资的产业升级效应

投资主体将其拥有的资本跨国转化成实物资产、货币资本、无形资产,通过实际经营管理实现价值增值的国际直接投资行为必然对投资国与东道国的经济都产生影响,当今世界发达国家在经

---

① 林毅夫:《发展战略、自生能力和经济收敛》,《经济学(季刊)》2002 年第 1 期。

济起飞时外国资本都起到了很大作用。19 世纪末 20 世纪初的加拿大、澳大利亚 40% 的 GDP 是由外商直接投资贡献的，20 世纪 20 年代挪威国内总资本形成中外商直接投资占了 29%，20 世纪 80 年代新加坡外商直接投资占其 GDP 的 80%。外商直接投资对于东道国经济发展效应是综合性的，直接显在效应与间接无形效应交织在一起，冲击着东道国企业经营者的思想、理念与决策。不能因为外商直接投资初期对东道国资本形成的正效应或是外商最终汇回更大的资本，就简单判定外资的正负效应，要综合多方因素来分析外商直接投资对东道国产业国际竞争力提升的效应。

二、外商直接投资促进产业升级的运行机理

为了使外商直接投资促进产业升级的运行机理脉络更清晰，本部分从资本形成、技术进步、国际贸易、就业等维度对东道国产业升级的直接、间接效应加以论述①②。

（一）外商直接投资对东道国的资本形成能力提升效应及运行机理

资本虽然不再像古典经济学理论所论证的那样被视为经济发展的决定性因素，但是在今天经济发展中依然是重要因素。资本相对较稀缺的后发展国家引进外资的同时，必然也会面对外资的营利性利润汇出东道国，最终将把后发展国家的国内储蓄变为国外储蓄，影响后发展国家的资本形成市场。那么，后发展国家为什么还要引进外资呢？关键是在外资利润汇出东道国滞后于向东道国外资注入，外商直接投资在东道国市场期间对东道国产业发展

---

① 李东阳：《国际直接投资与经济发展》，经济科学出版社 2002 年版，第149 页。
② 杨大楷：《国际投资学》，上海财经大学出版社 2004 年版，第 285 页。

产生综合效应。东道国原有生产要素被外商直接投资激活,企业竞争能力、资本形成能力得到提高,一般地在外资撤离时已有能力应对。比如软银对阿里巴巴的投资与撤出。要从不同视角分析外商资本形成效应,明晰外商直接投资的产业升级效应。

首先,从外商直接投资进入东道国的方式上来分析其资本形成效应下的产业升级运行机理。因为跨国并购仅仅对东道国存量资本改变了所有者,后发展国家一般更欢迎外商一揽子生产要素投入方式的"绿地"投资,这直接增加东道国资本存量,形成东道国的直接生产能力。虽然跨国并购对东道国资本形成没有直接显在的效应,但是外商通过注入新的企业管理、运营文化、技术等无形资产,盘活目标企业资本,使企业焕发生机,彰显其竞争力。所以跨国并购通过对原有资产进行改造性投入,焕发出前所未有的生产能力,间接形成东道国资本。中国海尔集团张瑞敏对海尔品牌多元化扩张战略形象地比喻成"海尔吃休克的鱼",如果一条休克的鱼不被注入新鲜血液将真正成为死鱼,海尔收购之后往往三年之内该企业就进入行业前三甲。

其次,从外商进入东道国产业结构来考察其资本形成与产业升级效应。当外商进入东道国弱势或空白产业往往对本土企业产生进入壁垒、形成垄断,这就需要后发展国家在对外开放过程中对幼稚产业实行有效的适度保护政策。外商进入东道国强势产业,会增强东道国该产业市场竞争度,激发东道国企业加大企业投资力度,更新设备,升级技术,提升人力资本,增强了东道国该产业国际市场竞争力,产业结构得以优化。

再次,从外商直接投资的资本来源分析,当外商直接投资最初投入东道国的资本如果是来自于东道国金融市场以外的国际金融市场、投资国金融市场或外商自有资本,会对东道国资本产生显在正效应。如果外商是在东道国金融市场上融通,外商凭借其强大竞争优势在东道国融资市场上对本土企业会产生一定程度的挤兑效应。

外商直接投资对发展中东道国资本形成效应更具有长远发展战略意义的是其间接效应。在东道国本地,外商投资企业前向进行中间产品采购,后向联系当地分包商或销售商,对前向、后向产业投资客观上产生投资乘数效应。跨国公司对中间产品质量的严格要求不仅会促使东道国供货企业加大投资,还会随着跨国公司的当地采购客观上产生东道国供货企业的规模经济效应,逐渐形成所在行业的外部性。进入东道国市场竞争力相对强势的产业,加剧该产业竞争的同时,跨国公司的全球经营管理还会对当地企业产生强大的示范效应,激发本土企业加强投资、提升国际市场竞争力。但是当跨国公司所投资生产的是东道国稀缺要素产品,而且有悖于东道国当前的发展战略,跨国公司的示范牵动效应会使当地企业偏离国家的发展战略,比如,对于劳动力丰裕,资本、外汇资本相对稀缺的后发展国家,如果东道国当前迫切任务是解决人民就业问题,而跨国公司的资本密集型产品生产会使东道国有限的资本偏向资本密集型产品生产,虽然会起到一定的进口替代效果,但是机器设备的进口,资本密集型产品生产会使东道国经济发展更加艰难。所以发展中的东道国经济发展要符合自己实际情况,循序渐进。

(二)外商直接投资对东道国的技术进步推动效应及运行机理

基于垄断优势的保护理念,外商在对外直接投资过程中对较高技术含量的投资往往采取独资形式,在跨国公司体系之内运行;对外直接投资采取合资、合作、技术转让等运营方式的技术含量往往比较低,所以外商直接投资对东道国的技术进步更多地体现在间接影响上,产生于合作过程中外商不可避免的技术溢出上,外商直接投资对东道国的技术进步效应充分验证了"干中学"理论。

外资企业往往拥有良好的世界市场销售渠道,熟谙世界市场品质及流行趋势,为了严格把控产品品质,对东道国关联供货企业进行技术指导,设备更新,设定严格的原料选购标准等,这一过程中东道国关联企业就间接获得了技术溢出。具体技术外溢路径机理:外商帮助本土供货商建立生产设施;为提升自身产品质量或对本产品进行创新,跨国公司对供货商提供世界市场信息、技术援助;对本土供货商在原料、中间产品采购方面提供技术指导、信息咨询与管理;对本土供货商员工进行培训与管理协助;外商企业为了在本地市场进行销售,要挑选、培训、管理当地的经销商。技术溢出效应作为外商与当地客户接触过程中不可避免的附属品,不断补给着本土企业稀缺的国际经营管理能力,在东道国,与外商企业有关联的企业在不需要支付费用基础上获得了世界信息与技术,加强了与世界市场的联系,间接的联系会引致本土与世界市场的直接联系。

外商投资企业雇用当地人员进行生产或研究过程中,为了使在外企工作的本地人员逐渐成为跨国公司全球生产体系中的合格成员,从操作性比较强的生产人员、有一定技术含量的质检人员到具有专业化高级知识体系的技术、研发专家及企业高层管理人员,总公司往往对他们进行灵活多样的技术知识培训,比如,现场指导与观摩传授、团队精神拓展训练、聘请世界高级专家进行讲座,甚至外派考察学习。在外企经过锻炼的员工不断积累世界生产经营经验,在与国内友人交往过程中充当非编码知识传播者,当这些外企职员受雇于其他企业或自己独立经营时知识就发生了直接转移,国内企业与国外企业经营知识直接产生融合与对接。东道国一般还通过建立区域合作与科技工业园区,为知识的外溢提供了良好外在环境,促使产业集聚,加速技术扩散。

(三)外商直接投资对东道国对外贸易的促进效应及运行机理

国际直接投资与国际贸易的关系一直是对国际直接投资进行理论、实证研究的主要内容之一,结论分为两大对立面:国际直接投资是逆贸易型与顺贸易型的①。不论国际直接投资是逆贸易型还是顺贸易型,不争的事实就是从跨国公司体系之内的维度来分析,国际直接投资肯定是促进了投资国与东道国的国际贸易,并且对后发展中的东道国对外贸易具有正向效应。

跨国公司往往具有先进技术、先进管理经验、雄厚的资金实力及先进通信设备、国际声望、与销售及包销商有长期而稳定的业务联系、规模经济等优势,在国际市场上拥有良好形象、丰富经验,能够建立、开拓良好的营销网络、制定适宜的营销策略,能够把握世界市场的流行方向与消费需求及潜在消费需求意向,从产品设计、包装、销售方式及服务上满足世界市场需要,从而,外商投资直接增强、提升东道国在国际贸易体系中的地位。跨国公司在发展中东道国的生产经营过程中会把这些优势及产品差异化的能力直接

① 在国际经济学理论中,把国际直接投资取代投资国与东道国国际贸易或减少了国际贸易的国际直接投资称为逆贸易型国际直接投资;对增加或促进投资国与东道国国际贸易的国际直接投资称为顺贸易型国际直接投资。比如,在小岛清的边际扩张理论中就认为,日本对后发展国家的投资是日本处于边际产业而在东道国具有优势或潜在优势的产业。这样日本的对外投资就是顺贸易型投资,而欧美发达国家对后发展国家的投资,因为投资的是欧美还具有垄断优势的产业,所以是取代了对东道国的出口是逆贸易型对外直接投资。

或间接地传递给东道国企业,从而促进东道国企业的国际经营能力。如果投资的是东道国具有优势的资源密集型、劳动密集型等产业,跨国公司利用它覆盖全球的营销网络、先进的设备与加工工艺流程及精湛的专业化知识,能够提升东道国资源密集型、劳动密集型产品在世界市场上的地位,东道国在与世界进一步接触过程中会获取更多的世界市场信息、提升产品差异化程度、增加产品附加值,增强东道国企业在世界市场的适销性。

东道国本土企业在与外商经济交往中国际化经营能力逐步提升。外商投资企业与本土企业前向后向联系都增强了本土企业与世界市场的联系,跨国公司对世界市场形势与规则掌握的优势在雇用培训本土人员上更具有国际性,这些雇员比本土企业雇员在"干中学"积累的国际经营知识与经验更高更深,当这些具备较高国际经营能力的人员受雇于国内其他企业,或自己单独经营时会间接地增强东道国国际化经营能力,增强出口。

（四）外商直接投资对东道国就业质量的提升效应及运行机理

当外商直接投资对东道国市场、产业没有产生挤兑效应、没有形成垄断的情况下,跨国公司对东道国的就业一般是正效应。即便跨国并购不能像绿地投资直接即时地增加东道国就业人数,甚至会面临收购公司对目标公司的裁员,但是跨国并购对东道国就业人口的间接效应与绿地投资一样,后续的投资、产业连锁相应的投资及促进东道国经济发展的投资乘数效应都会促进东道国的就业,尤其是投资劳动密集型产业会更能促进东道国就业。从就业质量来看,跨国公司往往比发展中东道国提供的就业岗位报酬、工作条件更优越些,而且对员工常规化的培训直接增强东道国员工的技能和国际化经营素养。

由于投资国与东道国的生产函数不同,外商直接投资通过技术、设备、管理、资本等软、硬要素一揽子对东道国的投入改变东道国的投资结构从而优化东道国的产业结构。外资企业的工资及条件往往比发展中东道国本土企业更优越,外资投资的乘数效应都会促使东道国消费水平的提高,进而影响东道国消费者的消费需求结构,消费需求结构的变化又会促进供给结构的改进,从而提升东道国产业结构优化升级,外商直接投资企业的相对优质的产品也对东道国消费有一定的牵动引导作用。外商直接投资也会对国际上其他跨国公司起到示范带头作用,会引发其他跨国公司前来投资,加强本土企业与世界市场的联系,从而增加外资对当地的促进作用。外商直接投资对东道国的技术进步、消费需求、要素供给禀赋、外界经济冲击、培训本土员工等方面的效应,汇集到一起产生一定的产业结构调整效应。

三、周边国家和地区利用外商直接投资的经验及启示

不论是发达国家还是新兴经济体,在经济发展起飞阶段外商直接投资都起到了很大的作用,而且外资的作用不只是解决发展初期的资本瓶颈制约,更主要的是体现在管理上与促进技术进步上。在当今全球化时代,各国所处的国际关系不同,在经济发展和利用外资路径的选择上受着不同因素的影响,基于国内战略和政策的导向利用外资发展本国经济还是重要战略选择之一,日本、韩国、新加坡都是利用外资发展本国经济的成功典范。日本第二次世界大战后科学技术在制造业上突飞猛进,韩国的工业化进程仅用了短短30年,地域狭小、资源匮乏的新加坡也通过利用外资创造出经济奇迹,这当中一个共性特点就是在政府的主导下,从整个国家的发展战略着眼,紧密结合国内产业发展和技术进步统筹安

排全国的招商选资,即便是在金融危机最困难的时期,也不动摇外资效应最大化的利用战略,主要瞄准解决本国品牌和国际市场竞争力问题,而不是把重点放在解决资本问题上。这些经验无疑值得我们在利用外商直接投资上加以借鉴。而中国台湾的发展和引资路径正是中国东南沿海尤其是珠三角发展和利用外资的路径,其也有许多成功之处,但中国台湾当前的困惑也在中国大陆初露端倪,对中国台湾发展和利用外资路径的分析无疑也对思考我们的整体战略具有启示作用。

（一）日本

日本在利用外国直接投资上一直是严格选择、限制,始终紧紧围绕是否解决了国内不能解决的技术、管理问题这一核心。引进零部件能解决问题就不引进单机,引进单机能解决问题就不引进成套设备,对工艺和技术的引进重于对设备的引进。政府以"一号机进口、二号机国产、三号机创新"作为审批标准,基本上不购买成套设备,而是有选择地引进单项技术,如只购置主机,自造辅机,重视引进后的改良和创新等。到1983年,日本的机械制造已经位居世界第一。在吸收、消化国外技术的同时,随着能力的不断增长,逐步从"科技立国"发展到"科技创新立国",把发展独创性的科学技术作为经济发展的重要策略,利用政府的力量直接介入重点科技领域的科研工作,发展航空、原子能、计算机、大型集成电路等高新技术产业。

（二）韩国

第二次世界大战后的韩国是个落后的农业国,在利用外资上起初是选择利用外债渡过难关,限制外国的直接投资以保护本国企业,努力提升企业对外来技术的消化能力。随着外援的减少,国家开始大力扶植重点大型企业,实施"出口导向"战略,并重点转向技术发展和创立自主品牌,根据自身的实际需要有选择地在重点发展产业和出口部门引进外商直接投资,重视企业对外资技术的消化、吸收、模仿和创造能力的培养,走了一条"引进—模仿—改进—创新"的技术发展模式。可以看出,韩国在利用外国直接投资的整个过程中都不是单纯关注生产制造环节,而是在国家政策引导下与本国技术的自主开发紧密结合起来,虽然在亚洲金融危机时遇到了比其他亚洲国家更严峻的处境,但是在政府全国统筹安排下,还是保持了一个拥有自主品牌和突出国际市场竞争力的新兴先进国家的地位,在汽车、电子、通信、核电技术、造船等领域位居世界前列。

（三）新加坡

新加坡经验的突出特色是十分注重利用外资与本国技术人员培养的密切结合。在对外国直接投资管理中,领导人员政策、员工政策与东道国技术的提升程度密切相关。外国投资者处于保守技术秘密,在高级技术人员上一般倾向于从母公司或东道国以外国家聘用,而东道国出于培养或锻炼本国短缺的高级人才的考虑,则想让外资企业尽可能多地在本地聘请高级技术人才。因此,在决策领导人、高级技术人员任用上东道国与投资国往往存在很大分歧。为了加快本国人才的培养,新加坡规定,在本国不能满足外资企业所需要的技术人员情况下,可以聘用外国人从事技术和专业工作,但是必须保证本国工人受到培训,发展到一定程度时逐步使用本国人员。这就保证了新加坡在利用外资过程中本土高级管理人才的培养。

（四）中国台湾地区

中国台湾在利用外资方面以代工生产模式著称。从发展历史看,中国台湾的代工生产模式主要经历了如下几个阶段:一是以劳动密集型的成衣服装加工业打入全球生产链的初级阶段;二是修改、发展品牌商原设计,辅助国际品牌商研发更符合本土需要的产品,即从完全的 OEM 向 ODM 转变的阶段;三是在岛内劳动力、土地等生产要素价格上涨,要素优势转化的情况下,借助与原国际品牌商的垂直分工关系,接单后转移到大陆生产的阶段。金融危机以来,由于国际市场需求加剧萎缩,大陆经济结构进入调整阶段,劳动力成本上升、原料价格上涨、节能减排审查力度增强,都促使中国台湾接单到大陆加工的成本增加,从而倒逼中国台湾加大创新、自主品牌经营、升级转变经济发展模式。中国台湾因过度依赖外资而导致的脆弱抗风险能力,原因之一就是政府在引进外资初始和发展过程中缺乏宏观长远发展战略。这也是中国大陆需要认真思考和面对的问题。

代工生产凭借照单加工、不愁销路的优势,对于刚刚起步的发展经济体来说,无疑是快速进入全球生产体系的有利途径。代工生产的初衷是在代工过程中融入世界经济,获取品牌厂商外溢的设计和国际市场行销能力,加快本国的产业升级。但是,正如前面所言,外商国外直接投资的重要动机是维持垄断优势,其会千方百计防止技术外溢,而且借研发、全球运营的市场渠道和管理方面的垄断优势,不断压低商品价格。由此,生产加工毛利日趋下降,而众多生产厂商为了争取到寡占全球市场的少数品牌运营商的订单,在加强自身生产加工能力的同时,不断竞相降价,微利也在日趋让与外商。即便在当前国际市场需求萎缩、外围市场生产要素成本更低廉时,欧美品牌商依旧会有转单趋势。中国台湾厂商因为缺乏自主品牌,只专注生产,没有建立起面向最终消费者的销售渠道,国内销售渠道也大多被国际品牌商占领,断掉外需就会完全处于被动与无奈的境地。鉴于此,中国台湾厂商需要加大自己的品牌升级力度,但企业的逐利性路径依赖和面对庞大的技术研发费用、市场风险,自身又难以突破,因此升级和转变生产模式的道路是艰难的。

第三节　对外直接投资促进产业结构升级的运行机理

一、对外直接投资是一国经济发展到一定阶段的客观需要

对外直接投资是商品经济发展到一定阶段、生产社会分工国际化的产物,并随着生产力的提高,国际政治、经济格局的演变呈现出特定的发展过程①。从 18 世纪末 19 世纪初到第一次世界大战前是国际直接投资的初始形成阶段。在第二次工业革命推动下生产力迅猛发展,国际分工体系在以欧洲老牌资本主义殖民侵入中形成,并产生大量剩余资本。这期间以英国为主的老牌资本主义国家,以间接投资为主要方式向资源丰富的殖民地国家进行资源开发性投资,国际直接投资比重很小。在战争与经济危机冲击下,两次世界大战期间动荡不安的国际环境使国际投资进入曲折迟缓的低迷徘徊阶段,但在此阶段美国凭借两次世界大战中的市场需求,经济发展逆势而上,取代英国成为最大的对外投资国,美国对外投资伊始就以国际直接投资为主。国际间接投资是通过货币资本的流动对双方国家产生间接、迂回曲折的影响,而国际直接投资是"一揽子"生产资本的投入,创造出更大的动态比较优势,扩大投资国的生产空间和市场领土。故此,美国取代英国成为当时国际直接投资霸主,对世界经济产生深刻、重大影响,直接确立

---

① 杨大楷:《国际投资学》,上海财经大学出版社 2003 年版,第 9 页。

其世界霸主地位。第二次世界大战后到 20 世纪 70 年代末,在科技进步、金融创新、贸易自由化、跨国公司全球化经营等因素作用下,跨国公司为了获得战略性资产、市场主导权、规模经济、协同效益等目的,在变化的国际环境中迅速地作出对外投资的战略反应,国际投资进入恢复增长阶段,国际投资方式发生明显转折——以国际直接投资为主。20 世纪 80 年代以来国际直接投资和国际间接投资齐头并进迅猛发展。进入 20 世纪 90 年代,国际投资活动出现一些新现象,服务性跨国公司迅速发展,发展中国家的跨国公司出现并得到一定发展,但是美国、日本、西欧依旧是全球对外投资的主导力量,发展中国家仍处于从属地位。2007 年,全球跨国投资总量达到了 1.833 万亿美元,跨国并购达到了 1.637 万亿美元,跨国并购数量接近跨国投资数量的 90%,由于金融危机 2008 年全球跨国投资总量下降为 1.64 万亿美元。《2011 年世界投资报告》中指出,2010 年全球外国直接投资比上一年增长 5%,达到 1.24 万亿美元,但仍比金融危机前的平均值低 15%。2013 年,全球各国国际直接投资总额为 1.418 万亿美元,同比增加 690 亿美元。由于全球经济脆弱,投资者对政策不确定,地缘政治风险提高等原因,2014 年全球国际直接投资下降到了 1.23 万亿美元,下降了 16%。2014 年,作为一个整体,发展中经济体吸引了价值达 6810 亿美元的国际直接投资,世界前十名国际直接投资接受国中的一半是发展中经济体。2015 年全球国际直接投资达到 2008 年全球金融危机爆发以来的最高水平,国际直接投资流入总量跃升了 38%,达 1.76 万亿美元,其中跨国并购金额从 2014 年的 4320 亿美元猛增到 2015 年的 7210 亿美元,绿地投资项目也达到 7660 亿美元的较高水平。

　　在世界经济发展历程中,主要投资国的演变与更迭充分说明:

"走出去"的战略是生产力发展到一定阶段的客观要求,是现代化大生产跨越国界和世界经济全球化逻辑的必然结果。国际投资不仅是经济全球化的结果,更是当前经济全球化最主要的方式,国际直接投资实质上是跨国公司全球一体化战略的结果。跨国公司立足全球,对生产经营实行全球性战略部署,在全球范围内优化资源配置和利用全球资源,发达国家和地区拥有世界上最多的跨国公司,因而在国际竞争中处于领先地位,演绎着国际投资的主流,获取巨大的经济利益。相应的国家间的竞争必然主要是企业间的竞争,是企业间全球资源整合能力的竞争。任何一个强国都要拥有自己一大批全球化企业,处在全球的高端制造业中,在全球化竞争中成为赢家①。

二、对外直接投资动因的主流理论

垄断优势说。发达国家的强大企业利用垄断优势到海外进行寡占行为性投资,充分吸纳世界经济发展不完全带来的红利。20世纪 60 年代初美国麻省理工学院教授海默(Stephan Hymer)的垄断优势理论开创了国际直接投资独立理论的先河,打破传统国际投资理论的市场是完全竞争的假设前提,提出市场的不完全竞争是跨国公司对外投资的决定性因素。海默认为由于市场的不完全,一些企业获得了能够战胜具有天时、地利、人和的东道国企业的优势,并为了进一步追求市场的不完全向外直接投资,强化自己的垄断优势。海默的垄断优势理论奠定了国际直接投资独立于传统国际贸易国际资本流动理论中的市场完全竞争的假设前提,所有国际直接投资理论不论从哪个角度和层次进行论述,均以不完

---

① 何伟文:《积极探索　善于走出去》,《国际贸易论坛》(内部刊物),2011 年秋。

全竞争为其理论前提,更符合现实的条件提升了国际直接理论对现实的解释力,海默理论很好地解释了1914—1956年美国对外直接投资现象。

产品生命周期理论说。即按产品不同发展阶段要素密集程度的不同在世界各地寻求最佳的直接区位优势与间接区位优势,占领市场降低成本。20世纪60年代中期,哈佛大学雷蒙德·维农(Raymond Vernon)教授利用产品生命周期变化中要素密集程度的变化,解释了美国企业第二次世界大战后对外直接投资的动机、时机及区位选择。跨国公司动态发展中准确分析企业自身资源与外部世界经济环境,在产品创新、成熟、标准化不同发展阶段都能够与世界最佳生产区域很好地媾和,利用世界各区域的比较优势扩大发展企业自身的竞争优势。创新阶段一般在每国进行生产以出口满足全球需要;产品成熟阶段海外竞争对手开始出现时,一般在海外竞争市场进行进攻性投资防止市场流失;产品进入标准化阶段,成本成为主要竞争对象时开始向发展中国家进行投资生产。产品生命周期理论对发达国家20世纪80年代对外直接投资有很强说服力,但是当前随着竞争加大,西方发达国家往往在产品生命周期的第一阶段——创新阶段就对外直接投资,或者一些身处海外的公司本身就具备了创新能力,产品创新阶段从一开始就在海外发展。

内部化理论说。主张在对外贸易不能获取全部租金的地方采取对外直接投资,降低交易成本。20世纪70年代中期英国里丁大学的学者巴克莱(Peter J.Buckley)、卡森(Mark Casson)基于科斯定理克服市场对于某些产品失灵的现象提出了内部化理论,后来与加拿大学者拉格曼(A.M.Rugman)对其进行了补充完善,提出以节省交易成本为动机的对外直接投资。由于知识产品准外部性的公共属性和垄断势力的存在导致某些市场失效,继而导致交易障碍、交易风险、损失的增加,产生许多附加成本,企业通过外部市场不能保证企业的获利,因此通过对外直接投资,在全球市场中建立企业内部市场交易体系,降低、克服交易成本。

当代跨国公司问题著名专家,英国里丁大学教授约翰·哈里·邓宁(John Harry Dunning)1977年集前人理论之大成,首次提出国际生产折中理论。国际生产折中理论认为企业参与国际市场竞争的方式与企业自身优势有关。当企业仅具备所有权优势时,一般采取技术转让方式;当企业具备所有权优势、内部化优势时,一般采取本土生产出口世界市场的方式;只有当企业既具备所有权优势、内部化优势,又具备区位优势时,企业才采取对外直接投资方式。所有权优势、内部化优势、区位优势是企业对外直接投资的必要条件。20世纪80年代后,邓宁又对其理论进一步系统性阐述,处于不同阶段的国家吸引外资能力与对外直接投资能力的水平和地位不同,与其人均国民生产总值成正比例关系,根据人均国民生产总值的水平将一国投资周期分为四个阶段。人均GDP在400美元以下时处于第一阶段,只能吸引少量外商直接投资,本国基本没有对外直接投资;人均GDP在400—2500美元之间时是第二阶段,本国利用外资增加但对外直接投资依然很少,净投资额为负;人均GDP处于2501—4000美元时是第三阶段,本国利用外资进一步增加,同时,对外直接投资大幅度增长并超过利用外资增长速度,但净投资额仍然为负;当人均GDP在4000美元以上时是第四阶段,对外直接投资增长速度高于利用外资增长速度,净投资额为正值。我国在2012年开始进入净投资国,但国内各地区经济发展水平不同,按国内地区经济发展水平划分,几乎囊括了四个发展阶段。

边际扩张理论说。主张从国家发展的宏观视角出发把本国处于边际生产环节、边际企业、边际产业转移出去以获取相对落后国家发展中的红利，与此同时为国内更先进的生产释放上升空间。20 世纪 70 年代日本一桥大学的小岛清教授提出的边际扩展理论很好地解释了日本对外投资模式。

20 世纪 90 年代，哈佛大学教授迈克尔·波特在竞争论中提出企业产业簇群形式的战略协作关系比内部协作更具有灵活性和竞争性，他认为产业簇群是一种合作与竞争的组合，在交易成本上，产业簇群提供了比其他形式更明显的优势，而且似乎可改善许多增加交易成本的诱因问题，因为在产业簇群结构内，来源于在某个有限的地理区域中的生活与工作，重复互动、非正式接触和开放沟通，能够培养信任、降低服务和重组市场关系的成本[1]。

随着后发展国家对外投资的不断发展，学者对发展中国家对外直接投资的研究也有初步发展。1983 年美国经济学家刘易斯·威尔斯(Louis J.Wells)利用比较优势原理阐明后发展国家开展国际直接投资的可行性路径的研究，提出了小规模技术理论，认为发展中国家拥有为小市场需要服务的劳动密集型小规模生产技术。低收入发展中国家商品市场需求量的有限性，生产规模、交通、电力等约束条件，使发达国家大规模生产技术无法满足小市场的个性需求，为许多发展中国家企业留下利基市场，发展中国家的企业正是开发了满足小市场需求的生产技术而获得竞争优势。

英国学者坎特韦尔(John A.Cantwell1)、托兰惕诺(Paz Estrella Tolentino)在 1991 年从技术积累过程出发解释后发展国家的对外投资的技术积累理论等。该理论认为：发展中国家或地区产业结

---

① 迈克尔·波特：《竞争论》，中信出版社 2003 年版，第 237 页。

构升级,表明发展中国家企业技术能力在稳步提升,技术能力不断积累会推动其进行对外直接投资,也就是其技术能力水平是其国际生产活动的决定因素。该理论对 20 世纪 80 年代以来发展中国家,尤其新兴工业化国家和地区对外投资具有一定解释力度,呈现了发展中国家对外直接投资结构由传统产业向高技术产业、由发展中国家向发达国家流动的发展态势,说明了发展中国家通过对外投资可以实现技术创新与积累,从而完善产业结构、提升产业国际竞争力。

三、对外直接投资促进产业结构升级性调整

(一)制造业借助对外直接投资优化产业结构

欧美发达国家根据产品的生命周期,通过对外直接投资,将本国竞争力下降的产业梯次转移到欠发达国家或后发展国家。这不仅延长了产品生命周期,也为投资国新兴产业的发展腾出空间,推动投资国产业升级,为新一轮的转移和升级奠定基础,产业升级与对外直接投资形成正反馈循环效应。第二次世界大战后美国经济发展现实是对产品生命周期理论的最好诠释。20 世纪 60 年代美国劳动力工资水平开始大幅上升,劳动密集型产业在美国的优势丧失殆尽,美国对产业进行了重大战略调整,从传统产业向高技术产业转移,从产品生产为主的第二产业向知识性服务为主的第三产业转移。产业转移的重要举措就是对外直接投资,美国将劳动密集型、低技术、低增加值工序转移到国外,将高技术、高增加值工序留在本土,使美国产业结构不断优化。新兴信息知识产业在美国得到迅猛发展,强化了世界头号大国地位。这一战略一直鲜明地持续到 2008 年金融危机之前。

日本小岛清的边际产业扩张理论与赤松要的雁形理论揭示了

并不具备垄断优势的产业同样可以通过对外直接投资优化产业结构。日本对外直接投资强调从国家宏观发展战略出发,把在本国即将失去优势的边际产业、边际企业、边际生产部门转移到发展中东道国去。优化、升级日本本国产业结构的同时,把相对落后的东道国潜在的比较优势转化为现实的生产力。日本作为投资国在边际产业转移的过程中会带动本已经失去竞争力的相关产品出口到东道国,所以日本对外直接投资与欧美发达国家基于产品生命周期理论的对外直接投资从国际贸易效应上讲具有很大的不同。日本是带动出口的顺贸易型对外直接投资,欧美是替代出口的逆贸易型对外直接投资。日本的边际产业对外直接投资模式同样是减少投资国在已失去优势的产业进行生产,将有限资源更多地用于与东道国具有更大差距的产业进行生产,从而投资国与东道国两个国家的比较成本拉大差距,充分享受国际分工的利益,强化、提升投资国的国际竞争力。

(二)对外直接投资改变技术研发水平

改革开放以来我们主要是通过引进外资和国外二三流技术填补几近空白的产业,产业结构快速升级,然而这一切都是在没有冲撞到西方核心利益基础之上的。如今,中国再想通过引进新产业和前沿核心技术继续提升产业结构的空间大大收缩,而且还会受到西方的遏制打压和封锁,西方发达国家千方百计想把中国固化在国际分工的低端,阻止中国的产业结构升级。当前,产业结构调整升级在中央重要文件中被放在了重要位置,通过到发达国家进行直接投资的方式引进先进技术,变被动为主动获取先进技术不啻为更有效途径。对外直接投资是经济发展到一定阶段的必然历程,实际上也是"走发达国家曾经走过的老路"。对于后发展国家来说,传统认识上的购买国外技术及其设备、引进外国直接投资等产业升级方式,在发展到一定阶段后,这些方式是不可能引进国外一流先进技术,也达不到突破发展瓶颈,从而也不可能用此方式跨越中等收入陷阱。通过到发达国家直接投资的方式引进先进技术,在一定程度上可以打破西方发达国家对高新技术的垄断。后发展国家对发达国家进行直接投资的动机,是寻求长远战略性创造性资产,是为了提升企业竞争力而进行的创造性资源获取型投资。2006年联合国贸易与发展会议(UNCTAD)对后发展国家全球问卷调查也证明,创造性资源寻求型对外直接投资是后发展国家对外直接投资的重要驱动力。韩国、中国台湾对发达国家投资建立开发型企业等成功案例也说明了这一点。早在1980年韩国"现代"就在美国硅谷设立现代电子系统公司,雇用当地技术人才研究开发商业电脑、工程电脑需要的半导体技术。在1982年中国台湾"庆丰"也在美国硅谷设立高智公司,直接吸收硅谷先进技术,研制新型电脑磁碟机,将研发成果运用到公司内部。日本早在1960年年初就开始在海外设立研发机构,到1985年出现井喷现象,日本民营企业大幅增加海外研发机构。日本海外设立研发机构中,大多采用同行企业间国际战略联盟形式。

2001年中国入世以来到2013年,中国对外直接投资年均增速高达41.6%,在金融危机背景下,全球对外直接投资同比下滑17%的情况下,2012年中国对外直接投资创出878亿美元的历史新高,首次成为全球三大对外投资体之一,2013年中国非金融领域对外直接投资902亿美元,对外国际并购规模2013年超过日本成为亚洲第一。2015年中国对外投资增长了4%,达1276亿美元。在中国企业海外大规模并购浪潮推动下,中国目前已经成为部分发达国家的主要外资来源国。随着"一带一路"、国际产能合作的开展、推进,中国对"一带一路"沿线发展中国家的投资也会继续保持高速增长。但投资还主要集中在后发展国家,对美国的投资不及美国境外投资流入总量的 2%,美国总是基于"敏感行业"、"国家安全"等原因对中国企业进行限制或拒之门外。海尔是中国在海外知识资源获取型投资做得比较出色的代表,在本书后面对海尔构建全球网络的路径、经验、启示进行了分析。

第四节　构建全球生产网络　提升国际竞争力

20 世纪 70 年代后半期在以信息技术、微电子技术为先导的第三次科学技术革命背景下的"温特尔主义"标志着模块化国际生产分工在世界经济中的确立。模块化国际分工体系是跨国公司全球经济一体化战略的国际关系基础。"温特尔主义"国际分工背景下,构建全球生产网络是跨国公司铸造国际竞争力的主要方式。知识转移是对外直接投资实现价值创造和创新的基础,是跨国经营形成更大范围的知识网络,内外因素的媾和形成自己独特的知识资源①。通过整合内外互补性知识资源,促进对外直接投资企业在跨国知识网络中的转移和重组,驱动其全面的价值创造②。

一、"温特尔主义"国际分工

"福特主义"生产模式是在大消费与大规模生产相结合的社会条件下对大企业进行管理的模式,因为其特点之一就是机器的

---

① T.C.Ambos,B.Ambos & B.B.Schlegelmilch:"Learning from foreign subsidiaries: An empirical investigation of headquarters' benefits from reverse knowledge transfers",*International Business Review*,2006,15,pp.294–312.

② Q.Yang,R.Mudambi & K.E.Meyer:"Conventional and reverse knowledge flows in multinational corporations ",*Journal of Management*,2008,34,pp.882–902.

专用性与低技能工人的结合,所以"福特主义"的生产模式更多的是通过纵向一体化达到内部规模经济、节约成本,而从整体生产模式来看依旧是粗放式的资本密集型生产模式。即便是后来发展起来的"丰田生产方式"、"后福特主义"生产方式都是在垂直型结构中追求规模经济效应、范围经济效应。企业拥有从设计、制造到销售完整的价值链,虽然这些价值链中已经有明显的分工节点,但这些价值节点还没有形成独立的部门,还是在企业内部的分工,所以企业的实质竞争还是整体价值链的竞争。"福特主义"分工时期产品生命周期还比较长,能够预测出下一轮的技术、产品发展方向,从而技术革新、设备改良慢,产品品种差异化程度低。这时的竞争更主要集中在汽车、机械等资本密集型产业的生产模式上,进入壁垒较大。美国当时对外的投资主要是在战后援助计划下,对欧洲、日本等二号发达国家的投资。当时,西方发达国家大型企业因为拥有广大的、强劲的资本主义国家消费市场,还没有必要向后发展国家转移。

随着经济、电子信息业的发展,"温特尔主义"逐渐取代"福特主义"生产分工模式。"温特尔主义(Wintelism)"最初是微软(Windows)与英特尔(Intel)在20世纪90年代初期共同构筑的平台,即微软(Windows)的视窗系统与英特尔(Intel)微处理器联盟搭配,凭借双方优势,不断推陈出新,在自己赚取溢价优势和利润增长的同时不断对本产业进行更新升级,掌握、创立本行业的标准。"温特尔主义"时代,企业通过成为行业标准的制定者而拥有垄断优势,掌控市场赚取垄断利润;又因为作为行业的顶级企业标准,锁定广大消费者,创造路径依赖的网络效应,使得消费者与标准制定者之间形成信息正反馈良性循环效应,最终使企业在行业内的领导地位不断得到强化升级。

　　网络信息技术能够使全球消费者在同一时间接触到相同的产品信息,全球消费者不论肤色、种族、地域都追求高品质的生活方式,渴望消费高品质产品。标准制定者利用全球销售渠道掌控着庞大的来自全球市场的强大信息网,利用先进的技术、管理经验整合市场信息,并进一步预测、挖掘消费者潜在的需求欲望,更新产品设计,优化工艺流程,强化产品功能,垄断市场,同时引导、创造下一步市场潮流。行业标准制定者在研发出新产品标准后,为了产品能同一时间满足全球消费者的需要,把生产制造环节进行严格细分,进行标准模块化生产。实际上,标准模块化生产就是根据价值链原理进行的产品内分工合作。价值链上每一个价值增值的环节对生产要素的要求有很大差别,而各国的生产要素丰裕比例又不同,标准制定者根据价值链上每个节点对生产要素的需求特点,在全球寻求具备最佳区位优势的地区进行模块化生产或外包,使全球资源得到有效利用,每个零部件生产都能够做到全球质量最优,性能最佳,最终形成全球性高品质产品。

　　从上述分析我们可以看出,"温特尔主义"生产模式中制定全球性标准的企业必须具备相当高的创新能力。美国作为头号发达国家在基础性理论、应用性理论,技术、产品工艺上都非常注重创新,美国还汇集着全球的人才,金融衍生产品丰富,消费者的冒险精神与高消费水平也同样决定了创新产品在美国拥有更为有效的市场,这都为美国企业首创"温特尔主义"生产模式并能坚守标准制定者位置创造了基本条件。美国企业是当今世界生产体系标准的主要制定者。

二、"温特尔主义"国际分工特点

把复杂的有机整体拆分成能够相对独立生产制造的不同模块,

模块间通过标准化的接口,相互联系、交换信息,进行动态整合①。模块化包含一个产品体系中的设计、生产、组织的模块化。

(一)设计的模块化是模块化生产的中枢神经

对于某个产品系列来说,设计规则与界面需要总体规划,产品需要拆分为模块;确定每一个模块在产品生产这一系统中的功能;确定标准化的模块间相互交互对接端口。设计的模块性是模块化生产的中枢神经,统帅各个模块,首先选择产品及其部件的设计边界;再确定规则,使每个模块间既相互独立,在产品系统内又相互依赖②。

(二)生产的模块化是生产制造与组装的分解

模块的供应者在产品总体规则平台基础上,根据满足产品多样化、交叉类产品的适用性原则,进一步对子模块进行设计,也就是工厂的边界设计。由于各个子模块在不断地创新,并且相互间产生一定的竞争激励效应,所以子模块在相互平衡协调下展开独立工作的同时,促进了产品整体性的创新发展。

(三)组织的模块化形成柔性关系

企业内部的组织框架是设计、生产模块化创造更高生产能力的保障。部件的供应商在某些环节是相同的,比如像人力资源的管理系统、后勤等部门环节。这就出现了厂际之间有许多相同组织结构,这些相同的组织结构又都是可相互复制的。也就是厂际之间会出现相同的现有关系、标准化操作程序、工作模式、通讯设备。这样,通过外包这些管理环节给专业企业形成更高效的管

① 丁永健:《面向全球产业价值链的中国制造业升级》,科学出版社 2010 年版,第 19 页。
② 朱文晖:《走向竞合——珠三角与长三角经济发展比较》,清华大学出版社 2003 年版,第 24 页。

理。一些基础设备厂际间共同使用,从而充分地发挥其功效。每个厂家集中精力专注于价值链的某个环节达到规模经济,不同企业之间相互依赖、配合形成范围经济。"温特尔主义"产品内分工打破了"福特主义"生产下纵向一体化的僵硬的刚性生产关系。子模块厂家间密切联系又相互独立,同一部件面临多个供应商,供应商间相互竞争使购买者买到性价比更高的商品,这样"温特尔主义"模块化生产又超越了普通市场交易,节约了部分交易成本。

三、"温特尔主义"分工条件下的全球网络化生产体系

企业通过在国内外包一些管理、生产性服务部门,变固定成本为可变成本,以节约成本、提高专业性效率性。企业通过离岸外包生产制造、装配环节,利用不完全竞争在全球配置资源,把每一个环节节点配置到全球最有优势的区位进行生产经营。随着经济的发展,教育水平的提高,后发展国家、经济转轨国家的科学技术人才不断涌现,成为"温特尔主义"国际分工的巨大人才库,"温特尔主义"下全球竞争压力加大,促使跨国公司不仅在生产上在全球寻求最佳区位,其研究开发工作也逐步海外化,并在全球网络人才,增强竞争力。所以从产品产生到衰退不再有清晰的从国内到国外参与国际竞争的发展轨迹,从产品设想刚开始就从全球布局着眼,研发、生产、销售等环节都与全球成本最低的地区相匹配。在模块化产品内分工过程中,世界经济发生着深刻变化,"温特尔主义"国际分工与世界经济发展互为因果关系并双向促进推动发展。

"温特尔主义"的特征就是围绕产品或产品系列价值链上的研发、设计、人事管理、采购、加工、成品储运、销售、售后服务等各个节点,形成规模经济与范围经济的产业集聚,形成国际竞争力,

经济新常态下欠发达地区提升产业国际竞争力路径研究

并形成强大的柔性关系网络。换句话说，就是围绕标准化生产的产品在全球最大效能地配置资源，模块设计这个中央神经系统根据价值链每个链节的特征外包模块生产与组合。而这一切必然在全球形成两大相互呼应的区域：掌握尖端科技、强大全球产品、市场信息网络、制定产品标准与商业规则、能有效配置世界资源者；提供自然资源、廉价劳动力、落实、实现产品模块化生产与组合者。这一切又都决定了"温特尔主义"从产品设想一开始就在全球寻求最佳区位，研发、生产、销售、组织等都要与全球最适宜进行生产的低成本地区相匹配下开展各个模块的活动，区位选择成为当今跨国公司战略成败的攸关点。

"温特尔主义"下，企业的各项活动根据价值链的原理可以在空间上相互分离，而在时间上可以并行不悖，这样就出现了施振荣的微笑曲线，进行标准制定的公司能够牢牢掌握研发、销售等规模经济、垄断利润的环节。在产品生命周期不断缩短的前提下，专注于研究与创新的同时，快速把最新的创新向全球铺开生产。由于各个零部件在标准化下可以空间分离，在全球同时进行，企业就把料重工轻的生产制造环节外包出去，外包可分为国内外包与离岸外包。国内外包往往是企业为了节约成本，高效管理，把非核心的部门、业务转给相应的专业公司来进行，比如将物业管理、后勤服务、物流、人事管理、财务会计等部门外包给专业公司，这样不仅降低了人力资本、避免公司组织过度膨胀，而且还获取了比本公司更具有专业知识的管理、生产性服务，使公司资金更高效地集中于核心竞争力的开拓。外包会使一些刚刚起步的高科技公司专注研究并获得全球性飞速增长。离岸外包是外包工作跨国境进行，指承包商与提供商分别在不同国家。这主要是根据各国、地区生产要素丰裕程度的不同而进行布局价值链上模块化后的各个环节。比如,在标准化的前提下,在生产、装配环节,主要是熟练技术工人的劳动,在产品价值链中属于劳动密集型环节,由于后发展国家劳动力相对丰裕且成本低,而美国、西欧、日本等发达国家,劳动力成本高,但是研发能力强、掌握国际品牌、国际销售渠道,所以发达国家企业往往把知识密集型研发环节留在国内,而把劳动密集型环节外包到中国台湾、中国大陆、菲律宾、印度等劳动力丰裕的国家或地区。国内外包与离岸外包虽然实质上都是企业的部门社会化,但是在企业运作过程中有战略部署上的差别。发达国家企业国内进行的外包主要是把一些生产性服务部门转给更具有专业技能的公司去做,确保核心业务能够在高效快捷的运营环境中进行。而离岸外包更主要关注的是成本的节约、原材料的利用,主要考虑承包区域的生产质量、服务水平。

委托加工是在大规模定制条件下产生的,他是从顾客要求出发,根据顾客要求大规模生产差别化产品以满足全球同类消费者的需求,这样既适应了差别化生产又满足了规模经济。委托方锁定了全球消费群体,开拓了销售渠道,但对于生产者而言,委托加工模式中生产者往往与国际市场、销售渠道、国际市场信息、消费者脱离,这导致了受托方完全依赖于委托方的市场命运。

四、"温特尔主义"分工模式下制造业生产网络格局

在"温特尔主义"模块分工模式下产品内分工快速发展起来。产品内分工将产品价值链垂直分解为多个工序与环节,通过空间分散化,两个及两个以上的企业、地区、国家进行某一工序或环节的专业化生产,从而形成了同一产品跨越国家、地区、企业的专业化生产分工体系。当前国际上具有竞争力的跨国公司都实施着超

越国界的产品内分工,一种产品的生产由几个国家的多个企业共同完成。当前国际分工呈现出产业间分工、产业内分工和产品内分工并存的多层次格局。

20世纪90年代微电子技术、通信信息技术、运输技术快速地与生产制造相融合,拉近了不同国家、地区之间的距离,降低了在全球范围内选择生产商、供应商以及战略伙伴的交易成本,消费者与生产厂商可以直接接触,实现完全订单化生产。生产、生活方式决定了企业经营模式的改变,"专注、极致、口碑、快"七字诀成为今天物联网时代生产厂商的经营逻辑。互联网思维可以归结为三个阶段:第一个阶段,设计和构造一个商业的基本逻辑,也就是"要满足什么样的商业需求"、"怎样寻求一种可持续的优势";第二个阶段,想尽一切办法,不断地强化这种逻辑;第三个阶段,当某种特定的商业逻辑被确立之后,就要想办法使这种商业逻辑的价值最大化。其中每一个阶段,都有各自的特征和值得企业关注的要点。互联网思维紧扣"温特尔主义"国际分工,价值链维度上企业设定的国际商业战略生产网络一般分为:生产驱动型和购买者驱动型。

(一)生产驱动型生产网络的特点

一般汽车、飞机、计算机、半导体、重型机械等技术、资本密集型产业的设计、制造、营销等活动构成生产者驱动型网络。由行业中拥有资本、技术等独特竞争优势的制造商担当网络的领导厂商,由他们在全球发起并主导形成垂直分工型的生产经营网络。比如福特汽车公司为了降低成本,从后发展国家加强汽车零部件的采购。关键部件外包给发达国家,英国成为福特发动机主产地。由产业资本雄厚的制造商发起成立生产网络,而该制造商专注于研发、生产工艺的改进、产品性能的更新等软件环境建设;并通过建立强大的零售商、品牌营销商构成的网络,垂直一体化来强化规模经济效应、加强基础设施等硬件建设。

(二)购买者驱动型生产网络的特点

购买者驱动型生产经营网络是行业中的零售商、品牌营销商作为领导厂商,在全球建立生产网络。网络主管的领导厂商在设计、品牌与营销方面有突出优势,能够控制整个生产网络。在购买者驱动型的生产网络中,销售商作为领导厂商有序地组织第三世界国家的分包商按国外买方的要求提供成品。服装、鞋帽、家具用品、玩具等劳动密集型产品的设计、生产、营销活动往往是以购买者驱动型构建其全球生产网络的。

服装行业跨国公司领导厂商凭借雄厚的资本实力,将资源集中于生产网络中的设计、营销、品牌建设等战略性环节,主要从中国香港、中国台湾、韩国、马来西亚等亚洲供应商那里采购服装成品。如今随着成本的提高,采购已经向成本更低的东南亚、非洲等地区的国家转移。

第三章 开放体系下中国产业的 国际竞争力

从产业结构调整升级、提升产业国际竞争力长视距发展来看,内向型发展战略与外向型发展战略相辅相成,相互依靠支撑,形成正反馈循环效应。发展内向型经济的最终目的是为了外向型产业经济向更高级发展,成就更强的国际竞争力。中国开放经济体系的建设、发展、完善就是成就产业国际竞争力的过程。

第一节 中国改革开放路径

中国在改革开放之前主要实施的是进口替代战略,建立起完整独立的生活消费品、轻化工产业体系,实现消费品、轻化工产品的自给自足。1980 年 6 月,邓小平在接见外宾时第一次公开提出"对外开放",1981 年 11 月,党的第五届人大第四次代表会议政府工作报告中进一步明确对外开放政策,1982 年 12 月对外开放政策作为基本国策写入我国新宪法。主要内容是:通过经济特区的设立、沿海城市的开放带动内地开放,发展出口导向型经济;积极引进国外先进设备、技术,特别是有助于生产制造业内部结构改造升级的先进技术;积极有效地利用外资,承接国际产业结构调整;积极开展对外技术援助及其他形式的互利合作;开展对外工程承包和劳务合作。中国制定产业发展战略,培育扶植重点发展行业,利用关税、非关税壁垒等方式对国内幼稚性产业进行保护,并利用国内外两个市场两种资源,引进外商直接投资,带动中国相关产业发展。在提升产业国际竞争力思想指导下,内向型经济发展战略与外向型经济发展战略交相呼应、相辅相成向前发展。

一、中国改革开放第一层次——经济特区

改革开放之初,中国利用外商直接投资的相关法律还不完善,国内基础设施还比较落后,外商对中国内地投资环境还不熟悉,所以外商投资很少,这导致中国不能有效承接国际产业的转移。随后,中国利用地缘、亲缘,更主要的是产业结构的落差,建立经济特区作为全国的示范试验区。1979 年 7 月,国务院选定广东、福建,在对外经济活动中实施特殊政策、灵活措施;提出深圳、珠海、厦门、汕头作为出口特区。1980 年 5 月,国务院把出口特区改名为经济特区。1987 年设海南省,1988 年 3 月,海南省作为最大经济特区对外开放。1990 年,开发、开放上海浦东,实施部分经济特区政策。

经济特区作为我国对外开放的第一层次,是我国实施开放经济体系的桥头堡,制定引进外资、优化产业结构的特殊地方政策。国家给予的特区经济政策包含外贸经营权、利润留成、税收财政优惠政策,给予深圳为副省级待遇,享有一定程度的立法权。经济特区建立之初,港、澳、台开始对经济特区进行劳动密集型、加工贸易、酒店服务业等方面的直接投资。

二、中国改革开放第二层次——沿海港口城市的开放

1984 年 5 月,国务院决定开放北海、湛江、广州、福州、温州、宁波、上海、南通、连云港、青岛、烟台、天津、秦皇岛、大连 14 个沿

海港口城市,中国开始了对外开放的第二个层次。从1984年9月
到1988年6月,中共中央、国务院共批准在沿海开放城市建立了
14个国家级经济技术开发区。1984年9月首先在大连建立第一
个国家级经济技术开发区。沿海开放城市与经济技术开发区有利
于引进外资,引进先进技术与经验,弥补一些空白产业。在与内地
进行经济联系与交流过程中,为内地经济发展更新了思想观念、增
强了市场信息,传导了开放经验。沿海开放城市与经济技术开发
区对外起到了开放窗口作用,对内改革开放起到了示范牵动作用;
内引外联,通过各种优惠政策吸引外资;开发新技术、新产品,建立
起新兴工业,加速了对国有企业的改造。

三、中国改革开放第三层次——建立沿海经济开放区

1985年1月,国务院决定将珠三角、长三角、闽东南地区作为沿
海经济开发区。沿海经济开发区的建设标志着中国对外开放进入
第三个层次。1988年成立环渤海经济开发区,将山东半岛、辽东半
岛纳入沿海经济开发区。沿海开发区进一步扩大范围,1988年3月
18日,将包括南京、杭州、沈阳在内的40个市、县划入开发区。在沿
海开发区实行沿海开放城市的优惠政策。沿海开发区凭借良好的
产业基础、内部腹地丰富的劳动力,通过利用外商直接投资兴建大
量的专业乡镇企业、大力发展外向型加工工业、出口创汇经济农业,
扩大了出口创汇规模,为我国进一步引进先进技术与设备提供了充
裕的外汇保障,为进口替代产业向高端自主生产打下物质基础。

四、中国改革开放第四层次——逐步向内地开放

1992年春,邓小平南方讲话,加快了内地开放步伐。1992年
3月,国务院决定开放广西凭祥、东兴;云南瑞丽、畹町、河口;新疆

伊宁、塔城、博乐;内蒙古满洲里、二连浩特;黑龙江的绥芬河、黑河;吉林的珲春13个陆地边境城市、镇。1992年6—7月,中共中央决定以上海浦东为龙头,开放沿长江5个港口城市:芜湖、九江、武汉、岳阳、重庆;开放长沙、南昌、合肥、郑州、成都、贵阳、太原、西安、兰州、银川、西宁11个内陆省会城市;昆明、南宁、石家庄、长春、哈尔滨、呼和浩特、乌鲁木齐7个边境或沿海省会城市。陆地边境城市是第四层次对外开放格局中的一个重要步骤,形成了我国东北、西北、西南三大对外开放经济带,东北地区以满洲里、黑河、绥芬河、珲春为龙头,内蒙古、黑龙江、吉林连片形成内地纵深开放区,发展与俄罗斯、蒙古、东欧国家或地区的对外经济联系。沿着独联体、中亚国家、西亚国家、东欧国家对接新疆长达5600多公里的边境线,开通了东起连云港、经新疆,西到荷兰鹿特丹的欧亚大陆桥;西南地区以云南、广西为主与印度、尼泊尔、缅甸、老挝、越南、孟加拉诸国对接。党十四大报告中提出扩大对外开放地域,第四层次的内地开放形成了多层次、多渠道、全方位的对外开放格局。

五、逐步全面开放下的区域规划发展战略

从经济特区、沿海开放城市、沿海经济开发区到内地,由点到线再到面,从东到西、由南到北对外全方位开放格局形成,沿海沿边开放发展与内地开放发展相结合,在第四层次形成全方位对外开放格局,西部大开发、振兴东北老工业基地、中部隆起战略与全面开放相呼应,逐步形成中国的区域发展战略规划。20世纪80年代邓小平提出"沿海开发、长江开发、中西部开发"的"三步走"区域发展战略。20世纪90年代,邓小平进一步提出"两个大局":在东部沿海地区加快对外开放,较快发展起来,中西部要顾全这一大局;东部地区发展到一定时期,就要拿出更多的力量帮助中西部

地区加快发展,这时东部沿海地区也要顾全这个大局。"两个大局"成为西部大开发、振兴东北老工业基地、中部隆起"三步走"发展战略的思想基础与精神支撑。"十二五"末党中央提出京津冀协同发展、长江中游城市群的区域发展规划。与改革开放和现代化建设全面展开相呼应的中国的区域发展格局基本形成。

六、深化改革开放阶段:自贸区建设、一带一路

改革开放以来,中国从农业国向工业国前进的路途上,大量引进外资,中国本土制造业也主要是以"贴牌生产"、加工贸易方式嵌入国际化分工体系中去,在"温特尔主义"国际模块化生产分工体系中中国处于最终产品的生产制造环节,为达到发达国家订单标准与品牌需要,我们更多的是引进机器设备、技术、工艺流程,这种跟随者的战略的确使经济快速发展上去,但是从某种意义上说缺乏激发创新能力的机制,弱化了国际核心竞争力。在中国改革开放第一季,中国已经形成完善的工业化阶段产业结构,已经确立了对外贸易大国地位,2012 年已经发展为净对外投资国,拥有一定的市场领土,中国要进一步发展,提升中国企业的盈利能力必定要提升中国企业国际核心竞争力,从全球价值链低端生产环节向高端研发设计、销售环节发展,中国改革进入深水区,啃硬骨头的第二季。第二季中国从基于低端生产要素的静态比较优势向创新、高端技术、管理、良性竞争体制等动态比较竞争优势转化,建立一个充满创新活力、吸引国内外高端生产要素的市场,这需要一个主动的更加开放的市场体制①。

---

① 陈爱贞、刘志彪:《自贸区:中国开放型经济"第二季"》,《学术月刊》2014 年 1 月,第 46 卷。

而在中国多层次发展结构中,有效发展战略路径设计是必需的。2013年11月党的十八大三中全会《中共中央关于全面深化改革若干重大问题的决定》中强调,"适应经济全球化新形势,必须推动对内对外开放相互促进、引进来和走出去更好结合,促进国际国内要素有序自由流动、资源高效配置、市场深度融合,加快培育参与和引领国际经济合作竞争新优势,以开放促改革。"自贸区建设、"一带一路"是推动对内对外开放、引进来与走出去更好结合的实际践行举措。

党的十八大三中全会指出中国应坚持世界贸易体制规则,坚持双边、多边、区域、次区域开放合作,扩大同各国各地区利益汇合点,以周边为基础加快实施自由贸易区战略,形成面向全球的高标准自由贸易区网络。上海自贸区的成立实现了"境内关外"对外开放特殊功能区的建设,在中国"多边开放"、"双边开放"开放格局中出现"单边开放"。"单边开放"可以根据中国经济发展战略需要设定规则体系,主动对接国际市场,贸易投资更便利化,吸引国际高端生产要素的驻入。借助"单边开放"的窗口,深化改革开放,实现从第一季的产品市场开放走向要素尤其是高端要素市场的开放。上海自贸区示范效应推动了在具备条件的地方进一步发展自由贸易园(港)区,天津、厦门、珠海自贸区的建设,以及随着自贸区不断的建设,会形成倒逼机制促进创新激励机制的完善,突破行业垄断,提升国际"市场经济"地位,增强竞争力。

党的十八大三中全会正式落实"一带一路",加快沿边开放步伐。在沿边重点口岸、经济合作区、边境城市人员往来、旅游、加工、物流等方面实行特殊方式和政策。建立开发性金融机构,同周边国家和区域加快基础设施互联互通建设,推进海上丝绸之路和丝绸之路经济带建设,形成全方位开放新格局。强调扩大企业及个人对外投资,充分尊重企业及个人对外投资主体地位,基于其自身优势到境外积极开展形式多样的投资合作。2015年4月15日,中国牵头的亚洲基础设施投资银行(亚投行)正式启动,共57个创始会员国,法定资本1000亿美元。

"引进来"、"走出去"高端产业结构调整世界经济格局已经起步上路,开放新格局逐步形成并不断完善。中国内陆低洼地区要抓住全球产业重新布局的机遇,推动贸易、投资、技术创新协调发展。建立、完善内地产业集群,理顺产业集群发展的体制机制,对接、推动中国产业结构调整升级,做好世界经济动荡时期中国经济发展中的回旋基地建设。

第二节 外向型经济发展与中国产业国际竞争力效应

产业结构由低级向高级,由不协调向协调发展是产业结构的构成效应,而根据自身优势发展其产业的主导能力是竞争效应。本节通过产业结构构成效应、产业结构竞争效应两个维度来探讨开放经济体系下中国产业结构的发展变化。

一、中国对外贸易与产业构成效应

伴随着中国从点到线到面对外开放格局的逐步形成,中国对外贸易宏观管理体制也在深化改革,从改革开放前的政府高度集中垄断到打破垄断经营,从计划经济到商品经济,从打破对外贸易的计划管控向关税、非关税手段管理迈进,从单一官方汇率制演变成单一市场汇率制,汇率以市场供求为基础,国家只借助间接调控手段,实现有管理的、单一的浮动汇率制度。2001年11月,中国加入 WTO,中国改革开放经济发展的背景环境发生了很大变化,既要根据国内产业经济发展实际情况及其发展战略需要,又要根据 WTO 规则、经济全球化的发展趋势制定、实施改革开放战略。2015 年 7 月,中国加入 WTO 的 15 年承诺期届满,在这 15 年中,中国坚决履行承诺,以市场经济作为改革开放的重要目标,从关税、物价、出口补贴、汇率、贸易政策到国内市场的开放等方面进行了向 WTO 规则统一的改革,中国对外贸易飞速发展。

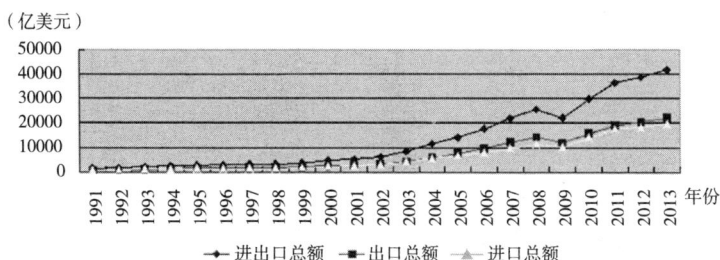

图 3.1　中国对外贸易发展

数据来源:《中国统计年鉴》。

如图 3.1 所示,在加入 WTO 以前,中国逐步开放过程中对外贸易稳步缓慢上升;加入 WTO 全面开放后,中国对外贸易快速上升。2004 年,我国外贸迈上了一个新台阶,进出口总额达 11547 亿美元,超过日本,由 1978 年的世界第 32 位跃升至世界第 3 位,我国出口贸易额在世界出口贸易总额中的比重,已经由 1978 年的 0.75% 上升到 6% 左右,贸易大国的地位得到巩固。2005 年,外贸继续在国家经济发展中扮演重要角色,全年实现进出口贸易总额 14221.2 亿美元,比上年增加了 23.2%,其中出口 7620 亿美元,进口 6601.2 亿美元,贸易顺差是 1018.8 亿美元。在 1980—2005 年进出口额年均增长都在 15% 左右,远远高于国内生产总值的增长和世界贸易的增长速度。强劲的增长势头由于金融危机的影响从2007年开始走弱,2008年开始下滑,2009年到2010年又开始回升,2013年中国出口2.21万亿美元,进口1.95万亿美元,2013年装备制造业已经成为我国对外贸易的主要产品,进口额为8200亿美元,占我国进口总额的42%,出口额为11300亿美元,占总出口额的51%,其中本土企业产值比重为45%,外资企业比重为41%。中国货物进出口总额为4.16万亿美元,成为世界上第一大货物贸易国家,出口额占世界的11%,这是100多年来后发展国家第一次成为货物贸易第一大国。2014年继续保持货物贸易第一大国地位,进出口总额是43030.4亿美元,同比增长了3.4%。其中,出口增长了4.9%,很不容易。虽然相对于前几年增幅大幅度下降,但是全球的状况更为严峻。从人类历史发展长河来看,一国的贸易史承载着一国的发展兴衰,不管贸易结构上还有多么不够协调的地方,第一货物贸易大国充分证明了中国已经从一个东方农业大国转变为工业大国。

二、利用外商直接投资的状况与中国产业的竞争效应

改革开放之后,中国依靠本国的静态比较优势(廉价的原材料、劳动力、地租等)和优惠的政策支持,发展出口导向战略,利用经济特区、经济开发区有节奏、有步骤地逐步改革开放,利用外商直接投资,发展出口产业,从而使我国从落后的农业国上升为世界制造业大国。

珠三角成为中国改革开放的桥头堡,成为外商直接投资登陆中国内地的第一站。1986年10月国务院颁布了《鼓励外商投资的规定》,给予外商投资、先进技术产品或企业更多税收上的优惠。1987年12月又制定了指导外商投资方向的规定,促进外商

投资产业结构的改善。经济特区、沿海、沿江、省会城市及内地经济开放区的建立都对改善外商投资环境、吸引外商直接投资起到了积极的推动作用。1995 年 6 月 20 日国家计委、经济贸易委员会、对外贸易经济合作部联合颁布了《指导外商直接投资方向暂行规定》《外商投资产业指导目录》,把外商投资项目划分为:鼓励型、允许型、限制型、禁止型四类。1996 年对外商投资的调整,外商投资企业的资金来源与技术结构都得到了进一步改善,资本密集型、技术密集型投资项目大举增加。2001 年 11 月加入 WTO后,开始拓宽外商投资领域,2002 年 4 月实施新修订的《指导外商投资方向规定》《外商投资产业指导目录》,放宽了外商直接投资的股本限制,鼓励外商投资类型从原来的 186 条增加到 262 条,限制性的则从 112 条减少到 75 条。银行、保险、商业、外贸、运输、旅游、审计、会计、法律等服务贸易领域开始开放,促进了我国服务业的快速发展。

（亿美元）

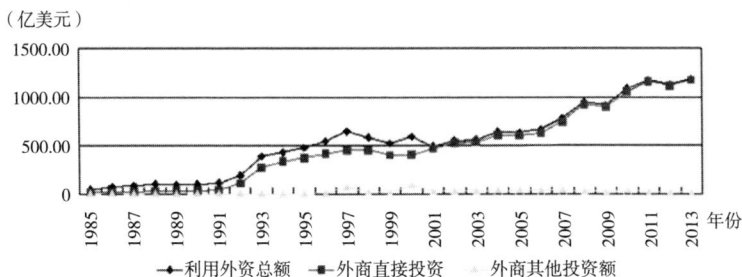

图 3.2　中国利用外资

数据来源:《中国统计年鉴》。

如图 3.2 所示,随着开放格局的打开,中国利用外商直接投资也相应地发展变化,根据走势可以把中国利用外资划分为四个阶段。1979 — 1990 年是中国利用外资的起步阶段:1979 —

1984 年我国实际使用外资总额才 41.04 亿美元,1985 年一年实际利用外资为 19.56 亿美元,一直到 1987 年中国实际利用外资只有 23.14 亿美元,1988 年中国实际利用外资有一个上扬达到 31.94 亿美元,也许受 1989 年政治风波的影响,增长势头并没有持续上扬而是趋于平缓,一直到 1990 年才呈稳步发展状态,1990 年为 34.87 亿美元。1991 年为 43.66 亿美元,从 1991—1996 年为中国利用外资快速增长时期。由于亚洲金融危机的影响以及国内利用外资的消化调整原因,1997—2001 年这个阶段为中国利用外资的调整时期。2001—2007 年为中国利用外资快速发展时期,由于金融危机的影响、国内静态比较优势的变化和产业结构的调整,2009 年、2012 年利用外资出现两次下滑波动,增长也趋于缓慢。

外商借助中国引进外商直接投资的优惠政策、庞大的国内市场、廉价的劳动力、廉价的生产原料,也为了绕开贸易壁垒,到中国内地大举进行投资。外商直接投资不仅缓解了中国国内建设资金的不足,还充分引进了国际先进技术设备与管理经验。外商在对中国进行国际直接投资之初主要是采取合作、合资、特许经营、补偿贸易等方式,独资企业还比较少,但是外商直接投资的项目与外商利益息息相关,结合中国产业的媾和能力,一般都提供了先进的技术、设备,直接提高了企业的生产效率与生产能力,生产出能够出口的具有国际竞争力的产品。

如图 3.3、图 3.4 所示,1980 年,中国对外出口货物总额为 181.19 亿美元,其中初级产品为 91.14 亿美元,工业制成品为 90.05 亿美元,初级产品与工业制成品占比分别为 50.3% 和 49.7%。

在与外商一道直接管理、经营外商直接投资项目的过程中,中

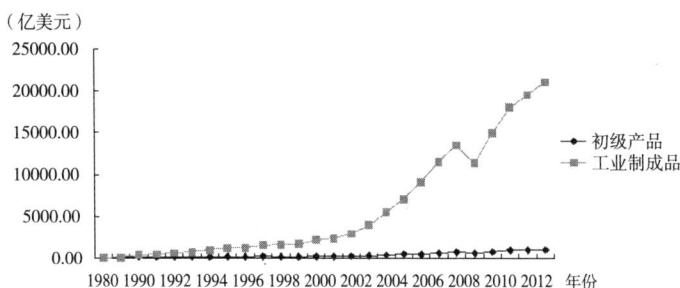

图 3.3 中国出口货物分类及金额

数据来源:《中国统计年鉴》。

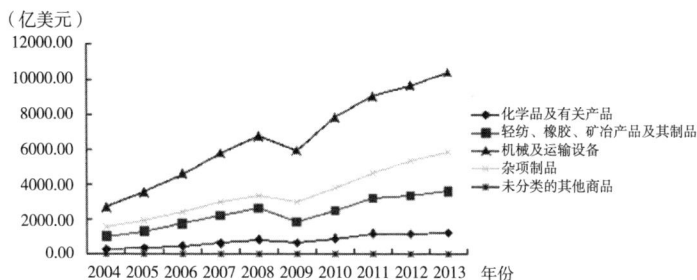

图 3.4 中国出口工业制成品分类及金额

数据来源:《中国统计年鉴》。

国企业对这些软技术充分消化吸收,成长为中国新型企业管理人员,大力推动了国内企业国际经营管理的水平,增强了对国际市场的熟悉,快速推动中国国内企业产品的出口。国内高铁、机床、电梯、家用电器、医疗设备、计算机、仪器仪表等都通过引进外商直接投资,缩小了与国际上的差距,提高了产品的国际竞争力,中国当前正从劳动密集型产品向资本密集型、知识密集型产品的出口迈进,这与利用外商直接投资是有密切联系的。

三、中国改革开放第一季中国成为贸易大国而非贸易强国

（一）改革开放第一季中国对外贸易发展状况

1.改革开放第一季中国对外贸易快速增长

改革开放初始的十年探索中,中国对外贸易一直保持平稳增长,经过经验的积累,改革开放第二个十年中国对外贸易能够充分利用本国的比较优势,发展中国具有价格竞争力的产品,进出口都得到更快地发展。加入世界贸易组织(WTO)的十年中,中国对外贸易高速发展,2004年成为世界第三大贸易国后,连续多年一直保持世界货物贸易第三的位置,为中国贸易结构、产业结构调整奠定了基础。由于2008年世界金融危机,2009年中国对外贸易自改革开放以来首次出现下降趋势。在综合措施共同作用下,2010年对外贸易出现逆势上涨,比2009年增长了34.7%,2011年又同比增长了22.5%,2014年进出口总额达到43000亿美元,成为世界上最大货物贸易国。

2.改革开放第一季中国加工贸易赚取加工费比重大

改革开放以前一般贸易一直是中国对外贸易的主要方式,改革开放后加工贸易异军突起,超过一般贸易的增长,改革开放第一季已经占到出口总额的55%,进口总额的39%,尤其是进料加工贸易发展尤为迅速。

在第一季的改革开放中中国取得丰硕成果的同时,我们在对外贸易中的问题也应该引起注意。在出口导向下,中国制造业主要以加工贸易、贴牌生产的方式与国际生产体系进行价值链上的某一点接触,并没有充分融入到国际生产体系中去。利用世界产业转移的契机中国外贸从初级产品出口转换为轻工纺织品的出口,再到机电制品的出口,目前利用世界高科技产业转移的机遇正向高科技制品为支撑点转变。2004年高新技术产品占出口总额

的 27.4%,增幅高于总出口增幅 17 个百分点。进口商品中生产资料一直在进口总额中占 80% 左右,其中先进技术和关键设备、国家重点建设所需物资,以及工农业生产所需原材料进口稳定增长。2009 年中国本土装备制造业产出开始超过美国、日本、德国,2011年达到美国的 2.6 倍,日本的 3.1 倍,德国的 3.4 倍。

3. 外贸依存度扶摇直上

随着中国外贸进出口总值的大幅度攀升,对外贸易依存度迅速上升:2002 年外贸依存度为 51%,2003 年为 60.2%,2004 年为70%。中国一些产品过于依赖国外市场,如服装和鞋类的出口依存度为 71%,DVD 机为 84%,摩托车为 63%,照相机为 56%,电冰箱为 47%,彩电为 46%,空调为 42%。中国重要战略资源的进口依存度同样很高,尤其是石油、铁矿石。

4. 进入贸易摩擦高发期

在中国出口数量、品种急剧扩大积累巨额贸易顺差的同时,中国遭遇越来越多的贸易摩擦,贸易摩擦强度加大,花样翻新,领域不断延伸。主要有"两反两保",如 2005 年共有 18 个国家和地区对中国发起"两反两保"调查 63 起,涉案金额 21 亿美元。其中,反倾销 51 起,涉案金额 17.9 亿美元;特保案件 7 起,涉案金额 2.2亿美元;保障措施 5 起,涉案金额 0.9 亿美元。美国还对中国 7 种产品发起"337"调查,涉案金额 12 亿美元;欧盟、美国、土耳其等国对中国纺织品启动"242"调查或实施限制措施。近两年中国企业遭遇反倾销和保障措施调查居世界第一。

(二)改革开放第一季中国成为对外贸易大国而非贸易强国的表现

1. 加工贸易业附加值和技术含量大多数较低

随着跨国公司的全球一体化战略深入展开,各个零部件由不同国家生产,由于中国廉价的劳动力比较优势,最后运到中国进行组装,在加工贸易这种体系的运营中"中国制造"造就了中国巨大的贸易顺差,但是控制权,以及这些生产带来的利润都牢牢掌握在外国公司手中,正如跨国公司掌握品牌研发经营和营销网络等高附加值、高规模经济环节而把来料加工环节转移到中国。一个芭比娃娃的售价是20美元,但中国从中仅获得35美分。不仅利润低,而且在整个生产链中受制于人,依附于外国公司,出现二元结构现象。

2. 自主品牌出口占全国出口总额的比重很低

2003年中国出口企业中拥有自主品牌的不到20%,自主品牌出口占总出口百分比低于10%,即使部分企业出口自主品牌商品,但缺乏自主知识产权,特别是核心技术,品牌附加值偏低。没有品牌企业就没有核心竞争力,在市场上只能给别人做"嫁衣",许多企业进行贴牌(OEM)生产,尤其是服装、家电行业。"贴牌生产"企业付出的是实物成本,而品牌持有者付出的是无形资产,相比之下,生产企业承担更多的市场风险,品牌持有者却占有更大的利润。DVD出口大省——广东省,每出口一台DVD仅售39美元,却要向外国公司支付19.7美元的专利使用费,占成本70%的机芯等部件均依赖进口。

3. 物美价廉之痛

中国经济结构比较落后,出口增长方式主要是劳动密集型产品,产品档次低,资源消耗大但利润低。进口一架飞机要2100万美元,出口一双鞋平均才2.5美元,换一架飞机得用840万双鞋。从一定程度上讲,我们出口增长越快,资源消耗就越多,环境压力就越大。再有中国企业组织规模偏小,在出口市场上过度竞争,就会出现出口秩序混乱,缺乏出口整体规划,竞价销售。袜子最初6

美元一打出口,现在跌至 0.99 美元一打。可以说在输出大量资源、输入污染、微薄利润的情况下还招致贸易摩擦。

4.过高的外贸依存度成为中国经济的软肋

拉美经济、金融危机告诉我们对国际市场的过度依赖会增加中国防范对外贸易风险的难度。而且市场集中,中国出口产品的输出国主要是美国、欧洲,以及亚洲一些新兴工业国家,一旦遇到发达国家经济低谷,则出口受到严重影响。还会有"客大欺店"现象,"中国制造"似乎等同于廉价。

贸易强国至少应具有:外贸增长方式从数量增长型转为质量、效益增长型;本国企业掌握、控制出口产品的关键技术、知识产权、品牌及国际销售渠道;出口产品结构以高附加值产品为主,出口企业具有较高的国际市场竞争能力、较高的企业管理水平、较高的参与国际合作的能力、较强的抗御国际市场风险的能力、较强的对抗国外反倾销的能力。从以上分析看出,与强国标准相比,中国在数字上是个贸易大国,但绝不是贸易强国,而且随着这种贸易方式的增长中国会出现更严重的贫困恶性增长。根源在于中国企业缺乏自主创新能力,缺乏核心竞争力以及由此产生的自主知识产权、自主品牌。

四、"一带一路"沿线国家制造业全球价值链分工体系构建

"一带一路"是"丝绸之路经济带"和"21 世纪'海上丝绸之路'"的简称。中国提出的共建丝绸之路经济带和 21 世纪海上丝绸之路的重大倡议,致力于实现沿线各国多元、自主、平衡、可持续的发展。"一带一路"的宏伟战略,是在经济全球化不断深化、世界经济长期低迷、我国经济体制改革进入深水区、经济发展进入调整期的背景下,提出的推动中国经济持续发展、促进中国对外开

放、提升我国国际政治经济地位的战略方针和政策。通过"一带一路"的产业合作让各国共享中国发展机遇,从而实现区域共同发展。"一带一路"作为一项重要的中长期国家发展战略,旨在解决中国过剩产能、战略纵深的开拓和贸易主导这几个重要的战略问题。

"一带一路"重点集中在制造业的合作上。由于劳动成本上升,环境规制的提高,中国在劳动密集型产品上逐渐丧失比较优势,但是区域内很多国家迫切需要这些领域的投资,因此中国的部分产业可以转移到较低经济发展阶段的国家。目前,中国的部分产业会向"一带一路"区域国家转移。但是在产业转移的过程之中,如何促进中国的产业转型升级以及区域内产业承接国的经济发展,这需要合理安排产业转移的区域分布和行业分布。

借助 OECD 和 WTO 发布的 TiVA 数据,从价值增值角度考察"一带一路"主要国家参与全球生产网络的程度及国际分工与贸易地位,并提出"一带一路"背景下中国产业国际竞争力提升路径建议。

(一)全球生产网络参与程度的衡量指标

跨国公司全球网络化下的模块化生产,"产品内"国际分工不断深化,实现"世界制造"的同时导致各国海关传统"贸易流量"的统计标准存在着严重的"重复统计"问题,这样传统统计数据中就会明显地扭曲各国实际参与国际分工的程度与贸易利得的真实性。基于"全球生产网络"生产组织形式自然要相对应"全球价值链"(Global Value Chain,简称 GVC),国内外学者对此展开了深入有益的探索。当前,基于"国际投入—产出表"以"增加值贸易"(Trade in Value Added,简称 TiVA)统计不仅提供了新的研究方法,而且能够比较准确地反映出国际分工地位与贸易利益。TiVA 统计方法逐渐被大多数国家与国际组织认可。2010 年 WTO 发起"世界制造"倡议,与 OECD 联合进行国家间"投入—产出模型"研究,建立了 1995—2009 年 41 个独立经济体 18 个产业的国际"投入—产出"数据库。根据该数据库数据,利用 TiVA 测算方法计算了 56 个经济独立体 1995—2009 年 TiVA 贸易值及其构成,2013 年正式在 OECD 官网发布。R.Koopman.、W.Powers、Z. Wang 和 S.J.Wei (2010)构建了"GVC-Position"与"GVC-Participation",简称"GVC 地位指数"与"GVC 参与指数",公式如下:

1. GVC 参与指数

被定义为一国间接附加值出口(IV)与国外附加值出口(FV)之和与总出口的比重。计算公式如下:

$$GVC\text{-}Participation_{ir} = \frac{IV_{ir} + FV_{ir}}{E_{ir}}$$

GVC-Participation$_{ir}$表示 r 国 i 产业参与全球生产网络的程度;IVir、FVir 和 Eir 与 GVC 地位指数中所指含义相同,分别表示一国总出口所包含的间接国内附加值、国外附加值和以附加值角度核算的总出口。GVC 参与度指数越大,说明一国参与全球生产网络的程度越高。此外,GVC 参与度指数可以分解为两个部分,GVC "外向参与度"与"内向参与度"。GVC"外向参与度"是指一国某产业总出口中"间接增加值"所占比重,即本国为其他国家出口所提供的"中间品"增加值(IV_{ir}/E_{ir})。GVC"内向参与度"是指一国某产业总出口中所包含的"外国增加值"比重,即所使用的自外国进口的"中间品"增加值(IV_{ir}/E_{ir})。GVC 参与度指数反映了一国某产业在国际分工中的参与程度,GVC"外向参与度"则反映了一国该产业国际分工地位的变化趋势。

2.GVC 地位指数

$$GVC\text{-}Position_{ir} = Ln\left(1+\frac{IV_{ir}}{E_{ir}}\right) - Ln\left(1+\frac{FV_{ir}}{E_{ir}}\right)$$

其中,表示 r 国 i 产业在全球价值链中的分工地位;其他字母含义同上。指数上式中,GVC-Position$_{ir}$代表 r 国 i 产业在 GVC 国际分工中的地位;IV$_{ir}$表示 r 国 i 产业间接增加值出口,即 r 国 i 产业向其他国家出口的中间品贸易额,该指标衡量的是有多少价值增加值被包含在 r 国 i 产业的中间品出口中,经一国加工后又出口给第三国。FV$_{ir}$表示 r 国 i 产业出口最终产品中包含的国外增加值,即 r 国 i 产业出口最终产品中包含的国外进口中间品价值。E$_{ir}$表示 r 国 i 产业以"增加值"统计的出口额。

Koopman 等认为,如果一国处于某产业 GVC 的"上游"环节(主要包括创意、研发、设计、品牌、零部件生产供应等"任务和活动"),它会通过想其他国家提供中间品参与 GVC 生产。对于这样的国家,其间接价值增加值(IV$_{ir}$)占总出口(E$_{ir}$)的比例,就会高于国外价值增加值(FV$_{ir}$)占总出口(E$_{ir}$)的比例;相反,如果一国处于某产业 GVC 的"下游"(主要指最终产品的组装)环节,就会使用大量来自别国的中间品来生产最终产品,此时 IV$_{ir}$会小于FV$_{ir}$。因此,GVC-Position$_{ir}$数值越大,表明一国某产业在 GVC 上所处的国际分工地位就越高;该指数越小,表明一国该产业在 GVC 上所处的国际分工地位就越低。

(二)"一带一路"典型国家选取

为了统计的便利性,商务部的报告显示目前共计 65 个国家参加"一带一路",包含东南亚 11 国、南亚 7 国、西亚和北非 17 国、中东欧 22 国、中亚 5 国及中国、俄罗斯、蒙古。由于国家数目众多,为了简化工作量,则根据各个区域的国家综合指数排名,如表 3.1

所示,以及 OECD 和 WTO 发布的 TiVA 数据的可得性,从中选取了 11 个有代表性的国家再加上中国,共 12 个国家进行有关的全球价值链计算,包括印度、新加坡、越南、马来西亚、沙特阿拉伯、以色列、土耳其、俄罗斯、波兰、爱沙尼亚、斯洛文尼亚及中国12 个国家。

表 3.1 "一带一路"国家综合指数得分情况

南亚	印度	不丹	斯里兰卡	马尔代夫	尼泊尔	巴基斯坦	孟加拉国			
	78	63.8	63	58	51.6	49.6	48.5			
东南亚	新加坡	越南	马来西亚	印度尼西亚	泰国	文莱	老挝	菲律宾	柬埔寨	东帝汶	缅甸
	100	88.5	84.9	78.5	74.6	73.2	67	64.2	63.8	56.4	53.8
西亚北非	沙特阿拉伯	阿联酋	卡塔尔	科威特	阿曼	伊朗	以色列	阿塞拜疆	土耳其	埃及	巴林
	89.4	85.4	81.3	79.7	79.2	78.1	78.0	76.6	75.9	71.8	70.4
	黎巴嫩	伊拉克	约旦	叙利亚	阿富汗	也门					
	61.4	57.9	57.1	46.7	44.9	35.3					
中东欧	俄罗斯	波兰	黑山	爱沙尼亚	斯洛文尼亚	捷克	克罗地亚	匈牙利	保加利亚	亚美尼亚	立陶宛
	96.7	82	81.7	81.2	80.9	80.8	80.2	79.8	78.5	77.5	76.4
	阿尔巴尼亚	乌克兰	斯洛伐克	白俄罗斯	塞尔维亚	格鲁吉亚	罗马尼亚	拉脱维亚	摩尔多瓦	马其顿	波黑
	75.8	75.6	75.5	75.2	74.4	73.4	72.1	70.7	68.1	66.7	63.3

资料来源:"一带一路"数据库。

(三)"一带一路"国家在 GVC 中的贸易现状及地位

本文选取了以附加值贸易数据核算的 12 个"一带一路"沿线国家,借鉴 Koopman 等(2010)的测算方法,计算了 12 个国家制造业参与全球生产网络的程度及国际分工地位,并深入剖析了 12 个国家制造业的国际竞争力。以下是"一带一路"沿线 12 个国家总体出口参与生产网络的程度及国际分工地位分析。

表 3.2　各国 GVC 指数值

		GVC 参与指数			GVC 地位指数		
		1995	2005	2011	1995	2005	2011
	中国	0.633	0.671	0.689	−0.026	−0.057	0.035
东北亚	俄罗斯	0.481	0.469	0.483	0.175	0.173	0.168
东南亚	印度尼西亚	0.414	0.438	0.373	0.136	0.088	0.120
	泰国	0.548	0.614	0.618	0.050	−0.093	−0.123
	马来西亚	0.543	0.669	0.635	−0.051	−0.187	−0.134
	越南	0.461	0.520	0.603	0.032	−0.075	−0.094
	新加坡	0.628	0.602	0.605	−0.166	−0.149	−0.176
	菲律宾	0.522	0.593	0.502	−0.059	−0.127	0.025
	文莱	0.146	0.084	0.081	0.000	−0.009	−0.004
南　亚	印度	0.507	0.498	0.518	0.257	0.120	0.030
西亚北非	沙特阿拉伯	0.152	0.136	0.122	0.063	0.058	0.052
	以色列	0.490	0.521	0.513	0.035	0.004	0.010
中东欧	匈牙利	0.590	0.688	0.675	−0.008	−0.202	−0.221

资料来源：OECD-WTO 附加值贸易数据库计算所得。

注：因篇幅所限，有些年份的数据没有罗列。

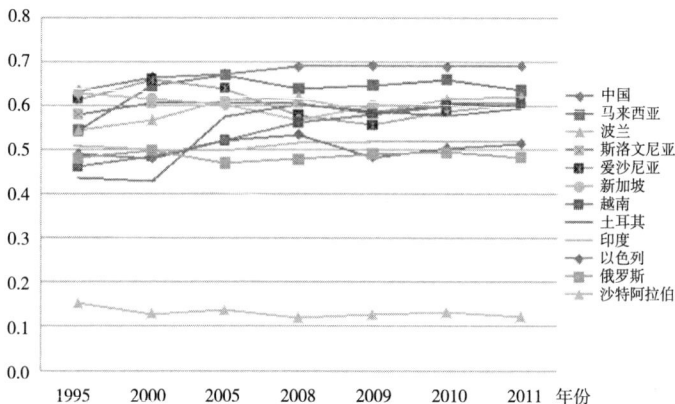

图 3.5　GVC 参与指数值

注：根据表 2 数据所绘。

　　根据表3.2和图3.5可知,就纵向时间维度看,相比20世纪90年代末,21世纪初中国、东南亚的马来西亚、越南,中东欧的波兰,西亚北非的土耳其等国家GVC参与指数值有较大幅度的提高,表明全球生产网络下这些国家的全球价值链程度越来越高。南亚的印度、西亚北非的以色列、中东欧的斯洛文尼亚、俄罗斯GVC参与指数值相对稳定,没有明显的提高或降低趋势。而中东欧的爱沙尼亚、东南亚的新加坡、西亚北非的沙特阿拉伯等国家的GVC参与指数值有所下降。由此可见,近20年来,"一带一路"各个区域的国家GVC参与指数值都有不同程度的变化。

　　从横向比较看,从20世纪90年代以来,与"一带一路"沿线其他国家相比,中国参与全球生产网络的程度一直是处于第一位的。俄罗斯的GVC参与值较低,基本保持在倒数的位置。东南亚的马来西亚GVC参与指数从1995年的第五位上升至2000年的第三位,此后一直位居第二位;而新加坡从1995年的第二位下降至2000年的第四位,此后一直在第四五位徘徊,最终2011年下降至第六位;越南的GVC参与值一直在缓慢提高,1995年位居第十位,此后也基本维持在第九第十位,由此可见,东南亚的国家参与全球价值链的程度在"一带一路"沿线国家中基本处于中等水平。中东欧的波兰GVC参与值从1995年的第六位上升至2005年的第四位,2009年又下降到第五位,此后一直处于第三位;爱沙尼亚在2005年之前一直处于第二三位,2008—2010年下降至第七八位,直到2011年又有所上升至第五位;斯洛文尼亚这些年来基本维持在第四五位左右,由此可见,中东欧的国家基本参与全球价值链的程度普遍较高。西亚北非的土耳其在1995年和2000年时处于第十一位,此后GVC参与值逐渐提高,直到2009年上升为第四位,此后基本处于第七八位;以色列的GVC参与值从1995—2008年基本处于第八或第九位,此后 GVC 参与值稍微有些增长,但排名依然落后,基本处于第十位左右;沙特阿拉伯近 20 年来的 GVC 参与值始终排名倒数第一,由此可见,西亚北非国家的全球价值链参与度普遍不高。南亚的印度这些年 GVC 参与值变化不大,排名也不高,基本处于第八、第九或第十位的水平。

一国的 GVC 参与指数值可以反映其融入全球生产网络的程度,但无法体现其在全球价值链中所处的地位,为此我们进一步计算了"一带一路"各国的 GVC 地位指数,如图 3.6 所示。

与 GVC 参与指数值形成鲜明对比的是,俄罗斯,西亚北非国家的土耳其、以色列、沙特阿拉伯及南亚的印度虽然 GVC 参与值较低,但在全球价值链中的 GVC 地位指数值普遍较高,说明这些国家在全球价值链中处于较高的位置。而中东欧的波兰、爱沙尼亚、斯洛文尼亚却与此相反,这些国家的 GVC 参与值较高,但 GVC 地位值较低,在"一带一路"沿线国家中的全球生产网络中地位处于中等偏下,其中爱沙尼亚与斯洛文尼亚的 GVC 地位指数值一直呈负值。东南亚的国家其 GVC 参与指数值也是相对较高,而马来西亚、越南、新加坡的 GVC 地位指数值却很低,多年来一直处于倒数第一、第二、第三的位置,且其 GVC 地位指数值也是呈负数,由此可见,中东欧及东南亚这些国家出口贸易对外国附加值的依赖程度高于世界其他国家对其国内间接附加值的依赖。中国的 GVC 参与指数在这些国家中居首位,而其 GVC 地位指数值却相对较低,在全球生产网络中的地位较低,2005 年及之前,中国的 GVC 地位指数值在这些国家中居第七八位,且呈负值,在 2008 年以后,中国的 GVC 地位值开始提升,基本处于第四、第五位的水平,但与其他国家相比,在全球价值链中的地位依然较低,并呈下降趋势。

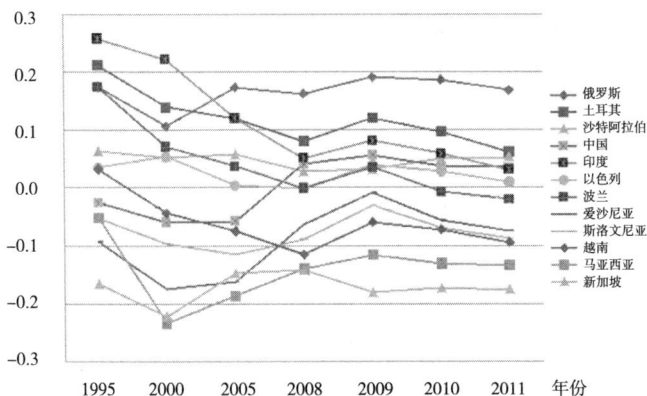

图 3.6　GVC 地位指数值

　　根据对"一带一路"国家 GVC 指数值的分析,可知目前中国及中东欧部分国家的全球价值链的 GVC 参与程度较高;东南亚国家的全球参与程度处于中等水平;西亚北非、南亚部分国家及俄罗斯的全球参与程度较低。而全球 GVC 地位指数值却与这些国家的全球参与程度相反。

　　为了改善相关国家参与全球生产网络的"低端锁定"现象,结合中国产能过剩的现状,中国应该把产业对外转移与"一带一路"战略相结合,通过加大对"一带一路"沿线国家的投资,逐渐形成以中国为主导的区域性乃至全球性的生产网络和全球价值链体系,并促进"一带一路"沿线其他国家融入全球生产网络中,带动周边国家的共同发展。

　　制造业作为各国出口贸易及参与全球生产网络分工的重要角色,分析制造业的国际分工与贸易地位对于了解"一带一路"相关国家的贸易情况具有重要作用。

　　借助附加值贸易数据,测算比较了"一带一路"沿线各区域几个代表性国家的 GVC 指数,结果显示,"一带一路"沿线国家制造业参与全球生产网络的程度差别较大:中国及中东欧部分国家的全球价值链的 GVC 参与程度较高;东南亚国家的全球价值链的 GVC 参与程度处于中等水平;西亚北非、南亚部分国家及俄罗斯的全球参与程度较低。

根据各国的全球地位指数值显示,GVC 地位指数与这些国家的 GVC 参与指数相反:西亚北非、南亚及俄罗斯的全球生产网络地位较高,中国的全球生产网络地位处于中等水平,而中东欧及东南亚国家的地位较低。具体到制造业上,在"一带一路"沿线国家中,除个别国家的知识密集型行业在全球价值链上处于较高水平外,多数的国家还是在劳动密集型行业和资本密集型行业的全球地位中处于优势水平。表明"一带一路"沿线国家参与全球生产网络的方式主要是向下游方向发展,短期内难以达到发达国家现在所处的位置。且这些国家参与全球生产的行业多集中在技术水平不高的行业,多数是依靠其劳动力优势参与生产,高技术含量行业的竞争力还有待发展。"一带一路"区域涉及的国家众多,经济发展程度不一,不同国家具有不同的要素禀赋和比较优势,因此,在制造业合作时应该采取不同的方式。结合沿线国家产业发展的实际情况,通过深化供应链、价值链合作,融入全球分工体系,推动上、中、下游全产业链深度合作,形成优势互补的产业网络和经济体系。

第三节　新常态和互联网思维下构建全球网络提升产业国际竞争力

传统观念认为,一国获得国外先进技术的主要途径是购买国外技术及其设备、引进外国直接投资等,对外直接投资意味着先进技术的输出,我们从发达国家对外直接投资理论如产品生命周期理论、边际扩张理论可以看出发达国家对后发展国家的直接投资更多的是绕开贸易壁垒、维持垄断优势、获得国外自然资源、降低成本、获得信息、转移污染,转移的都是本国即将淘汰的技术。当代国际直接投资实践中也表明,引进外国直接投资难以获得先进技术,发展对外直接投资反而是获得国外先进技术的重要捷径。在互联网背景下的对外直接投资又形成今天跨国公司的新的商业组织模式。

在金融危机之后,各国都在寻找各自经济的突破点,制造业与信息业深度结合,挖掘经济的深层增长力,这就给经济发展、组织模式提出了变革性要求。互联网时代人民的生活、消费、工作模式发生了巨大变化,人们的思维由于生活工作方式的转变也在发生着巨大变化。德国作为全球制造业强国在 2013 年开始启动"工业4.0"国家战略,美国则实施"工业互联网"工程,这都是旨在利用互联网把制造业工业系统及服务系统密切联系起来,重新架构全球工业格局。传统工业与互联网结合创新生产、管理、营销模式,提升核心竞争力已经成为必然之路。国内地产商已经掀起与互联网深度合作的浪潮,2014 年 5 月 28 日万达电商与京东、6 月 5 日万科与百度战略合作,6 月 10 日华润与小米职能家居体验中心开放……互联网模式在制造业领域也风起云涌,方式的改变决定了企业战略的转变,张瑞敏用新的战略口号"自杀重生、他杀淘汰"来回应海尔第五个新战略"人单合一",让海尔每一个人都承担互联网时代的单,在集团内部实现"小微"组织,实现自我颠覆。随着服务业、实体经济在互联网时代的深度变革,大数据互联网时代也赋予了区域经济合作新的课题。企业领导者要很好解读当前国际分工格局、不断自我调整,凤凰涅槃般地重新组织企业生产模式。如果对世界经济认识不够——就不能转变思想观念——就会导致企业固封在传统思维与模式下——最终是产业结构调整只喊而没有成绩。

本节站在历史发展角度深刻解读国际直接投资发展历程中的一般规律、跨国公司对外直接投资的多元动机,并基于波特的钻石理论论证了中国企业提升国际竞争力一般要注意的问题。

一、中国企业对外直接投资是中国经济发展的客观需要

联合国贸易和发展成员《跨国公司》杂志编辑顾问委员会主席、英国里丁大学教授约翰·邓宁,20世纪80年代通过对67个国家1967—1978年间对外直接投资和经济发展阶段的关系得出"投资发展周期理论",从动态分析的角度解释各国在国际直接投资中的地位。阐明随着经济的发展、GDP的提高,一国的净对外直接投资具有周期性规律,期间将经历四个阶段,其中第三阶段为人均GDP在2500美元—4000美元,在这一阶段,这些国家已形成较强的所有权和内部化优势,对外直接投资大幅度增长,吸引的国际直接投资量仍然大于其对外直接投资,不过两者之间的差距缩小,对外直接投资速度可能超过引进国外直接投资的发展速度,导致净直接投资为0或负数;第四阶段为人均国民生产总值在4000美元以上的发达国家,这些国家所有权、内部化优势强,又善于发现、利用国外区位优势,这些国家对外直接投资增长迅速,尤其是在刚进入第四阶段。2011年中国国内生产总值为471564亿元,比上年增长9.2%,2010年11月1日零时为标准时点进行了第六次全国人口普查,全国总人口为1370536875人,则人均GDP为34407.2元,2011年末人民币对美元汇率中间价为6.3009元,

人均 GDP 折合 5461.5 美元。① 我国正处于"投资发展周期"的第三阶段向第四阶段过渡时期。根据发展经济学来讲,此发展阶段产业结构将面临调整,夕阳产业将转移到海外。也有资料显示,引进外商投资与对外直接投资的比例,世界平均为 1∶1.1,其中发达国家平均为 1∶1.4,后发展国家为 1∶0.13,而中国则为 1∶0.07,这一比例还远远低于后发展国家的平均水平。不管从哪个角度来讲,中国企业对外直接投资明显滞后于经济发展,与 GDP 的增长缺乏有效的关联。另外我国目前已经是世界上最大的外汇储备国,2011 年末我国外汇储备余额为 31811 亿美元,为中国企业走出去储备了坚实的物质基础。中国企业实施"走出去"战略符合中国现阶段的客观需要,符合国家的发展战略需要。

美国次贷危机引发世界金融危机后,各经济主体迅速采取紧急拯救方案,但是并没有使世界经济进入平稳增长期,继而引发了 2010 年欧洲主权债务危机、2011 年美国债务危机,这是国际经济政治、实体经济与虚拟经济发展不平衡,发达国家高消费、高福利、高负债发展机制、结构矛盾相互交织的结果,而且发达经济体之间相互持有债券,这无疑更加加重了欧美债务危机对世界经济影响的深远性,估计在近三到五年中,发达经济体都将进一步强化金融危机以来的对外政策。中国经济将长期面临世界经济长期的调整以及由经济调整引发的国际政治问题:中国出口将持续受外需缓慢增长的影响;人民币升值压力继续加大,导致中国出口产品竞争力持续下降,利用外资成本加大;国际剩余流动资本加大通货膨胀的压力;外汇储备风险加强;国外贸易保护深化;周边政治环境持紧。

----

① http://www.gov.cn/test/2005-08/11/content_27116.html.中国政府网,2005 年 8 月 11 日。

中国面临这些调整压力的同时,在欧美债务危机背景下,西方发达国家为减轻债务危机压力、缓解就业压力,收缩在全球的直接投资,加强贸易保护的同时会鼓励外资进入经济实体投资。而中国也要解决如何把大量外汇储备变成实物储备,让投资保值增值。中国企业将面临着对外投资前所未有的国内外历史机遇,关键是中国企业能否抓住千载难逢的历史机遇期,跨越路径依赖,认清世界经济形势,主动利用国内外应对债务危机进行战略调整的机遇,向后发展国家转移成熟过剩产业,规避贸易壁垒,开拓多元化国际市场,减少对欧美传统市场的依赖;逆向投资发达国家,凭借对外直接投资进入美国、欧洲发达经济体的生产体系,利用欧美、日本本土市场技术外溢性获取知识性资产,并反哺国内企业科技创新能力,突破重点产业发展软硬技术瓶颈问题,锻造本企业国际核心竞争力,提升国内产业结构、技术进步,创建中国的世界品牌;确立中国长远的国际市场地位。

二、中国企业"走出去"战略的动因分析

传统的投资目标是为了实现最大限度的利润,当代国际跨国公司的对外投资一般都具有战略意义,从而直接目标呈现多元化。欧美债务危机背景下中国企业对外直接投资动因分析如下。

第一,对外直接投资是中国有效应对欧美债务危机下严重贸易保护、调整国内产业结构的策略之一。危机永远是贸易保护的温床,在欧美债务危机、经济恢复乏力、失业居高不下无法缓解之际,贸易保护就成了政治、经济手段,而且贸易保护会向他国弥漫扩散。随着中国经济的飞速发展,中国所遭遇的贸易摩擦数量不断加大,连续成为反倾销制裁的最大国,针对中国的贸易摩擦措施不断增多,技术更加严格隐蔽。近年来我国一直是贸易保护的重

灾区,不仅发达国家向我国一些产品进行高关税、反补贴、反倾销,像印度、巴西等后发展国家也开始向我国采取贸易保护措施。对外直接投资不仅可以绕开贸易壁垒、节约交易成本,还能受到正在遭遇金融危机冲击国家的欢迎,保持我国优势产业的竞争优势。国际直接投资绕开贸易壁垒的同时还可以带动出口,减少贸易摩擦。

第二,对外直接投资是中国经济调整产业升级的有效途径。经济的增长主要来源于生产要素的技术应用,而不是简单的生产要素的存量增加,从贸易大国向贸易强国的转变快慢,成功与否,主要取决于增长方式的转变,而这又取决于是否掌握世界核心技术的知识产权,有学者研究证明对外直接投资可以获取跟踪国外先进技术,中国以市场换技术的结果也佐证了这一点,对外直接投资比引进外资更能提高一国的先进技术,韩国现代集团早在1980年就在美国硅谷设立现代电子系统公司,雇用当地技术人才。欧美债务危机下,欧美发达国家不稳定因素增加,经济增长乏力,不仅对世界资金进行母国回笼政策,还对外来投资进行政策支持、减少限制,中国企业可以抓住机遇,根据自己情况向世界转移成熟产业,促进产业结构调整;向发达国家进行投资,还可以进入欧美生产体系学习先进技术与管理。

第三,对外直接投资可以缓解中国经济发展中资源瓶颈的制约。20世纪60年代美国、日本等国早就开始对国外资源进行"投资资源进口"战略,一方面控制资源的生产、销售,达到保证本国生产所需要的资源供应,另一方面是确立本国在世界市场上的资源价格话语权。中国资源相对匮乏,世界能源紧张,由于缺乏定价话语权在,世界市场上出现"中国买什么,什么就贵"的现象,进口获取能源不仅成本不断增高,而且对外依存度加大,严重影响经济安全。对外直接投资可以获取国外丰富的自然资源及一些不可贸易的资源,比如淡水资源,支持国内产业发展及其结构调整。

第四,对外直接投资寻求新的市场机会。中国一些优势企业比如家电产业、纺织业,已形成自己独特的竞争优势,为了更好开发当地市场,需要投资于市场需求潜力较大的市场,配合好国内的产业结构调整。

三、国内政策环境与时俱进调整升级以适应中国对外直接投资发展需要

基于前面对国际投资发展历程的论述,很显然地知道:对外直接投资是经济发展到一定阶段的必然历程,实际上也是"走了发达国家的老路"(金灿荣,2011)。中国正处在对外直接投资发展阶段的第三与第四交界阶段,正是逐步从引进向走出去转变的阶段,中国政府顺势而为,在五年计划中为中国企业对外直接投资进行规划,制定相应的政策支持。2001年的"十五"规划中正式提出"走出去"战略,确定"走出去"的必要性,为中国企业指明了发展方向;在"十一五"规划中根据当时经济发展情况提出"要进一步'走出去'";在"十二五"计划中就明确写出"加快实施'走出去'步伐"。政府还相应出台了一系列政策鼓励中国企业对外直接投资,《关于鼓励企业开展境外带料加工装配业务的意见》、《"十五"利用外资和境外投资规划》等在融资、税收、保险方面给予扶持;政府还加强海外信息收集工作,出版发行《国别贸易环境报告》、《对外投资合作国别指南》为中国企业搭建对外直接投资平台。但是外围环境与西方国家最初走出去时大相径庭,中国在对外直接投资道路上必定是一个新生者,完备的系列配套政策不是一蹴而就的。中国政府在借鉴国外对外直接投资的财政、信息、

人事制度等政策基础上要加大研究工作力度,不仅要制定出更适合中国对外直接投资的产业扶持政策、融资、外汇使用、财政税收、信息咨询、人才培养政策及系统机制,还要从国民认识上进行政策引导与扶植,做好公共产品特性的公共服务体系,创造良好的国际投资商务人才培养机制,以适应中国对外直接投资发展需要。

四、抓住历史机遇,突破路径依赖,在对外直接投资中构建国际竞争力

从中国总体经济所处的"国际投资周期"发展阶段、外汇储备等经济指标衡量,中国已经具备对外直接投资的必备条件,又遇到千载难逢的历史机遇期,但是在特殊国情下成长起来的中国企业在"走出去"道路上,国际、国内、自身上还有许多障碍或不足,需要企业逾越与弥补,才有可能抓住欧美债务危机的历史机遇,发展壮大起来,对这一问题的深刻认识会促使中国企业在对外直接投资道路上的步伐更加稳健。

从中国企业对外投资的技术优势上看,发达国家跨国公司对外直接投资不论是从垄断优势理论视角、内部化理论视角还是从产品生命周期、边际产业扩张理论视角,他们当初的对外直接投资都具有高屋建瓴、俯视全球的姿态,相对于东道国来讲在技术、品牌、国际市场渠道、管理技术、跨国经营人才等方面都具有一定的优势,对外直接投资具备垄断优势、内部化优势、区位优势。中国对外直接投资的企业的确也是中国最接近发达国家企业水平的上升型企业,在中国外向型政策导向下发展起来的中国企业,所具有的技术优势可以用拉奥的"技术地方化理论"来解释。英国经济学家拉奥对印度跨国公司的竞争优势和投资动机研究后认为:欠发达国家"在模仿复制先进技术同时对技术进行更适于本地化的创新"。在对外国技术改进与创新基础上消化吸收,这种活动形成了后发展国家跨国公司的竞争优势。中国企业的确在原创优势上不及发达国家跨国公司,但是在改革开放30多年中,中国企业在消化吸收的基础上能够生产出比发达国家跨国公司更能适应后发展国家消费需要的产品。中国企业在稳定在后发展国家投资的竞争优势的同时要不断增强自身的核心创新能力。在欧美债务危机下对发达国家进行逆向投资,进入发达国家的生产体系,充分吸收消化发达国家生产技术创新的溢出效应,充分发挥后发优势提升核心竞争力。

从企业具体的经营理念和经营行为来判定划分跨国公司,企业经营管理的最高决策层必须具备全球性经营理念,以"国际企业家"来平等对待世界各地最佳机会,以世界性经营态度规划企业生产经营活动①。中国国内市场存在着广阔的中低消费市场,有稳定的收益,与国外市场风险形成对比,造成中国中小企业缺乏对外直接投资意识,不具备跨国公司跨国经营理念,当然就更缺乏规划跨国经营的战略与实战经验,国内人才也缺乏国际经营意识,在知识储备中缺乏跨国经营相关知识的深入学习,导致对外直接投资企业普遍感觉人才的缺乏。国际业务人才的缺乏导致企业对外直接投资前的风险评估能力不足,由于企业对海外法律法规、劳资关系、企业员工保障等相关知识的缺乏,也不熟悉海外企业文化,尤其缺乏海外并购对目标公司潜在问题的深刻认识,从一开始就埋下问题隐患,加上后期的运营整合跟不上去,造成原有专家离职,同时在投资、运营方式选择上缺乏规避政治风险的经验,失败就

---

① 杨大楷:《国际投资学》,上海财经大学出版社2003年版,第89页。

在所难免。

从企业规模上来说,中国在出口导向战略下经济逐渐起飞,形成了大批以国外市场为导向的珠三角、长三角一品一镇的专业村专业镇等小企业集聚区,这些中小企业集群具有国际竞争优势,但是单打独斗面临着巨大障碍,这就从对外直接投资模式上限制了中国中小企业对外投资的灵活性,需要国内相应的行会、政府引导在国外建立对外直接投资产业园区,而国内的行业协会也正处于建设完善时期,且政府对外直接投资管理也是处于摸着石头过河的阶段。

中国企业"走出去"比发达国家企业"走出去"承载着更惨烈的竞争,但作为"走出去"主体在中国"走出去"战略中起着关键作用,要从根本上认识"走出去"是经济发展的客观必然性需要,即使在国内经营阶段,也要从长远战略角度修炼,营造氛围;企业文化环境会带来良好的社会外在效应,形成人才需求导向,也会促使行业协会加强向国外学习、加快建设步伐,促进相关政策体系的完善。

五、基于钻石理论分析提升中国企业国际竞争力的路径

美国、欧盟等发达国家网罗大批世界先进科学家,高端人才遍布各研究机构,美国在其有科技成就的科学家当中,大约将近一半不是来自本土的。日本作为一个岛国不欢迎外资的进入但是制造业大都依靠海外工厂,整合全球产业资源和市场。而中国企业管理软国际竞争力不仅与发达国家相距甚远,与新兴国家和一些后发展国家差距也很大,被世界具有竞争力的主流企业认可程度有限,处于低层次。[1]　正是中国缺乏具有配置世界资源能力的跨国

---

[1]　赵彦云:《中国企业管理软国际竞争力评价和分析》,《经济理论与管理》,2006 年 6 月。

公司,作为一个发展中最大的国家,一举一动又能触动世界市场,才出现"中国买什么,什么就贵;卖什么,什么就便宜"的现象。培育一批跨国公司,实现资源的全球化配置对中国而言至关重要!基于波特的钻石理论对我国企业进行深入分析,力图在当前世界经济背景下寻找出中国企业提升竞争力的出路。

(一)波特的钻石理论

美国哈佛大学商学院迈克尔·波特(Michael E.Porter)教授认为随着全球竞争的脚步加速,国际化与自由化使国家的重要性不减反增。国家之间的特征与文化差异,是企业在全球竞争中成功不可或缺的部分。在竞争优势的谈论中,国家竞争优势与该国企业的竞争优势是同一问题的不同角度分析,国家与企业互为竞争优势的载体。在波特的《国家竞争优势》一书中着重介绍为什么国家能成功地发展某些产业,以及它对企业和国家经济体系的意义,为国家或国家以下的政治或地理单位提供了相关产业的发展环境;而本书真正探讨的是"环境"对一个企业竞争优势的长期影响,这里的环境包括企业的地理位置、历史传统、生产成本和市场需求。[①] 波特用一系列的钻石模型分析了成就国家竞争优势的四项环境因素和企业竞争优势的生产要素创造环境及相关产业发展时的影响力,等等,都可以统领在完整的钻石体系下。

(二)基于波特钻石模型分析中国企业

1.生产要素优势分析

国内劳动密集型生产要素和劳动密集型生产模式在国际贸易中充分发挥了其比较优势,而对于对外直接投资来说,更重要的是企业的竞争优势。不论从竞争对手、外在环境还是自身国内市场、

---

① 迈克尔·波特:《国家竞争优势》,华夏出版社2002年版,第26—28页。

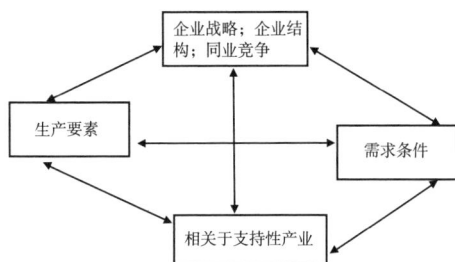

图 3.7　国家优势的关键要素钻石

资料来源:迈克尔·波特:《国家竞争优势》,华夏出版社 2002 年版。

政策法规、人才、创新、品牌、协调能力来说,中国企业在对外直接投资的道路上都没有绝对的竞争优势。而且随着中国经济的发展,工资上扬,原有的劳动力比较优势会逐渐弱化甚至消失。在本次金融危机下,由于外需大量萎缩,以劳动力优势为基础的加工企业大批倒闭,工人失业返乡,而在后危机时代,企业开工后又出现用工荒。危机考量了中国企业的抗风险和经济修复能力。中国企业在国际经济中的依附性和本质的脆弱性在危机中充分暴露出来,其根源在于没有获得性知识资源优势与整合世界资源的能力,低成本优势渐渐远去,低附加值的企业在外需收缩时显现出其无能为力。企业在发展中普遍存在着成长"短视行为",逐步陷入比较优势陷阱,国内劳动密集型生产要素比较优势导致企业发展模式的路径依赖,在一定程度上抑制着企业的产品、生产工艺技术的创新能力;天然、易得的低成本使企业缺少对降低成本技术工艺的研发动力,这样还会缺乏对产业其他部门的示范牵动效应,使整个国家的创新能力没有自主能动性,传导机制不顺畅、科技创新生产率转换低下;缺乏灵敏的自适性,没有主动根据要素积累的变化及时调整经营战略进行产业升级。中国企业在积累了一定的资本突破资本瓶颈制约后或过程中,没有主动向技术管理瓶颈进军。

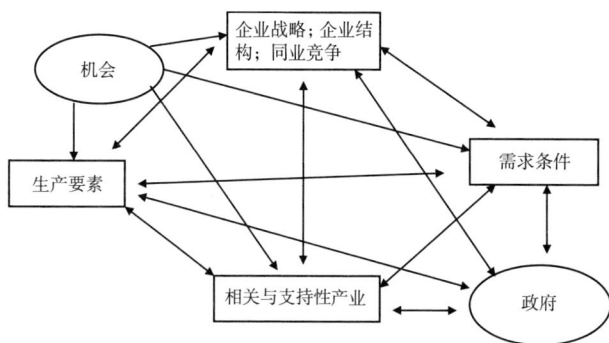

图 3.8　钻石完整体系

资料来源:迈克尔·波特:《国家竞争优势》,华夏出版社 2002 年版。

2. 中国企业的需求环境因素分析

中国经济结构不平衡,带来消费水平的很大差异,中西部广大农村市场对于高档产品需求较弱,消费者素质及维权意识都间接阻碍着企业产品品质的提升。居民素质也影响着消费,没有更好的投资渠道,一些既得利益者转向链条短小的房产或股市。企业研究更多地局限于市场适应性、应用性的产品,没有集中精力搞成自己的真东西,中国企业在这点上充分享受着中国庞大的人口奠基成的必需需求量,反过来企业慢慢地在温水煮青蛙的环境中死去,需求环境与企业互动中形成恶性循环。没有内涵、知识产权的企业会在真正的全球化中呈现出"东亚病夫"症状,没有思想、没有体力、没有积蓄地死去,因为他们没有能力及意识把自己的第一桶金用在强身健骨的实质性产品的研发上。消费需求不足和路径的依赖,双管齐下抑制着后发展国家企业创新能力的发展。

3.政府政策环境分析

政府的激励政策和体系也催生每个人热衷于短平快,追求即时效益。学校里学术"大跃进",教授多、成果多,而真正有价值的成果少,导致社会上此起彼伏的"学历门"事件。从微观主体到中观企业产业到国家发展战略,更多体现在短平快,导致没有后劲。

(三)应对策略

1.制定企业长线可持续发展战略

学术界和实践经济生活中都普遍意识到提升企业核心竞争力,获取战略性知识资源,提出过"以市场换技术"、"技术获取型对外投资",其实技术不仅包含生产技术、加工技术、先进设备等,还包括协调管理能力和企业家精神,前者属于硬技术,后者属于软技术。后发展国家普遍缺失软技术,缺乏对技术的吸收应用和再创能力,"留得青山在不怕没柴烧",核心竞争力的核是"人",也就是软技术比硬技术更宝贵,是战略性获取型知识资源,具有可持续发展性。

培育核心竞争力,掌握战略性获取型知识资源是一个长期的系统工程,企业必须从细微经营上都要具备全球性的经营理念,即便当前还没走出去,但在规划企业的活动时一定从长远着眼,以取得全球战略胜利为目的,这样才能为最终真正培育出大型具有竞争力的跨国公司不断积蓄能量。相应地企业、政府的绩效评价体制及政策要服从、支持、适应企业的长线战略。营造促进创新的社会环境也很重要,这就要求在企业不断努力的同时,社会要从基本的教育抓起,从孩子的理念培育、素质教育做起,全民素质的提升不仅有助于提高知识的接受吸收能力,还有助于全民消费观念的提升,维权意识的增强,这一切反过来会直接、间接地促进企业对产品质量的提升、增强品牌意识。在这个过程中能够不断培养出既懂技术又能管理的软硬技术兼备的国际经营管理人才。

2. 洞悉内外资源禀赋及时转换经营战略

中国的企业要摆脱急功近利、浮躁心理,要不断审视自己成长中要素密集程度的变化,基于全球视野调整战略,布局价值链上的各个链节。不仅要分不同发展阶段纵向审视企业的发展变化,横向上也要对企业不同环节区别对待,对于链条上关键环节,想尽一切办法培育成企业竞争优势环节,也许在这一过程中会出现一时的亏损,但是为了长远的发展也要创造条件尽量获取。比如对那些经济刚刚起飞阶段的企业常常处于资本瓶颈制约期,引进资金是激活国内生产要素的关键,随着对外经济的发展、外汇储备的增加,要素密集程度出现转变,紧要的瓶颈制约因素也相应变化,此时获得性知识技术成为进一步发展迫切突破的问题。而在对世界区位优势的分析中,发达国家的研发环境、技术外溢效应、丰富的科技人才及信息都是后发展国家企业基于技术获取型对外直接投资的重要考虑因素。企业要想尽早突破此时的技术瓶颈制约就要改变以往的招商引资战略,采取对外知识获取型直接投资,后发展国家企业要勇于及时迈出这一步。在制造环节积累下寻找向微笑曲线两端突破的力量,企业在微笑曲线的中间富有优势时要时刻寻找走向两端的突破口,比如在机械设备生产中许多是可以划分成若干模块生产的,可以对模块进行一一研究突破,摆脱对发达国家跨国公司核心技术的依赖,提高收益再进一步反哺研发,最终一一攻破关键环节,形成自己的核心竞争力。

3. 企业在经营中要不断养育呵护自己的品牌

企业起初可能要贴牌生产借船出海,但在自己传统优势产品上只要有决心也完全能形成自主的世界品牌,因为在同样的工人厂家设备条件下,贴牌生产时能生产出国际品质的产品,以同样甚至更高的标准经营自己的品牌,把产品进一步做精做细,同样能够改变自己在国际上产品质量的形象,逐步形成国际品牌。在本次金融危机中大量外向型企业倒闭的重要原因之一就是只关注生产不懂销售,在外需萎缩、中间商断裂时无法及时转向国内市场,或没有自己的销售渠道加大对产品的售后服务与行销策略,企业要以此为契机,从对国外中间商的依赖中走出,逐步建立自己的营销渠道。对在国内比较成熟、饱和的产业也要适时地选择合适的区域进行投资,比如中国海信对南非彩电的投资收益就有力地推动母公司的发展。企业还要抓住本次危机外资撤离中国市场的绝佳机会,夺回国内市场,以高质量、高品位、精致化产品稳住国内市场。

对外贸易结构是产业结构的对偶反映,对外贸易结构是经济产业结构对外的空间扩展。本章利用大量数据分析说明改革开放第一季,中国通过对外贸易、利用外资承接国际产业技术转移快速地从农业国转变为工业国,上海、深圳等城市进入后工业化时代。本章又分析到在中国三次产业结构快速升级的同时产业内部结构升级乏力,并没有从贸易大国上升为贸易强国。在经济发展中国内产业环境动态发展变化,导致原有产业发展战略模式在同一国内不同发展水平地区的适宜性不同。改革开放第一季模式对具有静态比较优势的低端生产要素严重依赖,中国经济对外依存度甚至达到70%多,过度外需型产业结构加剧制约了中国经济的抗风险能力,制约了产业优化升级,弱化了产业国际竞争力。中国在新的国际形势、国内条件下,后发展地区成为中国改革开放第二季的纵深腹地,东南沿海经济建设性梯度转移到中国后发展地区,是中国新时期实现国际产业竞争力提升的一个重要视角。

第四章　中国经济发展水平区域划分

　　美国经济史学家格申克龙（Alexander Gerchenkron）提出后发优势理论，认为后发展国家通过承接国际产业转移，引进、学习先发展国家技术、管理经验，由于后发展国家技术推广、发展粘性约束条件小，能够实现"蛙跳"式赶超。但现实经济发展中的后发优势悖论案例又说明，在后发展国家承接国际产业转移过程中引进的产业技术与国内现有要素要具有适度拔高性地适配性，能够与国内产业环境很好媾和才能起到牵引作用。

　　中国在改革开放第一季通过对外贸易、利用外资产业结构快速升级，快速发展中积淀下许多经济问题，在 2008 年金融危机爆发后，问题更加凸显出来。大批出口导向型，附着于国际生产体系低端的生产制造企业外需锐减，尤其中小企业遭到重创；以国内静态比较优势吸引外资的优势正逐渐被周边国家所取代，这些都倒逼中国产业加快调整升级。党的十八大明确指出加快经济发展方式转变的主攻方向是经济产业结构战略性调整。中国阶梯式发展阶段的从东到西多元化分布，新兴产业与传统产业并存，劳动力、资源禀赋等产业发展环境的多元适配性决定了经济产业结构调整中不能采取"一刀切"战略①。

---

① 余泳泽:《我国技术进步路径及方式选择的研究述评》,《经济评论》2012 年第 6 期。

　　刘易斯模型作为一般性的增长理论,任何国家经济起飞初始阶段,一定会出现一个劳动力转移的过程;一定需要有一个新的部门开始成长,一定要有一个新的技术,或者新的市场,或者一种新的机遇等;开始有一个部门能够使传统社会得到改变,传统的劳动力的分布得到改变。

　　本章首先梳理经济发展不均衡的主流理论,然后从四个维度:工业化指标、城镇化指标、对外开放程度、教育科研创新指标对中国内地各省发展阶段进行了划分,为战略路径选择提供现实依据。

第一节　中国经济不平衡发展的理论基础

　　在一个人口众多、幅员辽阔的国土上各地自然禀赋相差甚远,经济基础层次不一,基础硬件、人文软件条件不同的中国采取齐头并进、一刀切的经济政策①是不符合现实发展要求的,是违背中国实际国情的,这在中华人民共和国成立后的经济建设中已经得到证明:在中国,平衡经济发展是走不通的。中国改革开放经济发展的成功是佩鲁增长极理论的一个现实佐证,就此甚至有学者相对"华盛顿模式"而提出"北京模式"。

---

①　平衡发展理论的典型代表当属美国经济学家纳克斯(Ragnar Nurkse)的"贫困循环增长理论",平衡发展的观点认为在落后国家(地区)存在供给不足循环与需求不足循环:"低生产率—低收入—低储蓄—资本短缺—低生产率","低生产率—低收入—低购买力—投资引诱不足—低生产率"。在恶性循环过程中,突破恶性循环需要落后经济体各部门协调平衡发展,避免供给、需求的不足与不平衡发展,以便形成各个工业部门协调发展、相互支持投资,进一步扩大市场规模,使资本成为经济起飞的决定性因素。

一、不平衡发展中增长极与经济发展

"增长极"理论(Growth-pole Theory)是法国经济学家弗朗索瓦·佩鲁(Francois Perroux)1950 年在《经济学季刊》的《经济空间:理论与应用》中首先提出的。增长极就是主导部门或有创新能力的大企业在某个地区或大城市的工业集聚发展中形成中心,像"磁场极"一样对其周边经济产生虹吸与经济辐射作用。佩鲁的增长极其实质上是经济体的空间关系联系网,在这个空间关系网受力场中每一个经济体都是力的接受者与反应施力者。具有增长极效应的经济体能够在这个受力场中创造自己的决策与操作空间时对整个受力场产生强大的推动效应,增长极对其周边的竞争者及上下游产业产生示范、竞争、连锁、推动效应。这种极化效应具有相互推进的正反馈连锁效应,是非竞争效应,彼此间的联动效应加快技术进步与技术扩散。缪尔达尔在"累积循环因果理论"中阐述了社会经济发展过程是一个动态过程,社会中各种因素相互依赖相互制约形成一个有机整体,经济社会中某一个因素,甚至是社会间接经济因素的变化,会引起社会另一经济因素或一系列因素的变化,而变化了的经济因素反过来又会推动、促进最初导致其变化的因素的变化。他认为在一个大国内部经济发展客观必然存在着发达地区和落后地区,在这种"二元"经济结构中,在循环积累因果动态发展过程中,最初发达地区会凭借在全国生产体系中的中心地位,对落后地区的技术、人力资本、金融资本、物质生产资料具有极化虹吸效应,这会引起落后地区进一步由于缺乏人才、资金、技术而更加相对落后,加大了与发达地区的经济差距,而当落后地区消费购买能力低下对发达地区产品消费不足时会制约发达地区的进一步发展,而发达地区由于经济长期发展到一定程度,发达地区会出现生产物质原料相对紧缺、资本过剩、交通拥挤、地租成本高昂、污染严重等经济发展问题,而经过一段时间的发展相对落后地区的生产条件也相对改善,这个阶段发达地区生产企业开始向落后地区进行产业转移,经济涓滴渗透,这就是涓滴效应。

艾伯特·赫希曼(A.O.Hirshman)把这个过程中发达地区与落后地区间的经济反馈现象称为"极化效应"与"淋下效应"。在他的《不发达郭家庄的投资政策与"二元性"》一文中提到"极化——淋下效应",1967年在《经济发展战略》中进一步详细阐述了不均衡增长理论。因为环境资源限制,资源、土地、人力等生产要素的绝对稀缺性,微观主体的异质性决定了一个地理区域内经济发展的绝对不平衡性。也就是说,即便存在暂时经济平衡也是有条件的,经济的不平衡发展是客观、长期、绝对的。"事实上,发展确实是按照主导部门带动其他部门增长,由一个行业引发另一个行业增长的方式进行的。换句话说,两个不同时点上形成的两幅图像所显示的平衡增长,是一些部门追随某一部门一系列不均衡进展的最终结果。如果追随部门的发展超过了他的目标(事实常常如此),将引发其他部门进一步发展。这种跷跷板式的增长,与各业齐头并进的'平衡增长'相比,好像是给诱导性投资决策留有充分的余地,因此使我们主要的稀有资源得到节约,即名副其实的决策。[①]"由于企业、各地环境的异质性,在发展潜力大,资金投入回报率高的地区就会集聚大量的生产资本与人力资本,发展速度要快于周边地区,并逐渐成为增长极,随着对资金、资源和人才的更大需求,对其周边地区的资金、资源和人才形成虹吸效应,就形成了增长极。在"中心—外围"二元结构不平衡发展中增长极发挥着极化效应与涓

---

① [美]艾伯特·赫希曼:《经济发展战略》,潘照东、曹征海译,经济科学出版社1991年版,第55—56页。

滴效应。极化效应与涓滴效应是不平衡发展理论的核心内容。

佩鲁与熊彼特在创新理论上有着共同点,都认为技术进步与创新是经济发展的主要动因,增长极的理论架构前提就是创新,增长极是创新的扩散地也是创新的发源地,有意识地培养增长极,并充分创造环境促进增长极的推动连锁效应充分发展并发挥带动整体受力场前进。

增长极的极化效应与涓滴效应可以从三个维度反映其经济发展效应:(1)增长极及其增长;(2)产业综合体——受力场及其增长;(3)国民经济增长。增长极经济单元在经济发展中所产生的推动连锁、乘数效应会在一定地域产生产业集聚。这种产业集聚主要从四方面产生:(1)增长极的产业扩张能够产生"金融外部性经济";(2)不同于本地原有新产业的建立及其所具有的设备、技术、管理、组织、营销方式等,创新对相关产业及其他产业具有强烈的示范效应和扩散效应,激发增长极以外的经济体效仿并在效仿中改进,效仿中的改进又会促进增长极的进一步创新,形成正反馈循环效应;(3)在一个卖方竞争市场中,增长极经济体的创新发展会激发市场的竞争性,激发相关经济体厂商采取防御战略策略进行创新或降价;(4)在示范、竞争过程中新的投资会产生凯恩斯理论中的乘数效应,进一步促进国民经济的增长①。这四方面是一个不断积累反馈循环的过程,在积累过程中逐渐形成产业集聚。增长极理论着重论述了要成为一个受力场中的增长极应具备的特性,并论及了增长极与受力场之间力量能量的传导条件,而虹吸、涓滴效应就更为深刻地进一步论述了增长极与其周边经济体间经济

---

① 周民良:《增长极理论与西方的区域政策》,《中国工业经济研究》1994 年第 7 期。

增长过程中的相互作用。

二、良好的区位条件是增长极涓滴效应充分发挥的保障

增长极的联动、乘数、集聚效应是在受力场中进行的,所以增长极与受力场企业要形成良好的产业链条,才能够有效传导,如果在技术、规模上相差悬殊,受动者无法消化接受就无法形成技术资源外溢的连锁效应,更无法形成正反馈效应以促进增长极的进一步发展。故此,佩鲁认为社会经济的管理及与社会经济相适宜的发动机的选择是一个理性区域经济政策应该考虑的一个事物的两个方面。① 增长极战略实施中要具备一定的区位条件,比如运输通讯、基础设施等硬环境、良好的市场环境、决策体系、政府执政能力、物质配给制度、生产性服务性行业等人文软环境,都直接或间接影响推动连锁效应产业集聚的产生与发展。法国经济学家布代维尔(J-R.Boudeville)把经济空间区分为由劳动力、资本、原材料等生产投入品供需关系构建的计划空间;经济主体在经济活动过程中对受力场中整个经济集合体产生引力与排斥力,在吸引力与排斥力相互作用过程中逐渐形成以计划空间为基础的中心与力的通道(中心的作用范围)极化几何空间——极化空间;经济体在同一受力场范围内同质经济要素变量统领作用与影响下活动的经济空间——均匀空间。在布代维尔这三种不同空间的划分中,佩鲁的增长极应归于极化空间,他指出增长极不可能在所有地方同时出现,而是以不同强度在不同地点出现增长点或增长极,并通过不同渠道作用于所能波及的外界环境,并对整个经济体产生最终的影响。②

① 安虎森:《增长极理论评述》,《南开经济评论》1997 年第 1 期。

② 周民良:《增长极理论与西方的区域政策》,《中国工业经济研究》1994 年第 7 期。

赫希曼在《经济发展战略》一书中详尽地论述了经济发展中经济体前向后向联系间的促进作用,深入论述了诱导性投资对经济发展的重要作用,并以此为基础论述了增长极与落后经济体间经济发展过程中的极化效应,特别论述了"飞地""孤岛"现象的原因,并指出只有增长点能够与当地经济相媾和才能发挥淋下效应,认为决策能力与企业家才能是经济发展的关键,而且他批评国民经济各个部门齐头并进平衡发展,这样会导致周期过长,而且由于人才束缚问题导致建成后低效率生产的现实问题,而要集中搞某些工业并以此带动其他工业的发展,而且在不平衡发展中还存在着"有效顺序"问题,教育、法律、交通、动力等社会间接资本的形成对经济发展速度及顺序起着重要不可替代的作用;并论述了在区域合作中增长点对落后经济体对外贸易的影响,进口、外商转移直接投资对落后经济体诱导性投资及其经济发展的影响,以及政府在经济发展中的作用①。这些理论不仅对国际间经济发展增长点与落后地区的经济发展具有指导意义,并且对于一国内部区域经济发展也具有很强的借鉴作用,尤其是对幅员辽阔的中国经济发展更具有借鉴意义。

三、有效的不平衡发展政策能够创造宝贵的长效发展机制

赫希曼认为经济发展过程中一切循环都是资本、创业人才、教育、公共管理等因素相互依存而产生与发展的,投资的前向后向联系正反馈性的相互促进关系会产生连锁反应,一项投资引发的其他投资称为"诱导性投资",而"诱导性投资"导致的动力、供水、交

---

① [美]艾伯特·赫希曼:《经济发展战略》,潘照东、曹征海译,潘光威校,经济科学出版社1992年版,第1—8页。

通等生产性服务条件的改善,教育程度的提高等在经济发展中起着重要作用,而且会进一步促进源投资。经济发展不平衡下跷跷板式地增长能给诱导性投资决策留有充分的空间。发展政策就是要保持适度紧张、不成比例、不平衡,不平衡增长能够带来宝贵的发展机遇。

　　这就需要经济体在政府调控作用下,先进行不平衡发展,再根据经济发展阶段所呈现出的现实特点进行全局调整。当然在政府规划不平衡发展,在一定阶段又进行调整过程中,按照福利经济学家的观点一定要损害一部分人的利益报酬,如果这部分损失要由增长极内的创新实施者支付,他可能因为这项投入的不确定性增加,认为这是投入于报酬递减的项目而不为之;如果没有补偿会导致损害方进行社会"贿赂"阻止限制对增长极的政策倾斜。这也就是说在不平衡发展过程中肯定要伴随着一系列社会问题的出现,这考验着政府的执政能力。这就决定了发展效率的重要性,把这种不平衡能够在尽早的时间内进行调整,起码让当前受到利益损害方在顾全大局的前提下看到前景与希望,赫希曼的"有效投资顺序"在不平衡发展过程中的重要意义就凸显出来。政府应确定该瞄准什么目标进行努力,可以越过哪些中间扩张阶段,把哪些通常连续的阶段进行合并。

第二节　中国不同经济发展水平区域的测定

　　虽然,中国早已经从农业经济大国发展成为工业经济大国(陈佳贵、黄群慧,2005)。但是,因为中国幅员广阔,地区发展极不平衡,为了更好地揭示中国工业化进程的区域结构特征、反映各地区工业化水平的差异,从而能够深层次解析中国产业结构调整升级进程中的问题,本节从工业化、城镇化、对外开放程度、教育科研四个维度,每个维度又从多个指标衡量各地区发展阶段,从而能够针对不同发展层次选取产业结构调整提升国际竞争力路径,并进一步达到中国整体空间资源优化配置,形成良性产业生态圈,实现"创新驱动、改革推动、品牌带动、消费拉动、区域联动"的产业空间布局,最终实现国家层面的产业国际竞争力的提升!

一、后发展地区标准界定

"后发展地区"是一个相对概念,主要指受区位环境、资源禀赋、历史发展路径、不平衡发展战略政策影响在经济、社会、文化等方面与"先发展地区"在产业结构、工业内部结构等经济发展水平上与"先发展地区"有错位落差,发展相对滞后,在未来整体经济发展中又具有比较大的增长潜力,甚至能够成为"先发展地区"进一步发展转换经济的依托或回旋之地。后发展地区从不同角度可以视为地理概念、行政区划概念、经济发展水平概念,其研究边界可以扩展到经济、人口、社会等各方面的广泛研究,根据研究内容的需要,不同学者对后发展地区进行着不同界定,还没有形成完整统一标准。

世界银行每年根据各个国家的人均国民生产总值这一唯一标准,将世界划分为不发达国家(后发展国家)或发达国家。2014 年世界银行公布的最新人均国民总收入分组划分标准数据为:人均国民总收入 1005 美元及以下为低收入国家;1006 — 3975 美元为中等偏下收入国家;3976 — 12275 美元为中等偏上收入国家;12276 美元及以上为高收入国家。一般把世界银行的划分视为经济发展说或 GNP 说。欧盟则从经济结构角度进行划分,认为农业在国民经济中占较大比重的国家为后发展地区,这被称为结构功能学说。社会体制学说主张的法兰克福学派则认为落后的社会制度成为社会经济发展、社会进步的障碍或束缚。

在中国地区差距分析中,一般的是以地理位置为划分标准界定中部、西部地区为落后地区,东部沿海为先发展地区。2014 年中国年人均国民生产总值(GNI)为 7485 美元,按世界银行 2014 年最新调整的 GNI 分组标准中国处于中等偏上国家,中国 2014 年世界排名从 2013 年的第 86 名降到第 94 名。2014 年中国已有 8 个省突破 GNI10000 美元关口达到中等发达国家水平,中国居民收入占 GNI 比重不足 40%,2014 年 7.4%的年经济增长率,创 1990 年以来的新低,投资拉动型的不平衡发展依旧严重。2014 年提出"经济新常态"概念,该词向全中国更加通俗易懂地诠释了中国经济发展现行阶段所处的"经济增长速度换挡期、结构调整阵痛期、前期刺激政策消化期"的叠加期。根据经济新常态下中国经济转型发展的需要,再结合前人研究的基础上,更是基于内生经济增长力量形成的考量,要重新界定经济发展综合指标指数,对中国经济发展地区进行划分。

二、划分不同经济发展水平区域的综合指标权重确定标准

ABC 分类法由意大利经济学家维尔弗雷多·帕累托(Vilfredo Pareto)于 1906 年首次使用,又称帕累托分类法,管理统计分析中常用的主次因素分析法,将指标体系中的所有因素按其重要程度、影响程度,进行分类排队,然后分别用不同的权数对各类因素赋予不同权重。ABC 分类法的核心原则就是在决定一个事物的众多因素中分清主次,识别出少数的但对事物起决定作用的关键因素和种类繁多的但对事物影响极小的次要因素,运用数理统计的方法进行分类、排列和统计,划分为 A、B、C 三部分,并分别给予重点、一般、次要等不同程度的权重,给 A 类指标 3 的权重,B 类 2 的

权重,C 类 1 的权重。其原理:关键的少数和次要的多数,即少数
考核指标占据最重要的位置。基本步骤如下:

(一)将指标分为"非常重要""重要""比较重要"三类;

(二)加权,给 A 类指标 3 的权重,B 类 2 的权重,C 类 1 的
权重;

(三)计算各指标的权重系数;

(四)按权重系数分配总分。

三、中国发展水平指标体系及各子因素的解释

根据内生、外生经济发展力量,本指标体系选取工业化、城镇
化、对外开放程度、教育科研四个维度衡量各地区发展阶段,各个维
度下又有若干子因素作为衡量指标,以界定后发展地区(如表4.1)。

表 4.1　指标体系

经济总量指标	人均 GDP	
	消费支出	地区消费总额/地区总收入
工业化指标	三产结构	一、二、三产业比例情况
	工业结构	地区工业总值/地区生产总值
	就业结构	地区工业就业人数/全省总就业人数
城镇化指标	城镇化率	地区城镇人口/地区总人口
	恩格尔系数	城镇居民食品消费支出/城镇居民可支配收入
对外开放程度	出口绩效指数	(地区出口总额/地区进出口总额)/(全国出口总额/全国进出口总额)
	进口绩效指数	(地区进口总额/地区进出口总额)/(全国进口总额/全国进出口总额)
教育科研指标	教育辐射力度	地区专职教师/全国专职教师
	创新能力(规模以上工业企业)	地区新产品项目数/全国新产品项目数

资料来源:作者制作。

（一）人均 GDP

国内生产总值（GDP）是指按市场价格计算的一个国家（或地区）所有常住单位在一定时期内生产活动的最终成果。对于一个地区来说，称为地区生产总值，或地区 GDP。人均 GDP 是指一定时期内按常住人口平均计算的 GDP。计算公式为：人均 GDP＝GDP／人口总数。

（二）消费支出占总收入比重

居民消费支出指常住住户在一定时期内对于货物和服务的全部最终消费支出。居民消费支出除了直接以货币形式购买的货物和服务的消费支出外，还包括以其他方式获得的货物和服务的消费支出，即所谓的虚拟消费支出。居民虚拟消费支出包括如下几种类型：单位以实物报酬及实物转移的形式提供给劳动者的货物和服务；住户生产并由本住户消费了的货物和服务，其中的服务仅指住户的自有住房服务和付酬的家庭雇员提供的家庭和个人服务；金融机构提供的金融媒介服务。消费支出占总收入比重＝地区消费总额／地区总收入。

（三）三产结构

以一、二、三产业所占比重为研究。世界各国发展经济的一般规律显示，经济越发达的地区，其三产结构越是趋于"三二一"，后发展国家多集中于"二三一"结构，落后地区则多为"一二三"结构。

（四）工业结构

工业结构是指各工业部门组成及其在再生产过程中形成的技术经济联系，通常指部门结构、轻重工业结构和采掘—原材料—制造工业结构三种。

衡量工业结构的主要指标体系有：1. 独立工业部门或门类的固定资产、流动资产和劳动力在全部工业中所占的比重；2. 各工业部门或者门类的总产值、净产值和利润在全部工业中的比重;3.各工业部门间的产品消耗系数本指标体系的工业结构计算公式为:工业结构值=地区工业总值/地区生产总值。

(五)工业资产占有率

资金结构分析主要是从资金来源上分析企业各种资金的构成是否合理。本指标体系借用资金结构的计算方法,用以分析各省工业资产占全国工业资产的比重,比重越大,说明该省工业越发达,经济相对要好一些。

工业资产占有率=省市工业资产/全国工业资产。

(六)城镇化率

城镇化是人口由农村向城市迁移集聚的过程,同时表现为地域景观的变化、产业结构的变化、生产方式的变革,是人口、地域、社会经济组织形式和生产生活方式由传统落后的乡村型向现代城市社会转化的多方面综合统一的过程。城镇化率又叫城市化率,是一个国家或者地区经济发展的重要标志,也是衡量一个国家或地区社会组织程度和管理水平的重要指标。

城镇化率=地区城镇人口/地区总人口。

(七)恩格尔系数

恩格尔系数是食品支出总额占个人消费支出总额的比重,它随着家庭收入的增加而下降,恩格尔系数越大,该地区越贫困。

本指标体系中计算的是城镇居民的恩格尔系数,大概计算一下城镇居民的贫富情况,用以分析该地区的城镇化。

城镇居民恩格尔系数=城镇居民食品消费支出/城镇居民可支配收入。

(八)出口绩效指数

出口绩效指数=(地区出口总额/地区进出口总额)/(全国出

口总额/全国进出口总额)。

（九）进口绩效指数

进口绩效指数=(地区进口总额/地区进出口总额)/(全国进口总额/全国进出口总额)。

（十）教育辐射力度

越是落后的地区越是轻视教育,对教育的投入越小。国内外还没有一个完整指标来计算区域的教育力度,但有的学者用教育经费投入力度、有的用教师人员占比、有的用区域学校综合能力测评等来研究区域教育情况。

本指标体系将此指标命名为教育辐射力度,教育辐射力度=地区专职教师/全国专职教师。

（十一）创新能力

发达地区创新能力较强,本指标以地区新产品项目数占全国新产品项目数的比例来衡量地区新产品发展情况,以此判断创新能力。

创新能力(规模以上工业企业)=地区新产品项目数/全国新产品项目数。

四、中国地区发展阶段评价指标体系权重

本指标体系最终结果设定为:最终得分>60 的为先发展地区;最终得分<60 的为欠发展地区,其中最终得分 40—60 的为中等发展地区,最终得分<40 的为落后地区。

表 4.2　地方发展阶段评价指标体系

经济总量指标(20%)	人均 GDP	=人均 GDP=GDP/人口总数	>6 万 4 万—6 万 <4 万	60—100 40—60 <40
	消费支出	=地区消费总额/地区总收入	>75% 65%—75% <65%	80—100 50—80 <50

续表

工业化指标（30%）	三产结构	一、二、三产业比例情况	3/2/1 2/3/1 2/1/3	80—100 30—80 <30
	工业结构	=地区工业总值/地区生产总值	>45% 40%—45% <40%	>70 40—70 <40
	工业资产占有率	=省市工业资产/全国工业资产	>7% 2%—7% <2%	80—100 40—80 <40
城镇化指标（20%）	城镇化率	=地区城镇人口/地区总人口	>80% 50%—80% <50%	>90 50—90 <50
	恩格尔系数	=城镇居民食品消费支出/城镇居民可支配收入	25%—31% 22%—25% 16%—22%	<60 60—80 80—100
对外开放程度（10%）	出口绩效指数	=（地区出口总额/地区进出口总额）/（全国出口总额/全国进出口总额）	<1 1—1.5 >1.5	<30 30—70 >70
	进口绩效指数	=（地区进口总额/地区进出口总额）/（全国进口总额/全国进出口总额）	<1 1—1.5 >1.5	<30 30—70 >70
教育科研指标（20%）	教育辐射力度	=地区专职教师/全国专职教师	>4% 2%—4% <2%	>80 40—80 <40
	创新能力（规模以上工业企业）	=地区新产品项目数/全国新产品项目数	>8% 1%—8% <1%	70—100 30—70 <30

资料来源:借鉴其他学者研究根据需要作者设定的指标体系。[①]

---

① 吕传俊:《中国后发展地区的界定与低碳发展策略》,《中国人口·资源与环境》2014 年第 2 期。

五、全国各省经济发展水平测定结果

全国各省经济发展水平测定数据均来自于 2013 年统计年鉴，相关具体数据测算请查看附录。

表 4.3　中国 31 个省市发展水平测评结果

省份	教育	科技	进口绩效指数	出口绩效指数	城镇化率	恩格尔系数	工业结构	工业资产	三产结构	人均GDP	消费支出	总分
江　苏	9.6	9.8	1.2	2	7.6	8.4	5	10	5.4	7.4	4.7	71.1
北　京	7.6	5.2	4.6	0.4	9.5	9	2.2	5.9	9.8	9.3	5.1	68.6
广　东	9	8.9	1.25	1.8	8	5	6.6	9	5.3	5.8	7.6	68.25
山　东	9.2	7	1.95	1.45	6	9.1	6.7	9.5	5.8	5.6	3.9	66.2
浙　江	6.7	9	0.5	2.9	7.6	8.6	5.7	8	5.4	6.8	4.3	65.5
上　海	5.1	6	2.3	1.4	9.8	8	2.8	6	9	9	4.8	64.2
辽　宁	7	3.8	1.45	1.65	7.8	7.7	7.8	6.5	6.6	6.1	6.6	63
天　津	4	4.8	3.1	1.1	9.2	6.1	8	4.5	6	9.9	5.7	62.4
河　南	9	4.6	1.15	2.05	4	8.2	9.8	8	7.5	3.4	5.3	61.8
内蒙古	3.6	1.1	3.3	0.95	6.8	6.7	9.1	4.8	7	6.7	9.2	59.25
吉　林	4.9	3.2	3.8	0.75	6.1	8.9	8.3	3.7	6.7	4.7	7.8	58.85
陕　西	7.3	3.2	1.7	2.5	5.2	5.1	8.7	4.7	7.5	4.2	8.6	57.7
河　北	7.5	3.5	1.45	1.65	4.7	9.2	8.5	6.3	6.6	3.8	3.8	57
安　徽	6.7	6	0.95	2.4	4.5	4.1	8.9	5.2	7.3	3.1	6.9	56.05
山　西	5.2	2	1.85	1.45	5.6	9.8	9.3	5.6	7	3.4	4.4	55.6
福　建	5.5	4.2	0.9	2.5	7.1	6.6	5.6	5	6.5	5.7	5.5	55.1
四　川	8.1	5	0.8	2.6	4.2	3.6	6.5	6.1	6.3	3.2	8	54.4
湖　北	8.4	4.3	0.9	2.5	6.2	4.3	4.6	5.7	5.6	4.2	6.4	53.1
湖　南	7.2	4	1.2	1.9	4.5	7.1	4	4.3	5.2	3.5	7	49.9
江　西	6.3	3	0.4	3.1	4.9	7	6.9	3.4	6.9	3.1	4.1	49.1
黑龙江	6.1	2.6	2.95	1.25	6.6	5.6	3.1	3.5	4.7	3.7	7.3	47.4
重　庆	4.7	3.3	0.65	2.65	6.7	3.8	4.3	3.3	6	4.2	6.8	46.4
青　海	1.1	0.1	0.9	2.15	4.8	6.2	7.5	1.8	7.9	3.5	8.8	45.05
宁　夏	1.5	0.7	0.35	3.45	5.4	7.9	3.4	2	5.5	3.9	8.3	42.4

续表

省份	教育	科技	进口绩效指数	出口绩效指数	城镇化率	恩格尔系数	工业结构	工业资产	三产结构	人均GDP	消费支出	总分
新 疆	3.2	0.9	0.3	3.8	4.2	4.9	3.3	3.6	5	3.7	9.5	42.4
广 西	4.6	2.4	1.35	1.75	4.2	5.8	3.9	3.3	5.3	3	6.2	41.8
甘 肃	3.6	1.2	2.5	1.35	3.6	4.5	3.2	2.8	5	2.4	9.8	39.95
贵 州	3.8	1.4	0.15	4	3.2	7.2	2.9	2.7	4.4	2.2	7.5	39.45
云 南	4.3	1.4	1	2.35	3.7	6	2.7	3.8	4.9	2.5	6.1	38.75
海 南	2	0.5	4	0.65	5.7	3	2	1.5	8	3.5	5.9	36.75
西 藏	0.5	0	0.05	4.6	2	3.2	0.9	0.2	8.5	2.6	3	25.55

资料来源:根据 2013 年《中国统计年鉴》计算整理。

表 4.4　中国经济先发展地区与欠发展地区分布

阶　　段		区　　域(省)
先发展地区		江苏、北京、广东、山东、浙江、上海、辽宁、天津、河南
欠发展地区	中等发展地区	内蒙古、吉林、陕西、河北、安徽、福建、四川、山西、湖北、湖南、江西、黑龙江、重庆、青海、宁夏、新疆、广西
	落后地区	甘肃、贵州、云南、海南、西藏

资料来源:根据表 4.2、表 4.3 数据整理。

　　本章从理论高度深入分析了中国经济不平衡发展是中国现实发展的客观需要,基于 2013 年统计年鉴数据从工业化指标、城镇化指标、对外开放程度、教育科研创新四个维度,从三产结构、工业结构、就业结构经济、城镇化指标、城镇化率、恩格尔系数、出口绩效指数、进口绩效指数、教育辐射力度、创新能力(规模以上工业企业)十个指标对中国经济发展水平进行了实际测算。中国大陆 31 个省(区、市)发展格局呈现橄榄球状:江苏、北京、广东、山东、浙江、上海、辽宁、天津、河南为先发展地区;内蒙古、吉林、陕西、河北、安徽、福建、四川、山西、湖北、湖南、江西、黑龙江、重庆、青海、宁夏、新疆、广西十七省（区、市）为中等发展地区；甘肃、贵州、云南、海南、西藏为落后省份。不同发展阶段经济产业结构调整升级路径不同，而中等发展的十七个省（区、市）的路径突破是中国产业国际竞争力实质性提升的关键。欠发展地区不仅是先发展地区自主创新、实现竞争理论下的技术赶超的纵深产业转移腹地，而且为先发展地区角逐国际市场发挥本地市场效应，实现规模经济和垄断竞争优势提供国内市场保障，但本地市场效应发挥要以该地经济发展作为支撑。这十七个省（区、市）在借鉴改革开放第一季国内外发展经验的基础上，如果能够实现经济产业结构调整升级，中国产业国际竞争力问题就能够突破当前困境完全跨过中等收入陷阱。这十七个省（区、市）在中国经济发展当前起着牵一发而动全身之功效，落后五省份会在十七省（区、市）发展而带来的二十六省（区、市）发展带动下，相应地发展起来。中国产业国际竞争力决胜在中等发展的十七个省（区、市）！

第五章　欠发展地区经济产业竞争力 状况：以河北省为例

经济新常态下,欠发展地区的河北省是先发展地区京津产业升级的回旋腹地,河北省产业发展环境密切关系到整个京津冀地区产业结构的转型升级,对河北省产业经济发展现存问题的探索对京津冀整个区域产业转型升级具有参考和指导作用,在第二季改革开放中具有典型的时代意义。基于此,本章内容是在 2013 年、2014 年对河北省进行调研的基础上而展开的论述(调研时的个别问卷在附录),笔者对河北省产业结构现状、利用外资、企业发展进行了研究论证,分析其经济发展的约束条件,试图探寻突破路径。

第一节　京津冀对比视角下河北省经济 产业结构现状分析

新常态下,2014 年京津冀一体化上升为国家战略,同年 12 月 12 日正式批准设立天津自贸区。天津自贸区是北方唯一的一个自贸区,主要涵盖三个功能区:滨海新区中心商务区、东疆保税港区、天津港保税区,共占地 260 平方公里,天津自贸区是上海自贸区面积的两倍有余。天津自贸区面向东北亚,主要着眼于京津冀协同发展、制造业升级,促进中国环渤海经济带产业结构调整。京津冀一体化进程虽然突破了理论层面,包括首钢搬迁到曹妃甸、北京现代在黄骅港建厂等,但并没有取得实质性的进展,也出现了一系列亟待解决的问题,如区域间产业竞争大于合作、区域利益划分明显、区域环境污染严重等。目前,北京面临最主要的问题是首都非核心功能疏解问题,天津面临最主要的问题是高端制造业的发展问题,而河北面临最主要的问题则是产业结构不合理、产能过剩问题。2015年4月召开的中共中央政治局会议,将北京定位成政治中心、文化中心、国际交往中心、科技创新中心;将天津定位成全国先进制造研发基地、国际航运核心区、金融创新示范区、改革开放先行区。但河北的定位基本上是围绕产业转型升级、商贸物流、环保和生态涵养以及科技成果转化等方面。

在国内外背景下,河北省作为京津冀区域的重要组成部分,在调结构过程中如何借助于"一带一路"和"京津冀一体化"战略,成为必须考虑的问题,本节在京津冀协同发展背景下对河北省产业结构进行分析。

一、产业结构有待优化,经济增长动力不足

河北省三次产业占比如图5.1所示,一、二、三产业比值从1988年的23.1∶46.1∶30.78调整为2014年的11.7∶51.1∶37.2,河北省产业结构的发展趋势20年以来比较稳定。第一产业比重有所降低,第三产业比重有所上升,第二产业一直保持较高占比;但是同全国的产业结构相比,第一、第三产业比重相对较小,第二产业比重较大,河北省这种产业结构与产业结构高度化的"三二一"型结构还存在一定的差距。

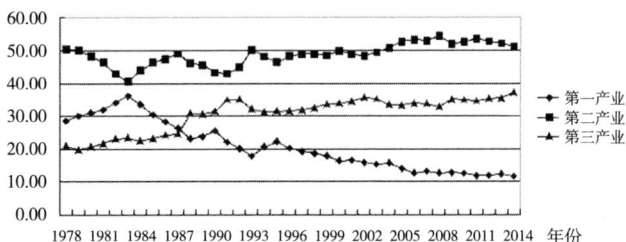

图 5.1　1995—2014 年河北省三产产业占比

数据来源:《2014 年河北省统计年鉴》、河北省国民经济和社会发展公报。

　　此外,从三次产业对生产总值增长的拉动①情况看(如图 5.2),整体上来说,第二产业对经济拉动作用最显著,其次是第三产业;同时可以看到第二产业对经济增长的拉动率不稳定,近年来呈现下降趋势。2014 年第二产业对生产总值增长的拉动仅为 3.32%,较 2010 年下降 4.0%,甚至低于美国金融危机时期的 5.7%。可见河北省的经济增长缺乏持续性动力,以传统的第二产业为主的经济增长结构不能适应新常态,产业结构亟须调整优化,不仅要调整产业间的结构,还需调整产业内部结构。

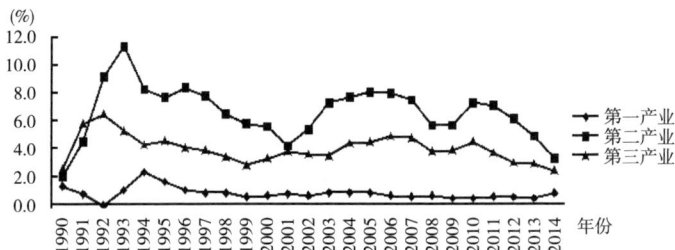

图 5.2　三次产业对生产总值增长的拉动

数据来源:《2014 年河北省统计年鉴》、河北省 2014 年国民经济和社会发展公告。

---

①　三次产业拉动指 GDP 增长速度与各产业贡献率之乘积。

116

二、与天津产业结构相似,区域合作大于竞争

产业趋同是指在同一区域内的产业结构变化过程中不断出现或增强的区域间结构的高度相似趋势,短期内能使地区快速发展,但这种产业结构相似性的增强使得资源配置效率低,区域内竞争激烈,各自追求自身利益从而影响合作,严重阻碍着经济健康发展。产业结构趋同从动态的角度看,是指各地区产业结构的相似性程度呈现出不断提高的趋势。本节用结构相似性系数这一指标,来测量京津冀三地的产业结构的差异,着重关注河北省。结构相似性系数越接近于1,两地区的产业结构越趋同。

表5.1　京津冀区域省市间产业结构相似系数

省份	北京	天津	河北
北京	1.0000		
天津	0.8682	1.0000	
河北	0.7700	0.9747	1.0000

数据来源:根据河北省、天津市、北京市2014年国民经济和社会发展公报整理。

京津冀区域省市间产业结构相似性系数如表5.1所示,可以看出河北和天津的相似性系数的数值最高,说明京津冀区域内,河北和天津的产业结构相似问题最突出,存在趋同性。在工业方面,天津和河北的重工业比重都比较高,在黑色金属冶炼及压延业、石油加工炼焦及核燃料加工业、化学原料及化学制品制造业方面具有高度相似;在港口建设方面,天津港、秦皇岛港和曹妃甸港的密集程度极高,集装箱业务、煤炭业务竞争过大,造成巨大的经济资源浪费和盲目投资;在承接北京非首都功能疏解方面也存在竞争,比如争抢北京大红门批发市场、动物园批发市场客户等。

但是,产业结构相似系数只对整体产业结构状况进行了描述,并未解释具体行业的相似性情况,这种相似是具有负面影响的重复建设还是具有积极意义的产业集聚现在还无法验证。下面在京津冀区域内选取几个工业部门,用区位商来计算京津冀三地在各工业部门之间的专业化程度。

三、专业化部门多为传统资源型部门,战略性新兴产业优势不突出

区位商也称为专业化率,是衡量地区专业化的重要指标。区位商大于1,表明该部门的产品除了区内消费外,还可以向外输出,属于专业化部门,区位商数值越高,说明在既定区域内该部门的专业化程度越高。我们可以通过区位商来分析在京津冀区域内河北省工业部门的专业化程度。本次测算以京津冀区域作为整体,通过计算来分析河北省哪些工业部门在京津冀区域内的专业化程度较高。

测算结构如表5.2所示,可以看到京津冀区域内河北省区位商大于1的部门有15个,其中有12个部门区位商高于京津两地,包括皮革业、纺织业、黑色金属炼制及压延加工业、农副产品加工业、化学制品制造业等。但四大传统产业中的医药制造业的区位商在京津冀区域内却是最低,北京最高;属于装备制造业的几个部门的区位商也不具有优势,和天津悬殊较大;废弃资源综合利用业的区位商仅为0.5,而天津高达2.44,可见河北省的资源再利用情况不容乐观;属于信息产业的计算机、通信和其他电子设备制造业的区位商最低,河北仅为0.14,天津为1.83,北京为2.03。

表5.2　京津冀三地工业区位商

工 业 部 门	区 位 商		
	河北	天津	北京
皮革、毛皮、羽毛及其制品和制鞋业	1.84	0.15	0.05
纺织业	1.81	0.18	0.10
黑色金属矿采选业	1.77	0.13	0.29
木材加工和木、竹、藤、棕、草制品业	1.74	0.19	0.26
非金属矿采选业	1.73	0.32	0.09
黑色金属冶炼和压延加工业	1.44	0.86	0.05
非金属矿物制品业	1.37	0.40	0.93
橡胶和塑料制品业	1.29	0.92	0.33
造纸和纸制品业	1.28	0.90	0.42
农副食品加工业	1.23	0.85	0.60
金属制品业	1.22	1.01	0.40
化学原料和化学制品制造业	1.15	1.09	0.45
印刷和记录媒介复制业	1.15	0.55	1.29
家具制造业	1.08	0.81	1.09
酒、饮料和精制茶制造业	1.05	0.73	1.27
电气机械和器材制造业	0.99	0.98	1.07
石油加工、炼焦和核燃料加工业	0.97	1.10	0.93
纺织服装、服饰业	0.91	1.23	0.89
通用设备制造业	0.89	1.20	0.98
专用设备制造业	0.82	1.30	1.03
医药制造业	0.77	0.91	1.75
电力、热力生产和供应业	0.76	0.35	2.64
文教、工美、体育和娱乐用品制造业	0.75	1.67	0.65
有色金属冶炼和压延加工业	0.75	1.94	0.23

续表

工 业 部 门	区 位 商		
	河北	天津	北京
煤炭开采和洗选业	0.74	1.43	1.04
金属制品、机械和设备修理业	0.73	0.57	2.36
食品制造业	0.73	1.73	0.61
水的生产和供应业	0.59	1.16	1.85
铁路、船舶、航空航天和其他运输设备制造业	0.58	1.79	0.92
燃气生产和供应业	0.51	0.72	2.73
汽车制造业	0.51	0.91	2.46
废弃资源综合利用业	0.50	2.44	0.14
仪器仪表制造业	0.42	0.54	3.26
其他制造业	0.35	1.36	2.20
计算机、通信和其他电子设备制造业	0.14	1.83	2.03

数据来源:根据 2014 年河北、天津、北京统计年鉴整理。

战略性新兴产业包括:节能环保产业、信息产业、高端装备制造业、新能源、新材料、生物产业、新能源汽车。如图 5.3 所示,就河北省而言,在规模以上工业中,几个主要工业的增加值的增长率都为正,说明传统产业和新兴产业的发展都呈现上升的态势;其中电子信息产业、高端装备制造业、新能源产业的增长率明显高于其他工业,说明了河北省正在推进战略性新兴产业的发展;但是尽管连续多年持续增长,可战略性新兴产业的规模还是偏低,未形成对工业发展的重要支撑,2014 年河北省规模以上高新技术产业增加值占工业的比重仅为 13.1%,低于沿海其他省份,山东、浙江、辽宁、上海都在 20%以上。

(%)

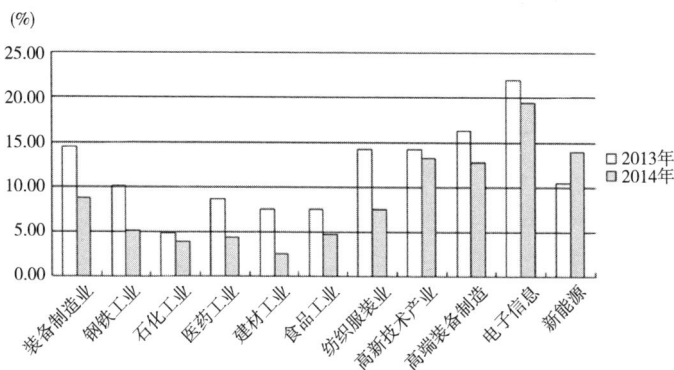

图5.3 河北省主要规模以上工业增长率

数据来源:根据 2013 年、2014 年国民经济和社会发展公报整理。

四、生产性服务业发展缓慢,与第二产业耦合度不高

从服务业来看,增加值占全省 GDP 的比重一直在 35% 左右,2014 年占比上升至 37.2%,低于全国平均水平 11.2 个百分点。2014 年河北省第三产业增加值 10953.5 亿元,增长 9.7%,发展势头迅猛,但结构层次较低,且规模很分散。2014 年第三产业就业人数增幅最大的三个行业是信息传输、软件和信息技术服务业,房地产业,租赁和商务服务业,这都属于生产性服务业,增速较快,但所占规模仍较小。从第三产业各行业人员占比情况可以看出(见表5.3),传统服务业所占比重较大,以生活类商贸、餐饮住宿、交通运输为主;而金融、文化产业、信息技术服务业、科学研究和技术服务业、商务服务业等生产性服务业的从业人员占比较小,说明生产性服务业发展较迟缓。与第二产业相比,第三产业的占比还是偏低;加上传统服务业占主导地位,生产性服务业尚未形成规模,尤其是高端生产性服务业发展较慢,直接影响了战略性新兴产业

和高新技术产业的快速崛起。说明第三产业和第二产业的耦合度不高,要加快推进服务业,尤其是生产性服务业的发展。

表5.3　2013年河北省第三产业各行业从业人员占比

（单位:%）

批发和零售业	8.69
交通运输、仓储和邮政业	4.62
住宿和餐饮业	4.27
信息传输、软件和信息技术服务业	0.62
金融业	0.76
房地产业	0.43
租赁和商务服务业	1.12
科学研究和技术服务业	0.39
水利、环境和公共设施管理业	0.48
居民服务、修理和其他服务业	3.35
教育	3.00
卫生和社会工作	1.40
文化、体育和娱乐业	0.46
公共管理、社会保障和社会组织	2.47

数据来源:根据《2014年河北省统计年鉴》整理。

导致这一现象的原因主要有:第一,相关人才、现代服务业模式欠缺;第二,在服务业与京津有着天生的差距,又缺乏有效沟通,京津的集聚、虹吸效应大于扩散效应;第三,相关的法律政策体系不完善,市场机制不健全,现代服务业缺乏规范的指导。

"十三五"是河北省产业升级的攸关期,虽然当前国家发展战略上大力推进中国企业"走出去",但是从世界范围看国际直接投资流量,发达国家间的相互投资仍占主导地位,利用高端外资依然是每一个经济体的重要战略之一。企业突破内部资源修补木桶短板,用自己的长板与其他企业的长板媾和,对接成更大的"新木桶",完成新战略目标。优势互补增加各方利益达到帕累托最优资源配置。京津冀协同发展,为河北省这个欠发展水平的东部省份的产业结构升级进一步提升了区位优势。河北省雄厚的产业基础,生产要素上的后发优势,以及河北省在全球经济"新常态"下引进国内外高端直接投资,对促进河北省产业调整升级还具有很大发展空间。

通过对河北省 2008—2014 年利用外资的现状分析,发现河北省利用外资主要集中在第二产业,而且主要投向劳动密集型制造业;第三产业外商直接投资所占比重虽有很大提升,但绝对值仍然较低,特别是房地产业投资占了绝大部分。总之,外商直接投资主要流向了经济效益高,见效快的产业部门,缺乏长远战略性投资,更缺乏高新技术性投资和具有先进管理特点的软技术性投资。从河北省利用外资的来源发布中可以发现,外资更多地是看中了河北省的自然禀赋优势,而经济社会发展能力较低导了河北省在高新技术产业上引资的乏力。

笔者从现有文献研究中发现,利用外资促进经济发展的观点性论证占据了绝对优势,还有大量对各省利用外资促进经济发展的文献。但是对引进高端外商直接投资的路径研究非常缺乏,对河北省引进高端外商直接投资的可操作性路径研究更是匮乏。

河北省借鉴东南沿海省份及国外招商引资发展经济的经验,在云信息时代,在全球价值链范畴下正确分析河北省产业的国际地位、产业升降指数,挖掘引进高端外商直接投资的制约因素,破解超越传统的代工和低端引进外资的低端嵌入路径,把河北省企业纳入到社会网络中,"政产研行用"多维协同引进优质外资,嵌入全球生产经营网络的高端。企业嵌入社会、全球生产双重网络在交互过程中突破自身耗散结构、激发新思想,增强研发、全球管理组织能力、企业家精神等软技术,河北省自身创新能力、开拓国际市场的能力得到实质性改变,成就了河北省地域国际品牌,其中产业转型升级是本章的研究重点及意义所在。

第二节 河北省利用外资承接产业 转移现状及问题研究

外商投资企业主要集中在中国东部沿海地区,投资内容偏重于低技术含量、低附加值的劳动密集型的高污染行业。在国内外环境大变化的情况下,中国利用外商直接投资也出现了新的发展趋势。中国东部沿海先发展地区越来越注重环境保护,转变生产方式,发展技术密集型高附加值产业,产业布局倾向于第三产业。在长三角、珠三角地区的很多地方,在土地、电力紧张的情况下,在2007 年中国新修订的《外商投资指导目录》中鼓励、限制外资项目的指导下,东南沿海先发展地区吸引外资的门槛开始抬升,由招商引资变为招商选资。一些效益不佳或污染环境的企业已经开始搬迁撤出中国,一些劳动密集型生产企业开始内移,先发展地区存量土地被用来吸引高技术含量的外企,出现了“腾笼换鸟”效应。

欠发展地区由于研发资源禀赋相对匮乏,缺乏具有自主知识产权的核心技术,还不具备“技术赶超”条件,经济发展的核心重点还在于要素结构升级,所以充分发挥后发优势,承接先进产业转移,实现“蛙跳”式经济增长,进而实现产业结构升级提高竞争力,是目前欠发展地区依然要走的路径,要素结构升级最终必然引致技术结构升级,当前中国先发展地区“技术赶超型”发展模式已经在路上。中西部落后地区应抓住机遇,充分发挥后发优势,借鉴东南沿海省份及国外招商引资产业结构调整、国际竞争力提升的路径及经验,承接好国际、国内产业转移,调整结构,抢占市场。采取正确引导外商投资的措施,鼓励外资进入欠发展地区的优势行业的同时,从国际直接投资理论和现实国情、省情出发,寻找欠发展省份引进外商直接投资的制约因素与突破路径,努力实现超越传统的代工和低端引进外资的路径,在引资过程中模仿、消化高新技术,提高自身创新能力和开拓国际市场的能力促使中国经济发展区域的分布更加合理。"社会能力"学说认为,欠发展地区具有良好的基础设施与技术存活条件才能充分发挥承接产业转移的后发优势,本节在对中西部欠发展地区利用外商直接投资总体认识基础上,着重对河北省利用外商直接投资进行深入调研,为河北省产业结构调整、国际竞争力提升寻找发展空间。

一、中西部接受外商直接投资的现状

(一)中西部接受外商直接投资的金额及其发展趋势

1. 中西部接受外商直接投资的金额

金融危机发生后,中国接受外商直接投资(Foreign Direct Investment,简称 FDI)的状况有所改变。从外商投资的区域结构看,东部地区依然是外商投资的重点区域,但所占比重有所下降,中、西部地区吸收外资金额增长迅速,外商投资的区域结构有所改善。

2007 年,中国东、中、西部接受 FDI 的金额分别为 656.4 亿、54.5 亿、36.8 亿美元;2008 年,中国东、中、西部地区吸收外资分别为 942.4 亿、74.4 亿和 66.2 亿美元。2009 年各区域分别为 852 亿、53.4 亿、71.09 亿美元。2010 年,东、中、西部接受外资的金额分别为 898.5 亿、68.6 亿、90.2 亿美元。2011 年东、中、西部分别为 966.04 亿、78.36 亿、115.71 亿美元(见表 5.4、图 5.4)。后危机时代,中国中西部地区在吸引外商直接投资方面呈现出良好的态势。

表5.4 2007—2011年中国东、中、西部实际利用外资的数量

（单位：亿美元）

数量 年份	东部	中部	西部
2007	656.4	54.5	36.8
2008	942.4	74.4	66.2
2009	852	53.4	71.09
2010	898.5	68.6	90.2
2011	966.04	78.36	115.71

资料来源：《中国外商投资报告》。

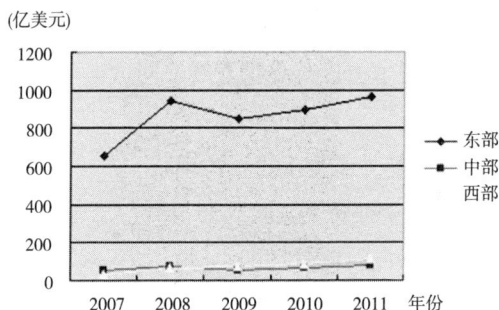

图5.4 2007—2011年中国东、中、西部实际利用外资的数量
资料来源：《中国外商投资报告》。

2. 中西部接受FDI的增速

2008年，中国东、中、西部地区吸收外资分别增长了43.57%、36.4%和79.8%；2009年各区域增速分别为-0.96%、-28.26%、25.7%，实现了7.41%的正增长。2010年，东、中、西部接受外资的增速分别为16.7%、16.4%、22.3%，中部地区和西部地区FDI增速分别高于总体增速11.2个百分点和9.5个百分点，占比均较2009年提高0.6个百分点。2011年分别为7.51%、14.26%、28.24%（见表5.5）。整个"十一五"期间，中部和西部吸收外商投资占比

从 11.2% 提高到 15%。从整体而言,中西部接受外商直接投资的
数量在不断地增长,并且增速已经超过了东部地区(见图 5.5)。

表 5.5　2008—2011 年中国东、中、西部实际接受 FDI 的增速

（单位:%）

年份 \ 地区	东部	中部	西部
2008	43.57	36.4	79.8
2009	-0.96	-28.26	25.7
2010	16.7	16.4	22.3
2011	7.51	14.26	28.24

资料来源:《中国外商投资报告》。

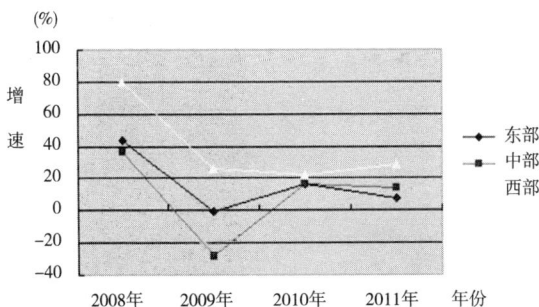

图 5.5　2008—2011 年中国东、中、西部实际接收 FDI 的增速

资料来源:《中国外商投资报告》。

3. 中西部接受 FDI 的比重

后危机时代,外商投资区位转移态势已经确立,中、西部地区
吸收外商投资大幅度增长,增速显著高于东部沿海地区。由图 5.6
可知,2008—2011 年,东部地区仍是接受外资的主体,中西部接受
外资的比重仍较小。但这种趋势在改变,中西部地区所占比重在
不断增大。

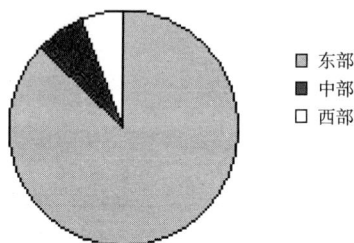

图 5.6　2008—2011 年东、中、西部实际接受 FDI 的比重

资料来源:《中国外商投资报告》。

(二)FDI 在中西部的区域分布

具体到全国各省市,FDI 分布也是极不均衡的。如图 5.7 所示,2010 年,各地实际利用 FDI 数量及在全国所占的比重虽仍集中在东部各省市,但是中部地区的四川与重庆已经进入排名的前十。其他中西部各省份利用外资的数量也有所增长。但是由图 5.7 亦可看出中西部部分省份接受外资的数量仍较少,这种两极分化的态势相当明显。

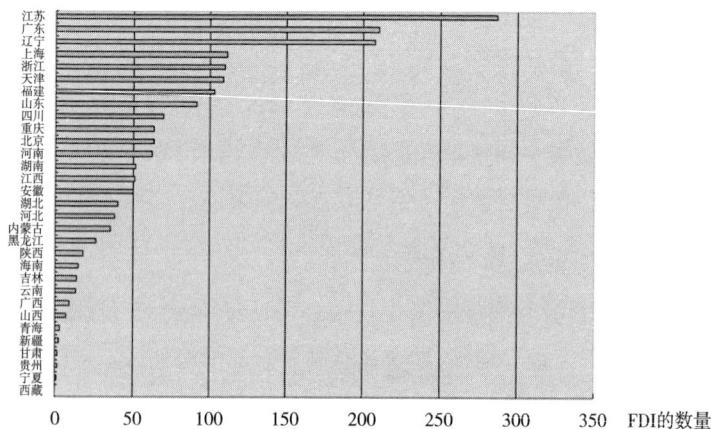

图 5.7　2010 年各省份接受外资的数量

资料来源:《中国统计年鉴》。

由图 5.7 可知,中西部地区外资与东部地区一样均出现集聚效应。中部地区,主要集中在湖北、湖南、江西、河南;在西部地区,主要集中在重庆、四川、内蒙古、陕西。

(三)中西部地区接受 FDI 的主要来源地

金融危机后,世界各国受危机的影响,对外投资均有所减少,但亚洲地区仍是我国最大的外商直接投资来源地。新兴市场国家成为我国吸引外商直接投资的主要竞争者。欧洲地区由于深陷主权债务危机泥潭,不仅影响了其自身经济的发展,而且制约了其企业对中国的直接投资能力。2010 年中西部地区外商来源前十位国家和地区中,中国香港、新加坡、维尔京群岛、美国均在前五名之列,仅排名有所不同。并且中国香港对中西部地区的投资额比重最大。但是,亦可以看出,中西部外资主要来源是一样的,但是其中也有些不同,中国台湾、中国澳门、韩国在中部地区的投资地位要高于西部(表 5.6)。

表 5.6　2010 年投资中西部地区前十位国家(地区)

(单位:万美元)

中　部		西　部	
中国香港	1452394	中国香港	687814
中国台湾	184950	新加坡	551433
美国	115822	美国	24992
维尔京群岛	109382	维尔京群岛	19606
新加坡	73732	日本	19178
日本	50872	开曼群岛	10908
中国澳门	47959	法国	7028
英国	27674	英国	3656

中　　部		西　　部	
韩国	25220	中国台湾	2906
加拿大	19563	澳大利亚	948

资料来源:根据各地方统计年鉴整理。

　　分组讨论,将表5.6中的地区分别归入亚洲组以及欧美组,可以得出:亚洲地区在中西部的投资量要远远大于欧美地区的投资(见图5.8)。据前人研究而得,欧美地区对中国的直接投资是根据中国的市场而来的,其对劳动力的素质要求会不同。而亚洲国家直接投资的主要动机在于想把中国大陆变为其产品销往第三国或返销国内的"加工基地"和"生产车间",具有明显的外向型特征,即其产品以远销中国以外的市场为主,所以劳动力工资在区位选择中权重较大。

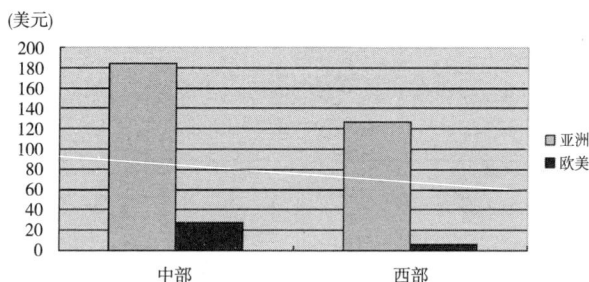

图 5.8　2010 年中西部地区接受 FDI 分组统计

资料来源:根据各地方统计年鉴整理。

　　(四)中西部接受 FDI 的产业分布

　　从统计数据可得:中国中西部地区接受外商直接投资的行业主要集中在制造业和房地产业等少数行业。中部地区在制造业方面吸收的 FDI 数量比较大,而西部地区则在房地产业相对较多。

从交通运输、仓储和邮政业;信息传输、计算机服务和软件业;金融业;租赁和商务服务业;水利、环境和公共设施管理业等行业来看,中国中西部地区吸收的 FDI 数量则较少,但与东部地区相比并没有很大的差别。在农、林、牧、渔业(第一产业);采矿业;科学研究、技术服务和地质勘查业;教育等行业,中西部地区的发展更依赖第一产业,因为中国传统的经济发展模式亦是如此。但中西部地区也有着优势(科学研究、技术服务和地质勘查业;教育等行业),如能充分利用好自身优势,找到适合自身发展的道路,则可以得到很好地发展。与以上行业不同的是,中西部地区在电力、燃气及水的生产和供应业;居民服务和其他服务业有着优势。因为中西部地区在这些行业方面的资源比较丰富。由此可以看出,中国中西部地区的产业分布并不合理,因此中国中西部地区应该采取措施,要将引资与地区产业升级相结合,促进中国中西部地区产业结构的优化。

表5.7　2010年中西部接受外资的行业统计

(单位:万美元)

行　　　业	中　部	西　部
农、林、牧、渔业	94376	25890
采矿业	39398	285062
制造业	1392648	307203
电力、燃气及水的生产和供应业	246542	112369
建筑业	21103	1288
交通运输、仓储和邮政业	19863	11264
信息传输、计算机服务和软件业	15203	18129
批发和零售业	46077	37609
住宿和餐饮业	30201	15972

续表

行　　业	中　部	西　部
金融业	20911	164838
房地产业	265371	321602
租赁和商务服务业	93463	36562
科学研究、技术服务和地质勘查业	46157	4722
水利、环境和公共设施管理业	53306	5580
居民服务和其他服务业	7695	18001
教育	2717	10
卫生、社会保障和社会福利业	546	666
文化、体育和娱乐业	4308	4022

资料来源:根据各地区统计年鉴整理。

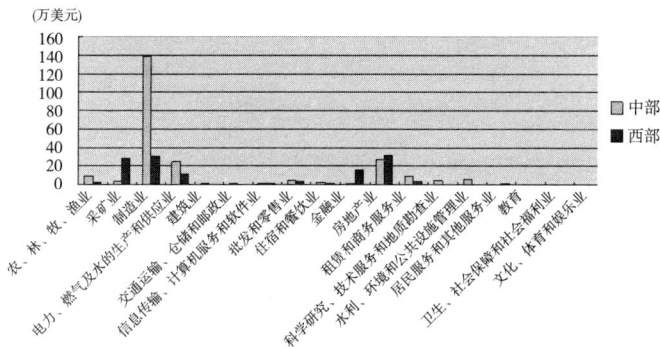

图 5.9　中西部地区接受外商直接投资的行业统计

资料来源:根据各地区统计年鉴整理。

二、河北省接受外商直接投资现状

河北省作为一个中部发展水平的沿海省份,金融危机前后在接受外商直接投资过程中深深地烙上世界经济与国内经济结构大调整大变革的烙印。

(一)利用外商直接投资规模增长迅速,且曾出现合同外资与实际利用外资额倒挂现象

据河北省统计局公布的数据,如图 5.10 所示,1990 年以前全省实际外商直接投资累计 4.3 亿美元,仅占实际利用外资累计的 1.5%。"八五"期间,外商直接投资进入快速增长期,年均增长 89.5%,其间实际外商直接投资累计 27.8 亿美元,占实际利用外资累计的 9.5%。其中,1991 年实际外商直接投资首次超过 1 亿美元,1995 年突破 10 亿美元。"九五"期间,实际外商直接投资累计 91.7 亿美元,年均增长 5.1%,占实际利用外资累计的 31.4%。其中,1997 年突破 20 亿美元,并延续了此前的快速增长态势。亚洲金融危机爆发后,外商直接投资进入低谷期,但曾一度出现实际外商直接投资额超过合同金额的现象。在"十五"期间,实际利用外资累计 78.0 亿美元,年均增长 10.3%,占实际利用外资累计的 26.7%。其中,2006 年利用外资规模重上 25 亿美元,并超过了金融危机前的水平。自"十一五"时期以来,利用外资在高平台上不断实现突破。

金融危机以来,河北省利用外商直接投资额明显高于全国平均水平,并再度出现实际利用外资额与合同金额倒挂现象。2007—2010 年实际利用外资累计 100.8 亿美元,年均增长 17.8%,占实际利用外资累计的 37.9%。其中,2007 年首次超过 30 亿美元。2009 年实际利用外资 36.9 亿美元,同比增长 1.6%。其中,直接利用外资 36 亿美元,同比增长 5.3%,增幅高于全国 7.9 个百分点,好于全国同比下降 2.56% 的平均水平。2010 年实际利用外资更是达到 45.2 亿美元,非金融领域新批外商直接投资企业 27406 家,比上年增长 16.9%;实际使用外商直接投资金额 1057 亿美元,比上年增长 17.4%。据河北省统计局最新统计显

示,2011 年前三季度河北省新批合同外资 1000 万美元以上项目 44 个,比上年同期增加 6 个,合同外资金额 25.5 亿美元,同比增长 62%。

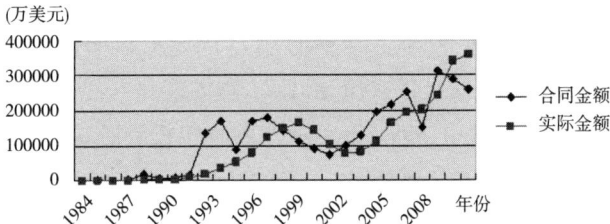

图 5.10 河北省利用外商直接投资走势图

资料来源:《河北省统计年鉴》。

(二)利用外商直接投资来源分布较广,但港资规模独大

河北省外商直接投资来源分布遍及亚洲、欧洲、美洲和大洋洲,但近几年占比重最大和增长最快的还是港资。2008 年,亚洲投资 19.1 亿美元,欧洲投资 2 亿美元,拉丁美洲投资 9.4 亿美元,大洋洲投资 2.3 亿美元,占外商直接投资的比重均较上年有所上升,分别达 55.8%、5.8%、27.5%、6.7%。外商直接投资前十位的国家和地区为:中国香港(133647 万美元)、英属维尔京群岛(49525 万美元)、开曼群岛(43656 万美元)、日本(17654 万美元)、新加坡(17473 万美元)、美国(11929 万美元)、韩国(7597 万美元)、澳大利亚(7190 万美元)、德国(7111 万美元)、英国(5498万美元),前十位国家和地区投资占全省外商直接投资的 88.1%,其中港资占全省外商直接投资的 39.1%。2011 年,外商投资中港资进一步凸显出来。2011 年前三季度,河北省来自中国香港的外商直接投资 19.7 亿美元,同比增长 62.4%,高于全省外商直接投资增速 27.6 个百分点,占河北省外商直接投资的比重为 60.9%,

同比提高 10.4 个百分点。从合同外资情况看,前三季度河北省新批合同外资 1000 万美元以上项目 44 个,比上年同期增加 6 个,合同外资额 25.5 亿美元,同比增长 62%,高于全省合同外资增速 8.1 个百分点。其中,来自中国香港的合同外资为 19.0 亿美元,同比增长 91.9%,大大高于全省合同外资增速,占全省合同外资的 65.4%(如图 5.11)。

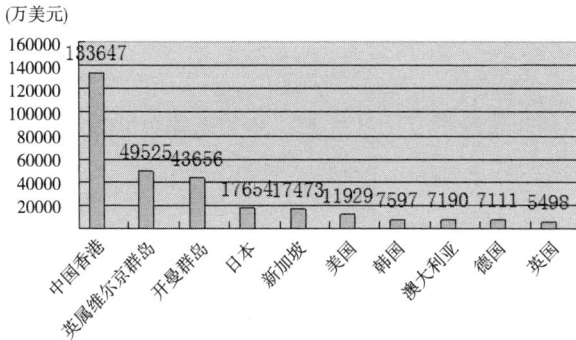

(万美元)

图 5.11 2008 年河北省外商直接投资来源分布情况

资料来源:《河北省统计年鉴》。

世界经济大鳄的投资区域集中度往往是衡量这一地区引资环境的一个重要指标。从投资来源看,河北省外商投资项目的质量和水平也在不断提高,投资的大公司和 1000 万美元以上的大项目不断增多。从 1992 年第一家世界 500 强企业来河北省投资以来,日本的三井、韩国的现代、德国的西门子、美国的爱依斯和花旗、中国台湾的富士康等世界 500 强跨国公司相继在河北省投资,其他世界知名的跨国公司也踊跃投资河北,如日本的伊藤忠、日商岩井、日棉、丰田、松下、丸红、三井物产,美国的雷诺、通用、爱依斯、GBI、安特吉,德国的赫斯特,英荷联合利华等。

2008 年,世界 500 强在河北省投资 3. 3 亿美元,同比增长 6 倍;
新批准世界 500 强投资项目合同外资 1. 8 亿美元,同比增长 4
倍。中国台湾富士康投资的富士康精密电子(廊坊)、富士康
(秦皇岛)科技、鸿富锦精密工业、宏启胜精密电 4 家企业到位外
资 1. 5 亿美元;中国香港嘉里集团投资的运丰、运利、运亿置业
到位外资 1. 2 亿美元;日本住友投资的住友建机、住友重机械到
位外资 4855 万美元。

(三)外商直接投资产业分布仍不平衡,但第三产业利用外资
比重大幅提高

2009 年批准外商合同外资额产业和具体行业分布如图 5.12、
表 5.8 所示。

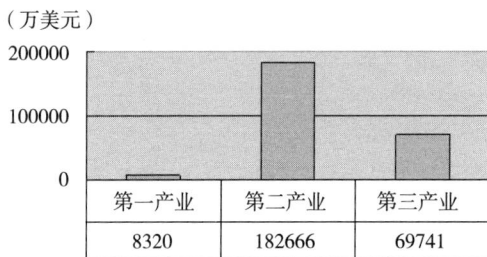

(万美元)

	第一产业	第二产业	第三产业
	8320	182666	69741

图 5.12　2009 年河北省批准外商合同外资额产业分布情况

资料来源:《河北省统计年鉴》。

表 5.8　2009 年河北省批准外商直接投资行业分类表

国民经济行业	外商直接投资(万美元)
农、林、牧、渔业	8320
采矿业	7847
制造业	149883
电力、燃气及水的生产和供应业	23019

续表

国民经济行业	外商直接投资（万美元）
建筑业	1917
交通运输、仓储和邮政业	21953
信息传输、计算机服务和软件业	326
批发和零售业	6811
住宿和餐饮业	10566
金融业	495
房地产业	12329
租赁和商务服务业	1156
科学研究、技术服务和地质勘探业	2027
水利、环境和公共设施管理业	4792
居民服务和其他服务业	20
教育	0
卫生、社会保障和社会福利业	0
文化、体育和娱乐业	9266

资料来源:《河北省统计年鉴》。

2010 年,外商直接投资第一、二、三产业分布比例为 1.9：74.2：23.9,第二产业比重比 2005 年降低 9.3 个百分点,服务业比重提高 9.9 个百分点。"十一五"期间全省新批服务业外资项目 343 个,合同外资额累计达到 33.9 亿美元,外商直接投资累计为 21.4 亿美元。合同外资额由 2005 年的 5.4 亿美元,增加到 2010 年的 11.0 亿美元,年均增长 15.3%;外商直接投资由 2005 年的 2.7 亿美元,增加到 2010 年的 9.2 亿美元,年均增长 27.9%。

服务业外商直接投资之所以至此达到历史最大规模,主要是服务业合同外资项目平均规模不断扩大,由 2005 年的 613.0 万美元,增加到 2010 年的 1428.2 万美元,净增 815.2 万美元。

在服务业外商直接投资大幅提高的同时,第二产业仍然保持了外资投向的主导地位,其中又以制造业为主。"十一五"时期第二产业占全部外商直接投资的比重年平均为 85.2%,比"十五"时期提高 1.7 个百分点。其中制造业占外商直接投资的比重五年平均达 77.7%,比"十五"时期提高 1 个百分点。此外,第二产业中的建筑业也是外商直接投资青睐的重要领域。"十一五"期间全省建筑行业利用外资累计约 13.83 亿美元,其中城市基础设施建设约 2.3 亿美元,房地产开发约 11.53 亿美元。特别是房地产开发领域成为"十一五"期间外资进入的热点:2006 年外商直接投资 0.51 亿美元;2007 年外商直接投资 2.59 亿美元;2008 年外商直接投资 2.01 亿美元;2009 年外商直接投资 1.42 亿美元;2010 年前三季度为 4.46 亿美元。

(四)地区间引资规模不平衡,经济较发达地区仍是外资青睐的重点,但不平衡程度有所缩小

与全国一样,河北省利用外资地区间发展不平衡的特点也较为突出。2008 年环京津 7 市到位外资 25.1 亿美元,占全省利用外资额的 69.1%。冀中南地区 6 市到位外资 17.9 亿美元,占全省利用外资额的 49.3%。冀东经济区 3 市到位外资 13.2 亿美元,占全省利用外资额的 36.5%。其中,唐山到位外资 86304 万美元,规模居全省第一,同比增长 29.4%;承德到位外资 5986 万美元,同比增长 209.6%,增幅居全省第一。这标志着省内发达地区与不发达地区利用外商直接投资不平衡的程度有所缩小,但是从投资的去向看,唐山、石家庄、秦皇岛、邯郸、保定、廊坊等区位优势明显、资源

丰富、经济较发达的地区仍是外资青睐的重点。

三、对河北省利用外商直接投资情势的分析与思考

(一)利用外资规模增长趋势与投资环境

河北省作为沿海省份,金融危机之前在招商引资上一直都处于中部水平,占全国实际利用外资的2%左右,经济发展水平在沿海省份中也仅高于广西、海南。2008年,利用外资规模增长明显提速,全省实际利用外资36.3亿美元,同比增长20.8%,占全国的比重达到3.7%,为历年最高。其中,外商直接投资34.2亿美元,同比增长41.5%,高于全国平均增幅17.9个百分点。这一点佐证了外商在国际经济变化和国内经济结构调整情况下,对中国的投资逐步由发达地区向中西部地区转移的发展趋势。但是,从2008年、2009年出现合同外资与实际利用外资倒挂且实际使用外资额较多超过合同外资额的情况看,这意味着今后河北省在利用外资上将面临后劲不足、存量合同减少的局面。面对河北省承接国际、国内产业转移的需要和存量外资合同减少这一现象,我们不得不考虑河北省除了由于发展水平低于东南沿海及长江流域而导致在人力资本方面的劣势外,其他软性经济环境方面的不足,如,产业结构、产业集聚对外资进入的媾和度,市场发育水平、开放水平及外向度,劳动者的素质和工作效率,交易成本、交通便利程度及生产服务水平,行政效率及利用外商直接投资的相关政策等,河北省都需要进一步改善。

(二)外资来源分布与利用外资的质量

从前面对外商对外投资意图与策略的理论分析及中国台湾、韩国、日本利用外资经验的介绍中,我们可以看出世界产业转移与外商对外直接投资的动因关系。美国的垄断优势理论、产品生命周期理论与日本小岛清的边际产业扩张理论很好地折射了美国、

日本等对外投资现实,由此可以显见各国对外投资的不同特点:一般美国和欧洲国家对外直接投资技术含量水平高,都是大型跨国公司,但倾向于独资;而亚洲比较发达的日本对后发展国家的投资更多地是面向中小企业,投资产业倾向于本国即将淘汰的劳动、资本密集型产业,技术含量和管理水平都较低;中国台湾来大陆的投资则更多地是承接国际品牌商订单后到大陆加工。

河北省利用外商直接投资主要来源于亚洲,在金融危机之前来源于亚洲的投资开始有所下降,2006 年占 63.5%,2007 年占 56.8%,2008 年占 55.8%。2008 年欧洲投资 2 亿美元,拉丁美洲投资 9.4 亿美元,大洋洲投资 2.3 亿美元,占外商在河北省直接投资的比重均较上年都有所上升,分别达 5.9%、27.5%、6.6%。2011 年前三季度新签订的外资合同中亚洲投资尤其是中国香港投资又凸显出来。

从外资来源发布中我们可以发现,外资更多的是看中了河北省的自然禀赋优势。经济社会发展能力较低导致了河北省在高新技术产业引资上的乏力。这导致河北省与发达地区引资的势能差和利用外资的层次质量差是显在的。引资优势的发挥直接取决于经济社会发展能力,这直接涉及河北省的产业结构调整与长远发展战略。如果河北省在引资过程中对此不引起足够的重视和采取相应的政策措施,特别是一味引资,在引资初始缺乏对如何逐步提高自己核心竞争力问题的考虑,就可能在发展路径上步东南沿海中小加工企业纷纷倒闭破产之后辙,达不到通过引资增强创新能力和国际市场开拓能力及培育发展自主品牌的初衷。

如果从河北省对外直接投资的去向分布反观利用外商直接投资质量,还可发现其中可能潜藏着更为严重的问题。按 2009 年对外投资流量计,中国香港、开曼群岛、澳大利亚、卢森堡、英属维尔京群岛、新加坡、美国这七个目的地合计占中国对外直接投资总额近90%,其中流向中国香港、开曼群岛和英属维尔京群岛①三地的投资占到总投资的75.4%,这一比重在2003年和2008年分别为87%和75%。加上新加坡,则2009年有77.5%投向此四地区;截至2009年年底,存量的80.57%在此四个区域。人们普遍认为,这些避税港的外来投资一般会进行返程投资,而河北省外商直接投资的前三位来源地恰恰就是中国香港、维尔京群岛、开曼避税港。由此可见,河北省由此引进的外资是否都属于真正的外商企业投资大可值得怀疑,更不要说由此是否能够真正达到引资的目的。

（三）外商投资产业不平衡,产业优化效应不大

从前面对河北省利用外资的产业分布的分析中可以看出,外资主要集中在第二产业,第一产业利用外资所占比例很小,即外商对第一产业的投资仅占利用外资的1/8,这显然与河北作为农业大省的省情和产业发展需要不相匹配。在第二产业的外商直接投资中,投向劳动密集型制造业的最多,其次是电力、燃气及水的生产和供应业、采矿业。第三产业外商直接投资所占比重虽有很大提升,但绝对值仍然较低,特别是房地产产业投资占了绝大比重。总之,外商直接投资主要流向了经济效益高,见效快的产业部门,缺乏长远战略性投资,更缺乏高新技术性投资和具有先进管理特点的软技术性投资。金融危机以来,外商对房地产产业投资的快速增长更加重了河北省房地产产业的泡沫经济,居民财富更多流向房地产业无疑会挤兑其他支柱产业的用资及发展后劲。这种外

---

① 2007—2009年三年中,中国资本占三地区年度外资流入总量的比重分别为:(港)25.27%、64.81%和73.48%;(曼)11.41%、27.26%和41.76%以及(维)6.57%、4.72%和6.37%(根据UNCTAD,WIR2010数据计算)。

商直接投资产业分布不平衡、不合理的状况,决定了利用外商直接投资不会对河北省产业结构的优化起到多大作用,也难以对前后关联产业产生理想的带动示范效应,对河北省的高新技术外溢效应亦十分有限。如此引资的结果是市场换出去了,技术却没有换回来,而且换出的不仅仅是市场,更是一个地区长期可持续发展的机遇。因此,如果不对利用外资的产业结构进行慎重选择和加以正确引导,就有可能造成产业结构调整、发展机遇及技术、市场等多方面的不良后果。

(四)外资区域分布不平衡与经济发展的不平衡

河北省在利用外资上的区域分布不平衡直接反映了河北省的多元性自然禀赋以及区域间不同的经济发展水平。在空间地理上,河北省与我国东、西、中、东北四大经济发展区域接壤,河北省内不同地区的经济发展水平也分别体现出这四大区域特征,在招商引资环境上也同样具备这四大区域特征,招商引资结果自然出现不平衡。基于这种现实状况,河北省在制定相关经济政策时应全面权衡,区别对待,在追求效率的同时尽量避免不平衡发展。特别是要充分利用好沿海条件,打造海洋经济,加大开放性;充分利用内环京津的优势,打造大都市圈带动河北经济全面和平衡发展,尤其在对京津人才引进上应该大力学习浙江、江苏等省份在经济发展中对上海人才资源利用的经验,以有效促进省内各地区经济的发展。逐步改变外资区域分布的不平衡状况,借此反哺助推全省地区间经济的平衡发展。

第三节 河北省传统优势产业国际竞争力分析

在京津冀产业专业化对比分析中,河北省皮革、毛皮、羽毛及其制品,制鞋业、纺织业专业化相对来说在三地是最高的。河北省区位商分别是:1.84、1.81,而天津分别是 0.15、0.18,北京分别是0.05、0.10。但是作为河北省的传统优势产业在国内外市场地位出现下滑甚至衰败走势,其发展状况在河北省产业发展中具有一定的代表性。本节通过分析河北省传统优势产业国际竞争力现状及问题,为河北省产业结构调整升级提供现实基础。

一、河北省纺织业国际竞争力分析

(一)河北省纺织业发展现状

1.河北省纺织业国际市场地位增长缓慢

2005—2012 年,河北省世界市场占有率一直保持在 0.3%—0.4%,纺织业的出口贡献率相比 2005 年降低了 2.5%,出口贡献率明显降低,2005—2012 年河北省纺织品的出口贸易增长优势指数波动幅度较大(如表 5.9),除 2005 年和 2008 年外均为正值,纺织业作为出口支柱型产业,为带动出口作出了一定贡献,具有一定的竞争力。

表 5.9　2005—2012 年河北省纺织业国际竞争力指标体系

指数 ＼ 年份	2005	2006	2007	2008	2009	2010	2011	2012
世界市场占有率(%)	0.35	0.34	0.35	0.31	0.30	0.39	0.35	0.42
出口贡献率(%)	6.43	5.83	4.86	3.18	4.03	4.33	3.64	4.01
出口增长优势指数	-0.1278	0.3771	0.3199	-0.1848	0.4964	1.2433	0.2466	3.8899

数据来源:根据 WTO 网站 statistics database 数据及国研网数据库整理。

从图 5.13 中可以看出河北省纺织品出口增长率由于金融危

机的影响,在 2007—2009 年出现大幅度的下滑,呈负增长态势。2010 年河北省纺织品的出口增长率为 52.41%,而之后的 2011—2013 年出口增长率基本保持在 10% 左右,但出口增速明显放缓。2013 年河北省纺织制品出口交货值为 72.18 亿元,与 2011 年出口交货值基本持平。海关月报数据显示,2013 年中国纺织品服装出口额达到 2920.8 亿美元,同比增长 11.2%,增幅同比提高了 7.9 个百分点,其中纺织品出口 1138.5 亿美元,同比增长 11.2%;服装出口 1782.2 亿美元,增长 11.3%。

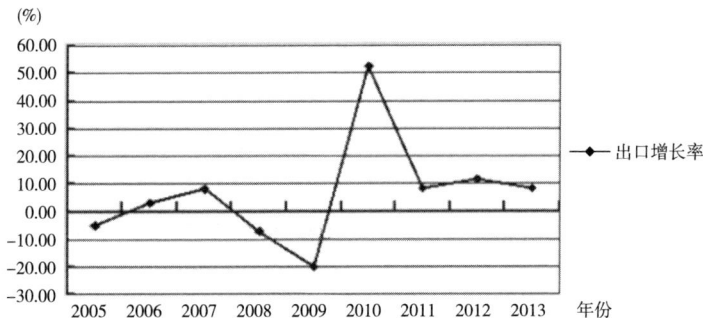

图 5.13 2005—2013 年河北省纺织品出口增长率

数据来源:根据国研网数据整理。

2. 河北省纺织业产品结构集中在初级产品上

2012 年河北省绒线产量在全国排第二位,布产量为全国第四位。河北省纱产量是浙江省的 81.69%,布产量是其 45.85%,但服装产量仅为浙江省的 19.24%。和广东省比较,这种情况就更加明显,河北省的纱产量是广东省的 4.64 倍,布产量为其 2.83 倍,服装产量却仅为广东省的 13%。河北纺织业初级产品占比重较大,纺织、服装附加值低一直是限制河北纺织品发展的瓶颈,没有完整价值链,只是某一环节的复制生产。

3.河北省纺织业出口市场集中

目前,河北省纺织品出口市场主要集中在美国、欧盟和日本。出口区域大多数是世界贸易组织"贸易与环境委员会"成员,同时也是绿色贸易保护主义最为盛行的地区。它们利用自己在环保方面的优势,制定严格甚至苛刻的环境标准,设置繁琐复杂的注册程序、检疫制度,把他国纺织品出口的难度变得越来越大,从而限制河北省纺织品的国际竞争力。河北省纺织品国际市场需求比较小,这与产品低端、没有形成自我品牌、缺乏国际销售渠道与市场开拓能力有密切关系。

4.河北省纺织业企业抗风险能力差

低端产品的生产导致孱弱的抗风险能力,从表 5.10 可以看出,2011 年河北省亏损的纺织企业数为 47 家,占到总企业数的6.43%,到了 2013 年,亏损企业个数达到 62 家,占总数的8.36%,亏损率增长了 30%。2011 年和 2012 年亏损金额增长了1.6 亿元。

表 5.10　2011—2013 年河北省纺织企业亏损情况表

指标 ＼ 年份	2011	2012	2013
企业单位数(个)	731	727	742
亏损企业单位数	47	53	62
亏损企业亏损金额(千元)	290281	451214	358106
亏损企业亏损总额同比增长	115.29%	67.43%	−29.09%

数据来源:国研网数据库。

(二)对比分析国内主要纺织业大省国际竞争力强劲的原因

2005—2007 年,河北省出口基本保持稳定,受 2009 年金融危

机的影响,河北省纺织业的国内出口市场占有率骤降至 1.02%
(见表 5.11),相比之下浙江省占有率不降反增,这值得我们反思。
河北省纺织品的国内出口市场占有率直到 2010 年才稳步回升,
2013 年河北省纺织品出口国际市场占有率增长值为 2009 年的
86%,占有率升至 1.90%,但这只占浙江省 2013 年占有率的
6.5%,仅占江苏省的 9.3%。

表 5.11　2004—2013 年各纺织大省国内出口市场占有率

年份 省份	2004	2005	2006	2007	2008	2009	2010	2011	2012	2013
浙江(%)	28.42	31.49	31.29	32.74	32.80	33.19	34.25	30.91	29.38	29.15
江苏(%)	20.16	20.63	20.97	20.55	20.78	19.47	18.71	18.48	20.04	20.36
广东(%)	17.41	15.38	15.99	15.56	15.09	14.92	14.49	15.36	15.49	14.39
山东(%)	13.61	13.63	14.01	13.75	14.23	14.65	14.98	14.89	15.06	15.58
河北(%)	1.65	1.32	1.25	1.26	1.13	1.02	1.32	1.22	1.89	1.90

数据来源:根据国研网数据库数据整理。

　　2011—2013 年,河北省纺织业国际竞争力一直保持在 0.96,
处于高位,国内纺织强省浙江省的国际竞争力也一直在 0.9 以上,
相比之下其他纺织强省如广东纺织业的国际竞争力一直不超过
0.7,上海纺织业的国际竞争力也不断下降,到 2013 年,仅为 0.58。
从各省情况对比看,浙江省的国内出口市场占有率遥遥领先,而且
其纺织业国际竞争力也一直保持在高位(见表 5.12)。

表 5.12　2011—2013 年各纺织大省国际竞争力对比

年份 省份	2011	2012	2013
浙江	0.94	0.93	0.92
广东	0.70	0.69	0.65
江苏	0.87	0.87	0.86

续表

年份 省份	2011	2012	2013
上海	0.64	0.61	0.58
山东	0.85	0.85	0.84
福建	0.91	0.91	0.91
新疆	1.00	0.99	0.99
河北	0.96	0.96	0.96

数据来源:根据中国纺织进出口商会数据整理。

2010 年浙江省的世界市场占有率为 9.66%,到 2012 年降至 6.19%,下降了 35.92%。2009—2011 年,浙江省纺织业的出口贡献率保持在 14%—15%,2012 年浙江省的出口贡献率降至 10.13%。出口增长优势指数除 2012 年为负值外,其他年份均为正值,浙江省纺织业有较强的国际竞争力(见表 5.13)。

表 5.13　2009—2013 年浙江省纺织业国际竞争力指标

年份 指标	2009	2010	2011	2012	2013
世界市场占有率(%)	9.37	9.66	8.57	6.19	—
出口贡献率(%)	14.64	14.46	14.65	10.13	10.13
出口增长优势指数	—	0.1372	0.2244	-3.8941	0.1016

数据来源:根据 WTO 网站 statistics database 数据及国研网数据库整理。

浙江省作为全国纺织业强省,有很多行业优势。首先,浙江省纺织业具有产业集群优势,浙江省有很多地方性特色的产业集群,例如绍兴和萧山的化学纤维制造业,杭州、宁波和温州的服装产业。其次,浙江省纺织业还有专业市场优势,专业市场在省内设主市场,其中大多数市场在外省设置分市场,在巴西、南非等国家和地区设置分市场。再次,其还具有设备优势和技术优势,浙江省利用大规模技术改造,使自己的技术遥遥领先。先进的织造设备不仅使纺织面料的织造能力极速增长,也提升了面料品质。

反观河北省,河北省的纺织工业机械生产能力差,基本依赖进口,高档服装服饰面料几乎全部依赖进口。河北省出口的大多为初级产品以及为国内外知名品牌贴牌生产,缺乏自主知名品牌,产品和品牌附加值极低。另外,河北省缺乏服装设计人才和面料研发人才,临近京津的地理位置带来好处的同时,也加速了京津对人才的虹吸作用,优秀人才都争先恐后地到北京、天津发展,河北省纺织业优秀人才空缺,也未形成很好的创新氛围。

二、实地调研辛集皮革产业竞争力发展现状

河北省是皮革产业大省,皮革产业历史悠久,规模大。河北省辛集、无极、枣强、阳原、肃宁等地已经形成以皮革加工业为支柱的产业集聚地;张家口—唐山—秦皇岛、保定—沧州、石家庄—衡水三条产业带,秦皇岛昌黎、唐山乐亭发展成为了全国闻名的毛皮动物养殖大县。被称为"中国皮革之都"的辛集市全国仅次于海宁的第二大皮革产地。为了更好地了解目前河北省优势产业的国际竞争力状况,寻找欠发展地区产业升级制约因素,河北经贸大学商学院暑期课题调研小组针对辛集市服装产业的现状进行了一系列的实地调研。

调研小组主要入驻的企业是辛集市凯西服装有限公司、辛集市福泰皮业有限公司两家企业,与20人深入访谈,包括普通员工、部门经理、中高层管理者、法人。实地进入生产车间,调研生产经营环境。多方式多角度地对生产加工、成品储运、销售、售后服务、人力管理等价值链上的主要环节深入了解。对目前辛集市皮革产业的价值链、供应链、产业链有了一定了解,总结其存在的一些问题,并提出一些见解。

(一)河北省辛集市皮衣产业的地理区位优势与悠久历史

辛集市位于河北省石家庄市东部,隶属于河北省省会石家庄市。市政府驻地位于石家庄市东65公里处,距首都北京250公里,是河北省中东部地区区域中心城市,商贸流通繁荣,自明、清以来就是华北的商埠重镇,"河北一集"久负盛名。地理区位优势明显,城南有石德铁路、省道衡井公路,城北有307国道、石黄高速,四条线在辛集市境内东西贯穿,省道安新线贯穿南北,可连接京津、石太高速和京广、京九、津沪三条铁路干线。距石家庄国际机场70公里,一个小时可到达石家庄机场,一个半小时可到达黄骅港,三个小时可到达天津港口。全市总面积951平方公里,2011年总人口61.6万人,辖15个乡镇。2013年由石家庄市管改为河北省试点省直管市,是国务院批准的对外开放市,是全国卫生城、文化先进市、体育先进市,是全国百家明星县(市)之一,是省会东部引领省会发展的排头兵,连续多年进入河北省经济十强序列。

"皮革之花遍地开放、钢铁机械迅速崛起、名牌产品全省第一、钡盐生产亚洲称霸"。辛集是一个充满经济发展活力的城市,皮革、化工、钢铁、农产品深加工四大支柱产业各具特色,是目前世界上最大的羊皮贸易中心,世界上最大的钡锶盐基地,中国北方高科技化工基地。辛集市作为"中国皮革皮衣之都",是中国历史上最大的皮毛集散地和商埠重镇。其皮革业历史悠久,始于殷商,盛于明清,腾飞在今天。改革开放以来,辛集皮革业这一传统优势产业得到迅猛发展,并成为辛集最大的特色支柱产业。完善成熟的皮革加工、生产、销售产业链成为辛集最为响亮的城市品牌,辛集皮革服装行销全国,覆盖世界,是石家庄出口创汇的重点,也成为省会众多著名品牌的集聚地。辛集已成为全国最大的羊皮服装生产基地和亚洲最大的羊皮制革基地。

(二)河北省辛集皮衣产业发展历程

第一阶段:初步形成(清朝—1937 年)。辛集皮毛发展的鼎盛时期逐渐形成了完整的皮毛生产体系,形成了特有的皮革市场,培育了专业性加工技术人才,为辛集皮革业的发展奠定了坚实的基础。

第二阶段:复苏、成长(1949—1997 年)。这一时期是皮革产业的复苏到快速发展的跨越式成长阶段。1937 年的全面抗战时期辛集皮革业遭到重创,处于发展的空白期。1949 年后辛集的皮革业得到恢复重建,原来零散的作坊开始联合,从事集体性质的生产,具有了产业化的雏形,于 1959 年创建了辛集皮毛制革厂。党的十一届三中全会后,辛集皮革业(制革和制衣产业)再次进入繁荣发展期。这一时期,辛集皮革业带动我国成为皮衣生产大国,其销售以内贸为主,并且如火如荼,主要辐射东北、华北地区,甚至覆盖全国各地。

第三阶段:市场转向国外(1998—2007 年)。1997 年国内羊绒、羽绒服空前发展,皮衣在服装中的地位动摇,辛集皮衣在国内市场内需不足的情况下外需加大,辛集在出口导向战略支撑下把市场从国内转向俄罗斯、欧美、日、韩等国际市场,并取得很大成就。

第四阶段:转型升级(2008 年至今)。皮革产业在 2008 年遭遇危机,一方面是由于美国金融危机的影响,使得全球经济出现萧条;另一方面则来源于俄罗斯市场的冲击,俄罗斯政府对"灰色清关"贸易的清查以及对俄罗斯最大的华商市场——莫斯科切尔基佐夫斯基集装箱市场永久性的关闭(俄罗斯闭市危机),使得辛集皮革产业在俄罗斯失去其长久以来的优势。此外,辛集皮革产业

"小规模、大群体"的发展模式已经不能满足市场需求,传统皮衣制品"粗、大、笨、多"的特点也不能迎合消费者的偏好。因此,从受 2008 年金融危机冲击以来,辛集皮革业开始深入探讨谋求新出路,转型升级。在这样的背景下,辛集皮革产业开始积极筹划战略转型——由严重依赖外需转变为内外市场并举。辛集皮革产业正加快转型步伐,以市场为导向,走集约化、生态化的新型工业化道路。2013 年,辛集市拥有各类皮革企业 1002 家,皮革经营户 1408 家,从业人员 8.3 万多人,拥有自营出口权的企业达到 410 家,已有出口业绩的企业 282 家;生产革皮 4700 万张、皮装 750 万件、皮具 17800 万件(套)、皮鞋 360 万双,实现销售收入 520 亿元,上缴税金 3.05 亿元,市场销售额 40 亿元,实现出口创汇 69045 万美元,出口交货值 15 亿多美元。

(三)辛集皮革业积极构建新的商业推广平台提升产业集聚效应

辛集国际皮革城 2013 年投入 5000 万元,先后在中央电视台和部分省市电台、电视台进行广告宣传,在一些高速公路设立大型广告牌,皮都辛集的知名度快速提升。借助广告效应的推动,在国内贸易中实现逆袭突破,2013 年实现国内市场交易额为 38 亿元。

在巩固、发展传统贸易平台的同时,辛集皮革业电子商务平台快速发展起来。2013 年 9 月 28 日,皮革城电子商务创业园正式开园,提供官方网络商城平台、供货商与电商企业对接平台、人才输送平台、产品设计研发平台、质监部门入驻的质保平台、整合第三方物流的物流平台、图文平台等。该平台旨在整合多方资源、共同营销和推广,发挥产业的集聚效应。2014 年,皮革城内的电子商务创业基地整体实现交易额 4 亿元。

（四）辛集皮革业国内外市场地位平稳提升

辛集皮革业外贸出口稳步增长,2012 年出口国扩大到全球 6 大洲 45 个国家和地区。累计出口前十位的国家和地区分别是俄罗斯、美国、乌克兰、英国、越南、荷兰、中国香港、德国、加拿大、韩国,占到出口总额的 90%。2013 年出口国家或地区增加了 23 个,达到 68 个,日本市场跻身到出口前十的国家当中。2013 年出口创汇 69045 万美元,同比增长 44.61%。

在注重做好皮装主导的外贸产品的同时,企业着力开发鞋类、皮具类、织毛类等外贸新产品。2012 年梅花皮业公司与美国、中国台湾客商投资 2 亿元,在辛集合资兴建的宝得福公司,建成 8 条生产线,开发的 UGG 牌皮毛一体雪地靴,深受国际市场青睐。2012 年生产皮鞋 500 多万双,出口值 12266 万美元,仅出口美国就达 7098 万美元。2014 年,辛集 300 多家皮革企业在绥芬河、黑河、满洲里等边贸市场设立直销点,有 8 家企业在美国、加拿大注册营销公司,21 家企业成功进入欧美和东亚市场,在国(境)外注册自主品牌 70 个。辛集皮革行业自营出口权企业达 410 家,产品出口 61 个国家和地区,拥有 3 个"中国名牌"、4 个"中国驰名商标"。

与此同时,辛集皮革业进口增长也较快。2013 年皮革进口 15019 万美元,同比增长 43.37%。其中革皮进口 14605 万美元,同比增长 98.49%。水貂皮、蓝狐皮进口 1277 万美元,同比增长 89.7%。

辛集皮革业内贸规模迅速发展壮大。裘皮企业在 2013 年迎来发展新契机,实现跨越式发展,貂皮制品市场份额有所提升;皮衣、尼克服等产品内销状况良好,在国内覆盖了华北、东北、西北等 20 多个省、市、自治区;龙头企业(东明等)的优势逐步显现,对中小企业开始产生带动效应;多家企业(东明、西曼等)在全国范围内设立连锁店、直销店,品牌效应逐步形成,产品得到市场和消费者的认同;一些中小企业实现对国内外知名企业的贴牌生产(即一家厂商根据另一厂商要求,为其生产产品或产品配件),市场认同度大幅提升。

三、实地调研白沟箱包产业跨境电商发展

白沟镇隶属于河北省保定市,2010年9月16日,保定市正式挂牌成立白沟新城。白沟作为中国北方著名商镇地处京、津、冀腹地,具有深厚的历史积淀。白沟市场始于汉,兴于三国,盛于明清,历史上曾有"日过千帆,商贾云集"的繁荣状况。白沟的箱包产业走过了30年的历史,现在已经是我国北方规模最大的箱包生产基地,具有"中国箱包之都"的美誉。早在清朝时期就是北方的商业重镇,当时就有"南义乌北白沟"的说法。箱包业一直是河北省白沟核心、支柱性产业,拥有专业的箱包商城、交易市场、生产加工与物流体系。目前已经形成集群化发展态势,白沟在基础设施建设上取得很大进步,形成了较为完善的物流配套体系,由服饰鞋帽、箱包交易、商贸、五金、皮革、铺料、电子、机电、灯饰、汽配、汽贸城等行业组成的规模商业聚集区。2007年,中国皮革协会授予白沟"中国箱包之都"称号,已成为中国北方最大的箱包生产、集散、产销地。产品不仅销往全国各地,而且在俄罗斯、南斯拉夫、法国、澳大利亚等一百多个国家和地区设有销售窗口。白沟箱包在国内市场占有率达35%,"三北"市场占有率达53%。白沟箱包产业"走出去"潜力巨大且已经有成功的尝试,伴随着白沟箱包产业跨境电商峰会的召开,崭新的销售模式和海外广阔的市场将为白沟箱包产业的发展提供强大的推动力。

（一）白沟箱包产业集群的基本概况

白沟拥有 5000 亩的工业园区,拉动周边 5 个县市、50 多个乡镇、上百个村经济的发展,现有箱包规模企业 153 家,个体加工企业 1800 多家,个体加工户 7000 多家,形成了年产箱包 7 亿只的规模生产能力,成为全国最大的箱包产销基地。现有两个箱包工业园区,入驻企业多达 1000 余家,并且集聚了所有规模企业,有出口业绩的企业 119 家。同时由隆基泰和承建的和道国际箱包城于 2013 年 9 月 28 日建成试营,总投资 30 亿元,占地 500 亩,建筑面积 50 万平方米,2013 年入城经营商家已经达到 12000 家,市场成交额 260 亿元,日客流量 5 万人。

白沟箱包从之前单一手提包发展到现在高中低档 33 个大类,男包、女包、学生包、专业包、休闲包以及各种拉杆箱、化妆箱等,接近 50 万个花色品种。产品以中低档为主,尤其出口业务方面高档箱包比较少,主要以低档箱包为主,出口到广大发展中国家。白沟总投资 20 亿元建成现代化箱包原辅料交易中心,涵盖箱包买卖、衣服选购、箱包配件、家居家电、名品箱包选购、汽车配件维修、箱包服装批发和电商发展创业等职能,为白沟箱包生产节省了大量原料辅料采购成本,这也是白沟箱包价格低的一个重要影响因素。白沟市场内有数千家注册商标,其中国内商标已经超过 2000 家,国外也有数百个,白沟自主品牌中已有 500 多家已成为箱包产业中的知名品牌。在 2001 年白沟箱包通过 ISO9000 国际质量认证体系。为规范箱包产品质量标准,2011 年白沟箱包质量检测中心正式投入使用,质量关乎企业的生命,是制造企业的根本,白沟箱包质检中心的建立对白沟箱包品质的提升与控制起到非常关键的作用。在白沟国际箱包交易城中的箱包都是具有高水平的质量保障的。此外,白沟箱包生产采用的原材料也品种多样,有皮革、布料、混合皮、PU、PC 等材料，箱包款式也比较多。

根据迈克尔·波特的产业集群理论，在白沟新城，由于集聚着一组相互关联的箱包企业、原辅料供应商、关联产业和专门化的制度和箱包协会，通过这种区域集聚而形成有效的市场竞争，构建出箱包专业化生产要素优化集聚洼地，使得白沟的箱包企业可以共享区域公共设施、市场环境和外部经济，同时降低了信息交流和物流成本，形成区域集聚效应、规模效应、外部效应和区域竞争力。另外，白沟的劳动力成本相对较低，这也就降低了产品成本。白沟箱包产业发展了 30 多年，积累了许多生产经验，同时也吸引和培育了来自全国各地的一大批熟练的缝纫工人，这对产品的细节完善有很大帮助。国际箱包交易城的建立运营，为白沟箱包业提供了"前店后厂"的经营模式，客户既可以在豪华的交易城中选择产品，也可以亲自前往工厂参观箱包的生产制作，这对国外客户来说是一种非常吸引人的体验模式。

白沟箱包企业协会的成立对白沟箱包的生产经营以及开拓国际市场发挥了重要作用。作为白沟箱包产业集群的重要一员，白沟箱包企业协会起着协调企业与政府关系、企业之间的关系、企业与国际市场关系，乃至政府与国际市场关系的重要作用。它还致力于维护箱包企业的利益，维持箱包市场秩序，推动企业加入自营出口行列，积极开拓国际箱包市场，使白沟箱包产业国际化。

（二）白沟箱包产业国际市场地位

白沟积极推进"走出去"，构建全球经营网络，提升箱包产业在国内外的竞争力。白沟政府积极带领和支持各商户参加参观展览，以白沟品牌建立和输出为目标，并在全国不少地区建立分市场。与此同时，白沟政府向国内百强外贸企业取经，实地考察，深入的了解国际贸易过程中的规则、流程与注意事项，逐步向国际市场进军。白沟箱包的销售市场从原来只是部分国内零售市场发展到现在遍布全国 30 多省的大中小城市,并且远销欧美、中东、非洲、中南亚等 100 多个国家和地区,在国内市场上白沟箱包的占有率达到 33%。2014 年,白沟的市场交易总金额已经超过 300 亿元,白沟已经成为全国最大的箱包销售市场与生产基地。2013 年出口额达到 1.46 亿美元,出口国家和地区达到 90 多个,境外注册商标 342 个。

白沟国际箱包市场自营出口能力不断提升,商品档次不断提高,国际市场份额不断扩大。由表 5.14 可以看出,白沟箱包虽然出口市场遍布全球,但是以亚洲和非洲为主,欧美发达国家市场份额较小,对于拉丁美洲发展中国家出口额也比较小,这一市场有待进一步开发。

表 5.14　白沟箱包出口国家或地区市场份额变化情况

(单位:万美元)

区域	亚　洲		非　洲		欧　洲		拉丁美洲		北美洲		大洋洲	
年份	2010	2011	2010	2011	2010	2011	2010	2011	2010	2011	2010	2011
金额	568	2682	593	1784	576	1101	74	228	27	61	17	12

数据来源:河北省商务厅。

无论是整体出口额,出口企业数量的增长,还是海外市场的开拓,白沟箱包产业都取得很大进步,出口额实现了跨越式增长,白沟箱包已经成为中国商品走向国际市场的新名片。在全国箱包出口低迷,甚至较往年衰退的严峻形势下,白沟箱包出口业绩的显著增长是特别引人注目的,但是我们对此情况不能过于乐观,白沟箱包出口业发展历史较短,相对其他国内箱包市场具有很大的价格优势,但是在中国箱包出口衰退的大背景下,这种快速增长是否能够可持续发展,我们必须居安思危。

(三)白沟箱包产业积极发展跨境电商

1. 中国跨境电商的发展

跨境电商是指不同国家和地区通过网络电子平台进行交易、支付并且通过物流和海关完成贸易的一种交易方式。中国的跨境电商虽然出现比较晚,落后于发达国家,但是发展速度奇快,为中国各行各业提供了新的活力,注入了新的血液。虽然近几年中国各行业的经济增长速度普遍放缓,但是中国跨境电商行业却增长迅猛,总体出口额达到几百亿美元,这为中国经济的发展提供了新的方向。虽然中国长期以来的对外贸易增长速度有所放缓,但作为新生的跨境电商行业、跨境第三产业服务业却犹如雨后春笋般快速发展、生长。并且经过几年的初步尝试中国跨境电商行业已经具有了一定规模和一定的经营发展经验。这一局面的出现对白沟箱包业的启发和好处我们是显而易见的。这一经济大潮流的出现催生了白沟箱包行业跨境电商的发展和壮大。根据有关资料显示,中国的电商平台已经有好几千家,而且开展跨境电商的个人、企业超过30万家。

2. 白沟箱包跨境电商发展现状

为抓住全面深化改革和京津冀一体化深入推进的历史机遇,大力推进政策创新、管理创新和服务创新,白沟新城政府出台《白沟新城管委会关于支持"大众创业、万众创新"及电子商务产业发展的若干意见》,其内容包括壮大白沟的电商企业,争当领头羊,带领白沟箱包产业向前发展;加强电子商务基础设施建设,有重点有突出地培育典型项目;加大政府的支持力度;发展有利于电商发展的经济社会大环境,鼓励并且支持电子商务创业等四方面的内容。为了发展电子商务产业,需要把政府、社会和企业三方协同起来,建设有利于电子商务发展的环境和氛围,提高企业自身的创新能力。白沟镇的目标是:把本地区的电商产业、电商基地做大做强,做到具有全国影响力和知名度的规模和深度。从而为白沟地区的箱包业、跨境电商行业作出贡献。

白沟努力在各行各业尤其是箱包业开展电子商务的开发与利用。继续保持网络平台买卖额的增长,全区规模以上企业电子商务应用比率达到95%,跨境电子商务贸易额占全区年出口贸易额总量的40%以上;培育5—8个影响力较大的创业及电商公共服务平台,2—3个竞争力较强的外贸综合贸易企业,3—5个知名度较高的、完全实现网上交易的自建平台;出现一些大规模的电商园区以及具有电商特色的淘宝村、镇,努力打造自主品牌,尤其是要着重培育具有国际知名度的跨境电商品牌。

3. 推动白沟跨境电商发展的具体行动

2015 年 8 月 13 日,白沟召开白沟箱包行业跨境电商峰会,白沟进出口协会和阿里巴巴等公司出席会议,就白沟箱包行业出口、跨境电商产业出谋划策、共谋大事,为白沟箱包行业发展添加动力。阿里巴巴集团保定区域负责人、速卖通平台负责人围绕阿里巴巴集团白沟跨境生态圈建设、全球贸易数据分析、速卖通平台介绍、箱包行业跨境数据以及应对策略等主题进行了详细讲解。参加会议的众人在会上各抒己见,富有见地地切磋探讨了跨境电商的新态势,以及成功经验、创新方法。这堪称白沟箱包行业在出口跨境方面的盛会。

2015 年 8 月 21 日上午,为推动白沟新城电子商务规范化、规模化、聚集化、系统化发展,引领白沟新城电子商务人创业创新的新局面,在白沟新城政府的大力支持下,由河北和道国际电商创业园总经理尚永华、进包网 CEO 黄建桥、玛柯斯曼箱包有限公司总经理段鸿飞、乾尊进出口贸易有限公司总经理刘妍、盛世之星箱包制造有限公司总经理司旭、天上行箱包有限公司总经理李红伟发起组织成立了白沟新城电子商务协会。白沟新城电子商务协会将发挥政府与行业企业间的桥梁纽带作用，推动白沟新城传统箱包、商贸物流、休闲旅游与电子商务深度融合的"产业电商化、电商产业化"的"互联网+"思维。白沟新城电子商务协会引领和开拓了未来跨境电商发展的道路，这是白沟电子商务和跨境电商史上的一次壮举。

（四）白沟跨境电商推进过程中的制约因素

1.管理者素质问题

白沟缺乏专业的外贸公司，许多规模企业虽然拥有自营出口权，但是出口能力差，管理者自身能力不足，难以带领企业走上国际化道路。

有大视野才能做好小生意，一个企业领导者必须具有广阔的视野，把握国际市场信息，才能领导企业前进，而白沟的状况却令人失望，在调研过程中接触到的当地工厂的领导，大多是本地土生土长的商人，绝大多数文化水平比较低，管理能力较差，不具有广阔的视野，虽然有很多厂家做外贸，但是领导者大多不具有外语水平，无法与客户直接交流，对于国内外箱包市场的发展状况，各个箱包生产基地的竞争优势与劣势都没有了解，只是盲目做着眼前的订单，主要依靠外贸业务员来开发客户，却缺乏统一的管理与引导。

他们对自己的产品没有明确的定位，对于国际目标市场也不是非常清晰，以至于在开发客户中没有针对性，在没有进行市场调研的前提下一味跟风，盲目开发新产品，浪费了很多时间来做一些价值低的事。

2. 外贸人才短缺以及导致的外贸业务单一问题

由以上数据分析可知,白沟箱包出口额在最近五年内有大幅度提升。但必须看到可喜形势下还存在不少问题:白沟箱包出口企业面临的首要问题是缺乏各层次的外贸人才,既缺乏有国际视野、能够积极组织所属企业开拓海外市场的管理型人才,也缺乏熟悉国际贸易规则、熟悉海外不同区域市场文化、语言沟通能力合格的各类应用型人才。据不完全统计,目前白沟箱包企业从事外贸的人才200多人,通过职业资格认证的国际单证、国际跟单人才仅30人左右。为了积极拓展海外市场,扭转直接出口乏力的情况,如果白沟地区的153家规模以上箱包企业均拥有自营进出口权,那么它的需求量最少将达一两千人。各层次外贸人才的缺乏导致白沟箱包国内贸易额远大于国际贸易额,外贸比例过小。由于缺乏具有国际视野的领导管理人才,导致白沟外贸企业开拓国际市场的行动较为单一,主要是参加在我国境内或国外组织的各种展会、电子商务活动等,但是面向海外市场的营销推广力度还不够、沟通能力不强,与沿海地区的箱包产地还有较大差距。

白沟天尚行箱包皮具有限公司2014年出口额达到8千万人民币,而外贸业务人员只有7位,而且基本都是非国际贸易专业出身,以英语专业为主,他们具有操作外贸业务的实际经验,但是缺乏一个外贸人应该具有的国际视野。其百分之九十以上订单是通过广交会接到的,对新客户的开发重视不够,或者对其产品定位不准确,在客户开发上陷入盲目的邮件开发中。企业领导文化程度低,不具备进行直接的外语交流能力,对箱包的出口市场、业务等方面了解少,完全依靠外贸业务员自己操作,缺乏有效的引导与管理。企业对外贸人才重视不足,工资待遇较差,加上不合理的工作时间,没有完善的保障制度来维护员工的利益,导致企业难以引进优秀的外贸人才。

　　缺乏各种各样的人才,首先缺乏具有国际战略眼光和国际市场分析开拓的高端人才。其次缺乏懂并且能精通外语尤其是英语的语言专业的人才,而且在跨境电商过程中,不一定全程英文,根据不同国家的客户需求还需要具有小语种能力的人,并且在跨境电商交易过程中,能够懂得语言又熟知国际贸易规则的人更少之又少。再次,因为跨境电商行业属于新型行业,所以不仅从业人员少,而且尤其缺少能够熟练掌握跨境电商整个流程和贸易的人才。人才的缺失是白沟新城发展跨境电商产业的短板,直接制约了企业的做大做强和国际经营的专业度与维权意识。

　　3. 自有产品设计与品牌建设能力低

　　白沟自营出口的箱包企业以中小企业为主,截至 2011 年白沟自营出口额 500 万美元以上的企业只有 4 家,出口额 100 万—500 万美元的企业有 15 家,出口额在 100 万美元以下的有 21 家,由于资金限制,大多数箱包生产企业不愿意雇用专业设计师设计符合国际区域市场的箱包,他们只是凭靠多年经验,摸索箱包设计技巧,设计新的箱包款式。而经验上的设计,又不免被固有思想束缚,难以创新,难以追求款式的新颖、样式的别致来满足不同区域市场的消费者。

　　此外,白沟箱包品牌总体效应差,新产品开发设计能力低是白沟箱包企业发展的严重桎梏。这个问题很难解决,要想形成品牌就要有自己的设计风格,有人认为这些必须要建立在雄厚经济基础以及文化积累基础之上,但是就目前白沟箱包设计情况来看,很难达到这个要求,而且这也不是必备条件,严重制约白沟箱包设计创新的因素主要是管理者旧有的观念的束缚,在产品设计上管理者不愿意进行太大投资,对当下箱包潮流没有深入的了解与研究,在白沟出口业绩卓著的天尚行箱包皮具有限公司,近年来出口额非常大,但其产品设计室却异常简陋,设计师在当地被称为"打样师傅",他对于箱包潮流也没有太多认识,设计工具也是传统的简单工具。针对这一问题,管理者首先应该加强对产品设计的重要性认识,受资金限制的企业可以联合几家共同高薪聘请专业设计师,然后为各企业设计不同风格的独有箱包产品。此外,白沟箱包设计同质化严重,企业之间互相抄袭,在产品材料、质量相同的情况下,箱包出口竞争的优势就集中于产品设计与服务,而白沟众多企业产品设计的单一性、同质化,正是导致企业间价格战的根源。价格不是一切,国外客户最看重的是其产品是否有自己独特的设计,是否能满足本国消费者对箱包花型、款式的需求。如果箱包价格低廉,却得不到海外消费者的认可,是不可能获得大量订单的,也难以形成自己的品牌优势。

虽然白沟的箱包行业全国文明,世界上不少地区的箱包都来自白沟,但是总体上来说,白沟的箱包属于中低端箱包产品,由于缺少自己的品牌,所以产品的品牌溢价很低,在国际市场上只能赚取少额的生产加工价值。白沟箱包的发展速度很快,但是却忽视了品牌的打造,这导致了白沟箱包在国内国际市场上竞争力薄弱,严重制约白沟箱包跨境电商的发展,因为跨境电商很注重产品的品牌与质量。在另一方面,大多数加工户和企业只贪图眼前的蝇头小利,并没有把眼光放长远,在产品的设计和品牌的打造上很少投入甚至不投入,这直接制约了白沟箱包自主品牌的建立,出现国际知名品牌的几率就微乎其微。长此以往,白沟箱包业的利润会越来越少,自主创新能力会越来越差,会直接影响跨境电商的走出去和对海外市场的开拓。

由于成本的限制和长期的低价竞争,一些商家为了降低成本,采用落后的工艺设备,技术投入严重不足,仅仅看重产品的数量而忽视产品的质量,市场上出现了一些假冒伪劣产品、高仿产品,这严重影响白沟箱包业的信誉和出口竞争力、口碑。高仿产品的出现只会约束对新产品的创新能力,导致只能挣取廉价的加工费用,降低产品的附加值。这样,白沟的箱包产业利润变少,也会逐步丧失活力,进而制约白沟箱包产业跨境电商的发展。

虽然白沟新城地区从事电子商务、跨境电商的企业比较多,但是大多都是个体经营,较为分散,没有大的抗风险存货的能力,与中国义乌相比还有很大的不足。跨境电商作为新兴产业,在白沟新城当地并没有形成产业链、产业园区,起不到产业的集聚效应,也没有规模优势。这些因素都影响了跨境电商产业的健康发展。

中国的箱包业蓬勃发展,无论是进口额还是出口额都呈现快速增长的态势,交易的次数变多,交易的地域变广,因此,贸易摩擦也就经常发生,这一现象只会制约跨境电商的发展。2005 年以来,已经发生多起针对中国箱包的贸易摩擦。其中最多的便是针对中国箱包的反倾销这类贸易摩擦,由于缺乏自主品牌,中国箱包确实价低,这引起了国外对如此低价箱包的质疑,对中国出口的箱包进行反倾销调查。其次是一些欧美国家打着绿色环保不过关的幌子对中国箱包产业实施技术贸易壁垒,尤其是一些原材料的不环保更成为一些国家技术壁垒的理由。

4. 环境问题

白沟新城雾霾严重,属于空气重度污染区,经常会出现灰蒙蒙的天气,能见度非常差,附近河流也遭到严重污染,在从高碑店市区到白沟途中,可以看到主干河流污染严重,给人印象非常差。白沟旧城区卫生状况很差,街道有许多堆积垃圾的现象,在箱包生产工业园区,随处可见一些工厂把箱包生产过程中产生的废料堆积在场外干道上的情景。

产品品质对于出口非常重要,但是白沟箱包生产基地的环境对产业发展影响也非常大。在调研学生闫江与阿尔及利亚客户戴瑞的交流中,他对白沟的环境状况评价非常差,对闫江同学强调,在中国待了一段时间后,非常想念他家乡蔚蓝的天空和新鲜的空气,要不是为了生意,他真不愿意来白沟这片雾霾覆盖的区域,他也表示对白沟箱包的生产能力、价格及产品品质非常满意,但是不希望我们为了发展经济而以环境污染为代价。现在白沟也致力于环境美化与旅游业的开发,相信如果白沟新城的环境得到极大改善,会有更多国外客户前来洽谈业务,环境状况差在无形之中也会对白沟箱包产生负面的影响。

四、河北省传统优势产业国际竞争力提升的约束因素:以纺织业、皮鞋业为例

(一)出口产品多为初级产品,附加值极低

河北省是纺织品出口大省,但出口的主要是纱、布等初级加工产品,或为外国知名企业贴牌生产,附加值极低。相比之下,浙江省出口的主要是服装,而上海出口的极大部分是服装,河北纺织业的附加值偏低,低于世界均价50%以上。

河北省90%以上服装企业主要业务就是通过初级加工和贴牌生产得到微薄的加工费。技术含量低、创新能力不足,使得河北省纺织品出口没有核心竞争力,缺乏出口渠道和价格控制能力。同时,河北省的纺织企业大多为生产型,各个出口市场单独销售,市场调研、信息整合等无法进行,生产技术和供求信息无法进行有效交换,不利于提高企业的市场竞争力。

(二)生产环节薄弱,人力资源短缺

河北省纺织、服装、皮革等传统优势产业的企业数量虽多,但规模一般都不大,目前仅仅形成了区域优势,却没有形成规模经济。中小企业的发展能力制约了企业的研发投入与人才的引入。企业不仅缺少专门设计研发的相关人才,还缺少有经验有技术的一线生产工人。据我们了解,辛集市服装产业的车间工人大多数是当地的劳动力,这些人没有经过专业培训,并且知识水平有限,很难对企业发展提出建设性意见,劳动力附加值不高。公司内部高级技术人员匮乏,仅有的一些高级技术人员也大多来自于江浙一带,他们对工资以及各方面的综合要求较高,很难在一个企业长期工作下去,人才流动问题严重,这对企业工作的连续性以及有效性都是很大的挑战。

由于产业链的不完善,生产技术能力低,河北省主要高端面料、皮革等只能通过进口才能满足生产的要求。整体来说,不论与其他纺织强省,还是和世界纺织强国比河北省的生产技术和设备水平都比较差。举例来说,发达国家无梭织机等纺织设备的普及率达到90%,而河北省普及率为25%,其中一些新型先进设备都只能从国外进口,河北省无法自己生产。河北省技术设备不仅落后,而且能耗也很大,比国外高77.5%,尤其是印染行业,这一问题更加突出,由于设备的质量无法保证,导致产品质量的稳定性差,耗水量也极大,生产同样的产品耗水量是世界纺织强国平均水平的3倍,由此也导致废水量极大,由于河北省废水回收技术的落后,这些废水、废气给河北省环境带来危害。作为河北省出口支柱型产业的纺织业能耗如此之大,这使得河北省离"美丽河北"越来越远,石家庄的雾霾严重也有纺织业能耗大、污染重的原因。

(三)品牌缺乏且品牌保持领先的能力弱

调研中发现,河北省服装产业更多的只是靠从国外买进样品然后对样品进行细微的改变从而形成自己的服装款式,即所谓的"举一反三"。既没有创新的能力,也没有增强创新的意识,没有充分认识到创新的重要性和对企业发展的决定性作用,这严重影响了企业的发展壮大和企业国际竞争力的增强。正因为缺乏创新,所以企业很难形成自己的品牌,没有品牌就很难打入国际高端市场,所以河北省服装、纺织、皮革等传统优势产业只占据了国际低中端市场的一小部分,没能进入高端市场。为了尽快打入国际高端市场,大部分企业选择了套牌或贴牌生产这一捷径,这样虽然可以较快地在国际市场中占据一定份额,但从长远来看这种做法严重损害了企业的长远发展。由于品牌的建立需要时间的积淀、需要时间的考验,所以尽快建立自己的服装品牌是企业长远发展最好的选择。

商务部公布的 2013 年度中国纺织品出口企业 50 强中,江苏企业 12 家,浙江企业 8 家,山东企业 10 家,广东企业 9 家,上海企业 4 家,四川、河南企业 2 家,黑龙江、重庆企业各 1 家。作为国内纺织大省的河北省竟无一家企业入围。截至 2013 年,河北省纺织行业仅有 12 个中国名牌产品,5 个中国驰名商标。而江苏省有阳光、波司登两个世界名牌、50 多个中国名牌、30 多个中国驰名商标。

河北省的纺织品牌保持领先的能力较弱。2002 年的数据显示,雪驰集团跃居羽绒制品企业前两强,并成为中国八大名牌挂牌企业。而 2012 年中国羽绒工业公布的《2010—2012 年度中国羽绒行业功勋企业获奖名单》中却没有雪驰集团。

（四）产品研发能力不足、缺乏核心竞争力

产品设计方面还处于仿制阶段,没有专门的设计人员,只是靠公司老总自己决定产品版式,因此样式不够新颖不能引领服装界的潮流。同时公司没有自己的品牌,只是套牌或贴牌生产,在一定程度上没有自主权,因此利润空间较小。

在竞争优势方面,由于中国国内劳动力价格较世界市场一直比较低,同时服装产业属于劳动密集型产业,因此价格优势是河北省服装产业最大的优势。但是随着近几年国内劳动力价格的上升,价格优势在逐渐流失,再加上同行业者为了争夺客户故意压低价格,从而形成了恶性循环,河北省服装业的发展面临着巨大的挑战。

意大利是全球久负盛名的高级时装和高品质纺织面料生产的贸易大国,纺织服装业在意大利国民经济中占据着十分重要的地位,是意大利经济的支柱产业之一。意大利纺织服装业之所以这么出名,很大一部分原因是,意大利具有以时装设计师自主设计和创新品牌的文化及社会传统,形成了通过以米兰、罗马等城市的时装发布会为基础的有利于纺织服装业的时装文化,这种文化建立在民族文化和社会传统之上,有着深厚的历史底蕴。而这正是在后发展国家或地区尤其是河北省生产和出口能力不断增强的情况下,其纺织、服装、皮革业国际竞争力不能保持领先的深层原因。

（五）未形成完整产业链,产业同构、恶性竞争现象严重

目前辛集市服装产业各个公司的业务比较繁杂,各个公司都没有一个主攻方向,导致各个公司的发展程度一致,没有一个核心领导企业,各个企业没有形成自己具有绝对优势的产业环节。企业应该在现有的基础上找出自己的优势所在,并将其发展壮大,这

有利于企业的长期发展和企业国际竞争力的提高。辛集市的各个企业从原料采购、产品设计、生产、加工到销售以及售后服务所有环节都有所涉及，业务体系过于庞大，所做业务过于繁杂，使得企业不能将各项工作都做到最好，使得公司的整体业务水平不够高。因此企业间应该进行明确的分工，做到"术业有专攻"，加强各个企业间的合作，把辛集市整个服装产业发展为一条完整的产业链，各个企业专门负责其中一个环节，从而环环相扣，增强各个环节在国际市场上的竞争力，即成功实现企业转型。

辛集市服装企业经营者总体素质不高，在政治觉悟、知识水平、管理能力、人格素质、法律意识和道德修养等方面还存在许多问题。在创业初期靠胆大闯天下，用的是一股子蛮劲，而当企业发展到一定程度，明显地表现出个人素质上的不适应。一个很明显的事情，也是辛集市当前面临的一个重要问题那就是厂家多了，订单来源自然成为亟待解决的一大问题，因此某些企业为了争夺市场抢夺别人的订单，竞相降低价格，从而打破现有的平衡局面，企业间相互拆台互压价格，因此出现了随着企业的发展相对价格反而越来越低的现象，从而陷入了恶性循环的圈子里。

中国产业集群试点已达 197 个，包括纺织企业 18.4 万家，销售总额为 34400 亿元，占到中国纺织业销售总额的 44%。中国纺织工业协会流通分会的数据显示，2012 年中国纺织服装专业市场共有 699 家，总面积 9172.51 万平方米，同比增长 22.55%；店铺共有 108.41 万个，同比增长 7.02%；商户共 93.53 万家；成交金额 1.56 万亿元，同比增长 10.86%。河北省却未形成专业市场，纺织企业单枪匹马，也未形成低成本的共享式销售平台。

河北省纺织、服装皮革产业大多为家族企业，发展规模较小，各企业间联系不紧密，没有形成较为有效的行业协会。生产车间的操作工人多为当地居民,这虽然解决了当地剩余劳动力的就业问题,增加了当地居民的收入。但是技术工人多来自于江浙一带,而本地的技术工人却很缺乏,所以公司内部也就存在着严重的跳槽问题,导致公司人力资源流失。这些中小企业单枪匹马很难应对用工价格与原料价格的涨幅,标准配备的工厂设施也会占用很多资金,造成资金链断裂的危险。这些问题产业集群的蓄水池、规模经济都可以缓解或者解决。

(六)出口市场狭窄单一

从总体来看,河北省纺织品出口市场不断扩张,产品有些也销售到东盟、澳洲等地区,看起来出口市场很广,但是主要还是出口到美国、欧盟、俄罗斯这些消费品消耗大国,其中很大部分销售到了欧盟和美国这两个世界上最发达的地区。这就造成了出口市场狭窄单一,一方面,河北省纺织品出口到这两个地区,看起来是市场集中,市场供求信息容易收集,殊不知这样会影响河北省纺织品出口的稳定,也增加了河北省纺织品对美国和欧盟的贸易依存度,更严重的是,造成了国内各省企业的价格竞争,使得出口产品利润一降再降,在国内物价上涨、劳动力成本飞涨的今天,这样无疑是自杀式发展。另一方面,河北省的纺织品大部分出口到美国和欧盟,造成贸易顺差持续增大,即使在国外经济慢慢复苏的今天,贸易保护的势力也没有放松,它们盯准纺织品,使贸易摩擦不断,更是采用苛刻技术标准、环境标准(他们本国可能都达不到)等绿色贸易壁垒限制我国纺织品的出口。

(七)企业管理层缺少专业的管理人才,管理者素质较低

在公司管理方面,有些公司没有长远且明确的公司发展规划,中高层管理者文化程度不高,市场敏锐度不够,没有统揽全局的意识和能力。同时公司结构简单,分工不够明确,责任不够具体,出

现问题时易出现"踢皮球"的现象。在销售渠道方面仍以传统方式为主,未能很好地利用现代网络技术,产品销售受到了欧债危机的严重影响。

辛集市的服装产业大多属于家族式企业,管理者中很大一部分人没有受过高等教育,缺少对企业管理的专业知识,不能有效地利用企业的可利用资源,也不能有效地对企业人才进行专业的分配,不能将人力资源利用好使其发挥最大的作用。企业的管理者不能有效地把握市场动态,没有专业的市场导向能力,也没有足够的市场敏锐度,而具备这些能力对于一个在国际上发展的服装企业是必需的。

辛集市服装产业的管理者大都是将权力集于一身,不能将自己的权力分散出去,这样不利于企业的专业化分工,不利于企业生产能力的快速提高。企业将权力分散于各部门,能够最大限度地发挥各部门的作用,同时有效地提高员工的自主性,增强大家的劳动积极性,从而提高生产效率。

(八)政府引导力度不够,行业协会发展不完善

作为河北省传统优势,按道理应该得到政府的大力支持,在各个方面应该有较为有力的发展环境,但是据我们调查所知,辛集市政府并没有对辛集市的服装产业发展给予较大的支持,对在职的工人也没有提供定期的培训,这对企业的发展无疑是一种阻碍。

同时行业协会也没有发挥自己应有的作用,极端一点可以说行业协会形同虚设,对企业的发展几乎起不到丝毫的作用,这与国外的行业协会成员间强强合作,实现强强联合,所有成员达成一致意见共同抵制对本行业发展不利的因素形成了鲜明的对比。如果行业协会能够发挥自己的作用,可能也就不会出现上述企业间竞相压低价格争夺客源,影响整个产业发展的状况了吧!

五、影响欠发展地区企业国际竞争力的因素分析

（一）欠发展地区企业素质与人才储备低

欠发展地区企业,尤其是中小企业大多数从事劳动密集型产业,科技含量低,其中高科技企业比重小。一些技术人员忙于日常技术性工作,没有闲余时间独立开展技术创新工作,同时由于经济实力的影响,绝大多数中小企业用于技术创新的费用很少,严重制约了中小企业的发展。没有融入国际生产体系之中,缺乏国际竞争意识。中国国内市场存在着广阔的中低消费市场,稳定的收益与国内外市场风险对比促成中国中小企业缺乏对外直接投资意识,不具备跨国公司跨国经营理念,当然就更缺乏规划跨国经营的战略与实战经验,国内人才也缺乏国际经营意识,在知识储备中缺乏跨国经营相关知识的深入学习,导致已经对外直接投资企业普遍感觉人才的缺乏。

欠发展地区企业起点低、人才储备匮乏,现有管理及技术人才知识结构偏低,高级管理人才和技术人才尤为缺乏,管理经验不足,对于国际市场行情判断不准。很多情况下,企业主要依靠管理人员的市场经验和直觉把握市场,这样就难以形成自己的国际化营销模式和建立稳定的消费群体,更难以与其他国际经济实体进行竞争。同时企业在招聘过程中更重视对生产必需的生产技术人员或推销人员的选择,对懂得国际经济贸易的人才不重视,甚至不招聘此类员工。企业的管理者更注重企业当前的既得利益,没有长远的发展目标和战略意识。即使有的管理者想发展国际市场或引进外资把企业做强,但由于人才待遇等问题,也难以招聘到合适的人才。此外,私营企业大多采用家族式企业经营方式,只信任自己家族中人,这样就更难招聘到有用之才。企业走向国际市场就必须有了解市场行情、懂得国际贸易操作程序和规则的专业人才,而专业人才匮乏已经成为制约我国中小企业走向国际化市场的最大障碍之一。

（二）欠发展地区企业管理能力弱

从企业具体的经营理念和经营行为来判定划分跨国公司，企业经营管理的最高决策层必须具备全球性经营理念，以"国际企业家"来平等对待世界各地最佳机会，以世界性经营态度规划企业生产经营活动，在迅速壮大发展的欠发展地区企业中，企业经营管理者们大部分靠的是抓住了市场的机遇，他们缺少经营管理经验和科学的管理方法，对内部管理和发挥激励机制作用的认识也较肤浅。而且至今为止，企业领导人对决策的选择和企业的发展往往依靠自身的经验和主观意识，缺乏科学的决策依据，存在决策失误的风险，随意性很大，规范性不足，造成了管理上的混乱。管理手段原始、混乱和对员工的激励机制、制约机制以及对企业的财政机制的不完善也制约了欠发展地区企业进一步发展。目前欠发展地区中小企业绝大部分采用家族式的管理体制，这种体制满足企业经营要求的统一性和行为的一致性，还能节约管理费用，在中小企业初创期具有很大的适用性，但是，随着企业的发展，这种家族式的管理体制逐渐显现出它的弊端，特别是中小企业人力资源管理上存在许多问题，企业战略规划经常忽视人力资源规划，企业人力资源管理仍旧停留在考勤、档案、合同管理、上下岗等行政事务上，缺乏系统的人力资源管理和开发体系。企业缺乏以人为本的管理理念，造成企业核心资产流失，人力资本的内在素质低下，企业竞争力较差，中小企业科技和研究开发人员十分缺乏，技术创新能力非常有限，几乎无法解决一些关键技术问题。中小企业本来就举步维艰，再加上内部激励机制不完善，人才本来就缺乏的局面变得更是雪上加霜。

(三)技术创新能力差

目前从全国范围来看,欠发展地区企业多是劳动密集型企业,高新技术企业只占少部分,缺乏自己的技术发明和专利产品。而由于技术改造和创新能力弱,企业产品多存在质量差、更新换代缓慢甚至滞留、产品开发能力差等问题,市场上出现了许多结构相似的产品,企业无法打造特点突出的、属于自己的产品。欠发展地区企业出口的商品:工业制成品比重较低;工业制成品中高附加值、高技术含量的出口产品少,档次低,竞争力差,特别是技术密集型的机电产品、高新技术产品出口规模小;资源密集型、原料性产品的出口比重较大,以劳动密集型、资源密集型、初级加工品为主的出口商品结构性矛盾突出,反映出欠发展地区对外贸易还处于低水平、粗放型发展阶段,在国际市场上抵御风险能力较差,竞争力逐步下降,已不能适应国际经济形势需要和欠发展地区经济发展的要求。

(四)缺乏国际竞争意识不注重品牌建设

欠发展地区出口产品大多是劳动密集型、资源密集型、高耗能、高污染的初级加工品。而这些产品在国际市场上竞争力逐步下降,发展空间有限。没有相应的技术升级、产品深加工,更是缺乏国际品牌和国际销售渠道。

品牌对促使企业产业升级、扩大市场占有率、提高经济效益的作用意义重大,培育出一个好的品牌需要动用各方面的资源,企业必须加强对自主知识的创新和保护,努力开发自主技术,创新产、学、研合作的模式,利用创新的技术生产国际高端产品,通过产品打造世界品牌。中国虽然是全球国际贸易的第三大国,但从总体上看,中国品牌在国际竞争中仍处于从属地位,自主品牌出口不足10%。一方面目前河北省绝大多数中小企业的品牌观念不成熟:

没有意识到品牌对消费者具有极大的诱惑力;没有意识到品牌代表着企业的产品质量、管理水平、技术水平、员工素质和商业信用;没有意识到品牌是企业竞争力的综合体现,更没有将创名牌与企业利益和长远发展联系起来。另一方面由于申请专利所需要的费用和人力以及担心注册专利可能导致的承担知识产权纠纷所需要的费用等,许多中小企业不愿意通过专利注册对技术创新成果进行保护。

(五)欠发展地区企业出口贸易规模小

欠发展地区的中小企业一直以来都主要立足国内市场,为大企业加工零部件或生产"非标"产品居多,有些中小企业虽然进行独立生产一种或几种产品但往往也只是拾遗补缺而已。中小型企业定位的局限性使得其在对外经济贸易活动中,对推销自己的产品、引进国外资金技术方面,信息重视程度不够或者根本不重视国际市场情况。因此,中小企业生产的产品,很多根本没有国际市场需求,自然也就谈不上出口贸易了。即使有的中小型企业想打入国际市场,也往往求助于一些中间商,特别是为了节约成本求助于一些信誉不佳的中间商,一旦受骗,这些企业对国际市场就会望而却步。中小企业规模小,有很强的适应性,虽然投入资金少,布局条件要求简单,能广泛地分布于各种环境,但是相对小的规模却限制了中小企业的发展。

第四节　河北省行业协会在提升产业国际竞争力中的作用

丰田、温特国际分工体系下发达国家跨国公司在全球布局的急剧扩张为中国企业在加入世界生产网络提供了机遇,企业抓住前所未有的机会,基本上主要考虑眼前的个人利益来抢先整合国内沉寂的资源纳入到世界生产网络,即便是在地方政府主导下在这一过程中形成的产业集聚也是紧紧围绕着世界市场的需求这一核心,这就导致了企业、地方政府在赢得嵌入世界市场时对国家产业国际竞争力这一宏观长远战略利益考虑不足,这与国际国内环境条件有密切关系,更主要的原因是缺乏规避市场失灵、政府失策的有效机制。行业协会的本质属性与功能恰恰能够搭建起政府与市场间的桥梁,在欠发展地区充分发挥行业协会提升产业国际竞争力方面的作用就显得更尤为重要。

从现有文献来看,目前对行业协会的研究多集中在对行业协会存在发展的客观现实需要的论证、行业协会是如何发展变迁的总结上,缺乏在世界经济发展趋势视野下基于经济学角度对行业协会内在发展逻辑及功能的研究,从而就缺乏基于行业协会的运行机理,充分利用其功能促进经济发展、社会和谐进步的研究。王海光、吴德进等学者从产业集聚、企业共生治理视角探讨了行业协会在"温特尔"主义模块化生产模式下介于市场科层间更加柔性的节约交易成本的功能;陈胜勇、马斌,黄少卿、余晖等学者结合地方商会的发展论述了行业协会在促进当地经济发展、行业自治机理、发展中的困境,论证了在世界经济交互过程中社会组织的担当与团体行动的内在机理。这些都是非常有价值的研究,但是仍然缺乏对于经济发展相对落后地区怎样主动充分地发展、利用社会组织推动对外直接投资,达到发展本地经济、根本上调整、升级本地产业结构的研究。

一、行业协会性质

行业协会是市场经济发展的产物,各国市场经济发展水平、经济运行模式的不同对行业协会也有不同的界定。在英国行业协会一般界定为：独资经营单位组成的，旨在保护全体成员利益的非营利组织。美国《经济学百科全书》把行业协会界定为：同行、商业团体为了共同利益与目标，自愿地组织起来的团体。

在中国行业协会是属于《民法通则》中界定的四大法人之一——社会团体范畴中的。1997年中国国家经贸委对行业协会的界定是在社会主义市场经济条件下，联系政府和企业的纽带与桥梁，发挥着服务行业内部、行业自律、协调与监督行业发展，同时又担当着政府的参谋与助手的社会中介组织和自律性行业管理组织。

尽管中国与西方发达国家市场经济发展程度不同，经济运行体制也存在一定差异，但是从对行业协会的界定中，我们能找到行业协会的一些共同性质：行业协会是在市场经济环境中产生的；行业协会是由具有竞争与合作关系的同行业经营者自愿组成的；行业协会是非营利组织、是互益性组织；行业协会是非政府性组织，是沟通政府与企业的桥梁。

二、发展行业协会是国家深化政治、经济体制改革的需要

（一）发展行业协会是深化发展中国经济的客观需要

1. 模块化生产模式下产业升级的突破点是产业集聚的升级

20世纪90年代初期随着经济、电子信息业的发展，拥有核心先进技术的跨国公司成为行业标准的制定者。利用全球销售渠道在全球市场上形成强大的信息网。根据价值链上不同价值增值环节对生产要素的不同需求，在全球范围内整合资源。把每一个环节通过模块化生产，外包到全球具有最佳区位优势的地区进行。具体来讲就是跨国公司根据价值链把产品的有机整体进行拆分，把价值增值环节拆分成能够独立生产制造的模块。通过标准化的接口,模块生产间能够相互联系、交互信息,从而能够对各个模块生产企业进行动态整合。当前跨国公司对一个产品体系中的设计、生产、组织都进行了模块化。最初是微软 Windows 的视窗系统与英特尔 Intel 微处理器联盟进行模块化搭配生产,所以这种模块化生产模式也被称为"温特尔主义"国际分工模式。该模式迅速成为信息产业的主导组织模式并在其他产业得到普及。

随着市场经济深入发展,国际产品内分工决定了国际经济发展向模块化生产发展。产业组织形式在这一演变过程中发生着革命性改变,跨国公司从职能一体化走向全球经济一体化。产业集聚成为地区经济发展的主要特征。国际产业分工从传统的产业梯度转移发展成为以产品价值链为分析基础的产品价值增值环节的梯度转移。后发展国家也以产业集聚的形式纳入国际模块化生产价值链体系当中。

在新的全球价值链模块化生产分工体系下,各国各地区根据不同要素禀赋静态、动态竞争优势专注于价值链上的某一个环节或工序。发达国家的跨国公司基于国际核心竞争力主导着新的国际分工体系,是体系规则的设计者,发展、推动新的产业机会,挖掘、发展新的产品功能。发达国家在跨国公司全球网络体系中处于价值链的研发与销售环节,按其制定的模块标准或战略目的协调、组织着全球经营网络。后发展国家往往凭借自己的资源禀赋优势被纳入全球经营网络中来,成为模块的供应商。消费者驱动型生产网络、生产驱动型生产网络都是如此。比如耐克公司,就是紧紧把握产品设计环节,将关键技术授权后发展国家,后发展国家按其制定的规则标准生产,随后耐克在全球进行广告营销及售后服务。耐克公司占尽高附加值的研发销售价值链的两端,操纵着品牌的全球定位与发展方向。而后发展国家则处在料重工轻的加工环节，制约于价值链模块化的分工体系，被动接受标准。后发展国家所处的价值链模块往往没有知识产权、品牌效应、核心技术等壁垒，此模块市场接近于完全竞争市场。后发展国家处在生产驱动型的生产体系中境况稍好一些，但依旧是非核心模块的供应商。比如我国上海、沈阳、西安、成都飞机制造厂就为波音公司生产机翼。

在当前国际模块化分工体系下，后发展国家产业升级，就要从价值链环节进行升级着眼，从产业集聚升级入手。

2. 行业协会是产业集聚区"背靠背"竞争有序进行的关键

中国就是凭借着廉价的劳动力、自然资源、优惠的外资政策等条件以产业集聚的形式纳入到国际生产体系中去的。新制度经济学对"经济人"的行为假设为："经济人"追求利润的最大化；"经济人"行为的有限理性；"经济人"行为具有机会主义倾向。这就决定了产业集聚内的企业凭借廉价的劳动力、原材料、低流通成本、具有竞争力的产品实现其低成本和高利润。这就决定了在模块化生产体系下产业集聚区的企业是既相互竞争又相互合作，在"背靠背"竞争中形成了产业集聚区内的"集体效率"。知识的外溢性推动了产业集聚发展。由于产业集聚区内企业之间往往是邻里乡亲，知识传播得非常快。企业的创新在产业集聚特定的生成方式和社会结网方式下，会使模仿企业的边际成本远远低于创新企业，而使创新企业的竞争力面临威胁，并得不到补偿。在这种竞争状态下产业集聚往往会在技术上呈现锁定状态，产业集聚生命力会在静态比较优势在被外界所取代中丧失生命力。这就需要成立行业协会来克服产业集聚中同类企业间、上下游企业间的无序竞争，统一内部关系。

3.行业协会在国际经济生活中具有举足轻重的地位

模块化生产国际分工体系是世界市场经济深入发展的结果，市场经济已经深入产品内部。在市场经济比较健全的西方国家行业协会是利益关系主体和法律地位的经济主体。行业协会在国外经济生活中具有举足轻重的地位。中国已经连续18年成为遭遇反倾销、贸易壁垒最多的国家，而对中国提请诉讼的往往是行业协会行为。

在全球网络中完成各个价值增值环节最终生产出的产品需要行业协会协调。每一个全球化下生产的产品都承载着全球不同区域的历史、政治、经济、文化、社会价值及各地信息。产业集聚区内具有自己的地域文化与乡亲关系，从成本收益角度来看，行业协会是理性的集体行动，能够避免企业组织的刚性关系，又避免了市场上不确定性带来的更多道德风险。行业协会协调产业集聚区内企业关系，形成社会激励机制共同面对经济全球化过程中日益增多的经济摩擦，达成一致行动增强话语权。

（二）发展行业协会是国家深化政治体制改革的需要

经济基础决定上层建筑，国家管理体制的创新正是适应社会、经济发展的需要，管理体制改革创新能够解放生产力促进经济社会发展进步，社会组织管理体制改革集中体现了当前中国经济社会发展与国家管理体制之间的矛盾，是适应、反映国家与社会、政府与公民间关系的动态变化，是保证社会稳定、经济进一步发展的新一轮深层次体制改革要务之一。

在计划经济体制下是政府对经济进行总体调控和管理。改革开放以来，中国市场经济、民营企业蓬勃发展，公民意识增强，生活丰富多彩，文化精神追求多元。经济主体多元化，气象万千，政府作为宏观管理者对经济的千头万绪管理必然要出现失灵问题。国家机构的内卷化是指靠复制或扩大旧有的国家与社会关系履行行政职能,从而无法突破功能性障碍与恶性循环,机构缺乏效益。政府推动经济发展需要充分重视社会组织的发展及其社会功能的发挥。2011 年 2 月 19 日任国家主席的胡锦涛在省部级主要领导干部社会管理及其创新专题研讨班开班仪式上发表重要讲话时强调,要"引导各类社会组织加强自身建设、增强服务社会能力,支持人民团体参与社会管理和公共服务,发挥群众参与社会管理的基础作用"。2012 年 5 月 30 日胡锦涛主席在主持政治局会议时又强调,要"积极推进社会管理理念、体制、机制、制度、方法创新,完善党委领导、政府负责、社会协同、公众参与的社会管理格局,加强社会管理法律、能力建设,完善基层社会管理服务,建设中国特色社会主义社会管理体系。"截至 2013 年 6 月底,全国依法登记的社会组织有 50.67 万个,其中社会团体 27.3 万个、民办非企业单位 23 万个、基金会 3713 个,从业人员超过 1200 万人。充分发挥社会组织的作用,承接政府转移出的部分职能,供给社会服务,成为社会政策的执行者,发挥出行业协会在提升产业国际竞争力中的应有作用。

在国际经济交往中政府与行业协会这个主流利益相关主体也不是对等关系,为有效畅通协商沟通增加了难度。产业集聚区的微观主体——中小企业往往难以跨越小微企业主客观限制。发展路径锁定在追求成本最低、利润最高的当前,缺乏技术研发投入。在劳动力成本上升、原材料上涨的境况下,缺乏发展战略的小微企业往往难以为继,甚至会出现降低污染处理成本、降低原材料质量等饮鸩止渴的方式应对由于缺乏战略性而遭遇的困境。在此种状态下,如果没有一个集体来调整、引导众多小微企业,产业集聚也将从衰败走向死亡,退出市场。行业协会恰恰是联接政府与市场间的桥梁,在一定程度上能够有效地克服市场、政府失灵。

三、行业协会提升欠发展地区产业国际竞争力运行机理分析

河北省在全球化下已经形成自己比较稳定的产业集群。河北省在食品、钢铁、医药、机械、化工、建材、纺织等生产领域,均具有占据突出优势的产业集群。辛集皮革商城、安国东方药城、留史皮毛市场、白沟革制品专业市场、安平丝网大世界、清河羊绒市场、平乡自行车零件城、高阳县庞口汽拖农机配件城等都已经形成了全国著名的市场集聚地。但是河北省产业集聚在纳入模块化生产体系中处于极为低端的位置。完全是凭借河北省传统的静态要素禀赋优势占领国际市场的。波特指出:"一个国家想要经由生产要素建立起产业强大又持久的竞争优势,则必须发展高级生产要素和专业性生产要素。这两类生产要素的可获得性与精致程度也决定了竞争优势的质量,以及竞争优势将继续升级或被赶上的命运。"从中国行业协会比较发达的江浙地区经济发展实际情况,学术界对后发展国家经济实证研究表明行业协会与产业发展存在显著的正相关性。波特认为"行业协会能够提升产业竞争力……能使集团关系制度化!"前国家总理朱镕基曾经说,日本在机构设置上有值得我们借鉴的地方,日本虽然是市场经济但是宏观调控也非常严格,他们的通产省能够代替我们几十个部。他们的行业协会是地区性的,是以企业为主组成的,非常有权威性。日本的行业协会负责分配企业销售额。当产业过剩时由行业协会负责关闭效益差的生产厂家,并且由同行其他厂商帮助要关闭的厂商转产其他商品。当供不应求时由行业协会决定哪几个厂商扩大生产规模,这样就有效地防止了重复盲目建设。基于此朱总理说我们国

家的行业协会也应该改造了。当前河北省传统优势产业都存在着产能过剩,高耗能、高污染、低附加值的问题。而且问题相当严重,2013—2014 年全国污染最严重的城市河北省总是名列榜首。一般当市场失灵时由政府出面协调宏观管理指导,当政府失灵时由市场进行补充与完善,但是当市场、政府都失灵了怎么办? 正是因市场与政府都会同时存在程度不同的失灵,所以才给予了行业协会旺盛的生命,行业协会以非政府的形式弥补企业与政府组织的不足。

下面对行业协会在行业升级中的功能进行分析,两个视角:行业协会如何从行业外部获取资源提升行业的整体利益与水平,创造产业升级的外部环境;如何通过服务于本行业内部企业、整合协调内部关系提升企业内功达到行业协调可持续升级的目的。产业升级过程中企业要充分解读国家在全球化背景下确立的产业发展战略,获取政府的政策支持。企业在对外经济交往中要不断应对来自世界的竞争与争端,行业协会在涉外经济交往中具有不可替代的作用。

(一)在产业升级过程中行业协会对政府经济政策制定中的效应分析

在产业升级中政府起着发展方向与宏观管理职能,能够超越市场经济自我发展转变的速度,快速调整产业战略,使产业在国际经济发展背景成就自我竞争力。任何产业都是由多元性企业微观主体组成的,企业在经营过程中各自的理性程度不同、自我发展条件与水平不同,在经济利益诉求的驱使下企业在发展过程中产生多元化需求。政府在产业升级过程中绝对没有能力深入每一个微观主体当中悉心指导,政府对来自中小企业内部深层次需求就无法细致地进行了解,为政府产业政策失灵埋下隐患。行业协会恰恰是由本行业内部企业组成,本身就是行业中企业的代言人,并且专注的研究本行业发展中深层次问题,对行业中企业自身条件与问题能够正确认识。一则行业协会突破企业个体的局限性充分全面解读政府的行业发展政策,把政策准确及时地传导到各个企业生产经营内部,并能够本着本行业可持续发展的目的引导、监督企业对政策的贯彻实施;二则行业协会能够把本行业企业多元化诉求进行归纳整理,针对本行业发展实际向政府进行陈述,获取政府的政策支持、财政倾斜。在行业协会与政府的沟通协调下,政府不仅能够制定出更符合市场发展需要的行业战略发展规划,而且在行业协会对企业的政策信息传递及监督过程中,企业能够更好地贯彻实施政府行业政策,每一个微观企业在自身可持续发展过程中更好地贡献于社会的发展进步。

(二)行业协会集体行动增强企业涉外经济交往中的竞争力

市场经济是世界经济的基本特征,而行业协会与企业都是市场经济的主体,在世界经济交往中秉承着国际惯例与规则,呈现严格的自治性。当中国政府面对国外惯行的行业协会进行洽谈协商时,出现身份关系不对等的尴尬,更主要的是由政府出面进行招商引资或对企业的跨国经营进行干预与管理等有悖于国际通常做法,会招致麻烦,增加国际经济交往障碍。2013年中国非金融领域对外直接投资达到902亿美元,但投资还主要集中在后发展国家,对美国的投资不及美国境外投资流入总量的2%,美国总是针对中国市场的经济地位问题基于"敏感行业"、"国家安全"、"政治"对中国企业进行限制,甚至拒之门外。尽管这里有美国托词之嫌,但是我们自身没有形成与国际接轨的行业协会也是有一定关系的。

商务部公布,2013年有19个国家或地区对中国发起贸易救济调查92起,中国是贸易保护主义最大受害国,是连续18年遭遇反倾销调查最多的国家,是连续 8 年成为遭遇反补贴调查最多的国家。而在国际上贸易摩擦的解决途径就是向 WTO 申请仲裁。行业协会以非政府组织形式进行国际争端的解决是符国际惯例的。国际贸易争端一般排斥政府出面解决,甚至是政府越出面越糟糕。行业协会国际贸易争端的调节功能是一种低成本、形式多样、弹性比较大的集体行动,国际话语权绝对远远大于单个企业的力量。高素质行业协会国际市场活动会形成行业品牌效应。

(三)行业协会促进产业良性发展的内部效应分析

行业协会通过制定本行业产业标准、建立行业监督、信息共享、责任分担平台,突破单位个体有限理性障碍。单个企业在产业集聚内部追求高额利润的驱使下从工艺流程、原材料使用上、中间产品及成品运输储藏等方面都会接近极致地减少成本,达到一定程度会影响产品品质,而这种品质的差异只有在消费者使用过程中才能够显现出来,最终是害群之马导致整个行业的灭顶之灾。比如在 2008 年乳品业中个别单位的三氯氰胺事件,导致中国市场上乳品业公信度降到最低点,市场环境遭到严重破坏,如今中国 400 亿元的奶粉市场,进口品牌占到了 60%,高端市场更是 100%。在质量标准约束下,通过建立信息平台协调行业内部价格,既防止恶性价格竞争又能维护厂商适当的经济利益。建立行业预警信号。产品内在品质最终决定产品的品牌效应、市场销售渠道与市场地位。行业协会都是业内人士组建的,熟悉内部生产的工艺流程,行业协会超越个体单位的有限理性与道德风险制定本行业的统一质量标准,并制定相对严密的防止问题发生的质量鉴定标准与评价体系,及时监督检查,并在行业内部采取有效的治理措施,从而杜绝个别企业对整个行业可持续开拓国际市场造成危害,逐渐形成本产业的国际品牌效应。

行业协会深入了解单位个体在生产管理中遇到的问题，与国内外同行相互对照、开拓性解决。通过本行业与国内外进行正反馈循环效应，可以有效地组织企业组成研发战略联盟，攻克单个企业难以承担的行业共性技术问题。行业协会可以出面组建、完善本行业的生产性服务业，达到外部规模经济。行业协会站在本行业世界发展的视角，用更专业性的眼光搜集信息：跟踪、超越国内外本行业先进技术、管理方法理念、产品营销。这就解决了每个单位个体间重复的信息搜集工作，降低信息收集成本，更好地专注产品工艺、品质的研发与提升。通过举办会展、招商洽谈会，积极进行海外市场的开拓，进行行业营销。

四、当前欠发展地区行业协会存在的问题分析：调研河北省行业协会

（一）实际工作中行业协会与主管单位关系界定评价不一

2005 年河北省政府 1 号文件，确立工经联取代原有行业协会主管部门，统一管理行业协会。这在全国来说是一个大胆的创新，到目前全国也独此一处。在学术研究中，一些学者认为这种新双重管理实际上是由于业务上的需要，原来的业务主管单位还要继续管理，民政厅也要进行管理，又多了一个"婆婆"来管理，无形中增加了行业协会自由运行的成本，而且工经联本身也是协会性质，出现协会管理协会，有悖于协会间自由发展原则。这种管理模式在实际调研中出现了不同的声音。①

在市场化比较强的行业协会普遍认为工经联的存在具有不可

①　孙春苗：《论行业协会——中国行业协会失灵研究》，中国社会出版社 2010
　　年版，第 106—109 页。

替代的作用。行业协会在实际工作中打交道的政府部门主要是具有业务往来的原主管政府部门,而工经联可以代表行业协会面对省政府所有相关管理部门。正如行业协会常会长所说的:矿业协会主要与国土资源管理局打交道,只针对对口政府机构,而工经联代表所有行业协会面对发改委、财政厅、人力资源社会保障厅等省政府部门。常会长还说这几年有了工经联的存在,能够把省政府行业发展规划政策及时传达到行业协会来,能够积极地把行业协会共性问题传递到相关政府部门。在与政府关系紧密的行业协会,比如有政府部门领导担任行业协会主要职能的行业协会,由于有本业务主管单位面对省级政府,所以对他们来讲就是多了道工序,多了个管家。有学者称河北省工经联的存在具有不合理之处的原因之一就是工经联身为协会管理协会有悖于协会间的平等自主。行业协会的使命是对本行业内部企业的集体进行服务,同理推导,谁为行业协会进行集体性服务呢? 行业协会之间需要不需要一个相互交流学习的平台? 行业协会在发展中有没有共性的问题? 毫无疑问工经联解决了这些问题。如果没有工经联行业协会在与政府打交道过程中的交易成本会更大,管理运营成本会更高,而在工经联的外交保护下行业协会能够专注于为本行业企业服务的各项工作,从而剥离掉行业协会在实际工作中的许多管理工作。

(二)行业协会在服务企业过程中需要定好位

行业协会重要的对内职能是在产业集聚区、在行业内部承担具有公共物品性的活动,行业内部企业共同分担费用共享知识、信息、资源。行业协会的存在使企业间形成柔性的高于市场的关系,共建本地产业集聚、行业的区域竞争力。在对行业协会的调研中反映出来,行业协会会费缴纳普遍不是很高,有的在 30% 以下,有的需要多次催缴,比较好的状况也没有达到百分之百。问其原因,从行业协会视角分析,企业对行业协会的认识程度不够,企业存在短视行为,有事了想到行业协会,这一年没事可能就不用找行业协会就不希望交会费。在行业协会开展工作过程中普遍存在企业搭便车行为。在对企业调研中,从企业角度评价行业协会,分歧性比较大。有些认为行业协会为企业搭建了平台,能够把行业发展的最新信息、潮流传达到企业,能够快速了解同行企业的发展方向形成良性正反馈竞争。有些企业对行业协会充满"敬而远之"的态度,在企业看来行业协会用自己所处的位置,凭借办会展、考察等活动进行费用的吸纳,而对企业发展效果甚微,甚至类似于政府加强税赋的前探。在与河北省奶业协会副秘书长李鹤峰谈起这些时,他深刻地说:"这是行业协会没有站好位,没有提供企业认为物有所值的服务。"在谈论中,李秘书长说在他们举办的一些活动中一些企业甚至慨叹收费太少了,潜意识中怕协会由于经费问题以后不再举办类似活动。

(三)行业协会在对外经济职能上还有待提高

从前面论述中,我们可以知道全球化经济发展倒逼我国快速完成行业协会的建设,建构起与国际经济交往的身份地位对等的行业集体性组织。然而由于后发展省份经济本身外向型程度不高,更主要的是后发展地区行业协会缺乏对外经济交流的传统经验,再加上本身路径依赖难以突破惰性进行新工作思路的开拓。在调研中行业协会带领企业外向型活动,主要是组织企业参加国外考察,而且受政府懿旨,行为代替政府的比重比较大。比如在调研过程中,河北矿业协会针对2005年以来国际铁矿石价格飙升的国际市场局面,河北省作为钢铁大省主要采取的措施是什么时,河北省矿业协会会长的回答就是:主要是从自身做起,还说由于地下水的问题河北省邢台地区还有大量矿产资源没有开采,通过重新考察论证寻找适宜开采的铁矿以缓解市场需求旺盛的压力。针对中高端市场海外品牌占据中国绝大部分市场的局面,河北省奶业协会也主要是从修炼内功做起,组织强大专家团队攻克行业技术问题,专门指导。总体来说,都是从自身的改变与发展入手,很少积极直接应对国外商家的市场垄断。在应对国外市场对河北省产品双反调查中行业协会也没有发挥应有的作用。

五、借鉴"第三意大利"的中介服务成功经验充分发挥中国行业协会职能

意大利的经济次于美、日、德、法居发达国家第五位。但在出口方面仅次于日本,成为世界上主要的出口国,生产力和人均收入增长非常迅速。意大利的成功值得注意,因为其发展条件并不理想,但其成功的关键之一在于基于传统产业的企业集群及意大利式的产业区模式——"第三意大利"。"第三意大利"是所谓"新产业区"的典型代表,指意大利的中部和东北部的中小企业密集地区,它有别于历史上经济发达但目前逐渐衰落的西北部("第一意大利")和经济落后的南方("第二意大利")。"第三意大利"原本是落后的农业地区,但从20世纪70年代以来,该地区通过农村工业化和专业化城市建设与小城镇建设相结合,中小企业走网络化的发展之路,改造和升级传统的劳动密集型产业,以其细致的劳动分工、灵活的生产方式、企业间良好的竞争和合作关系,以及当地特有的产业文化,表现出强劲的区域竞争力和旺盛的增长势头。理论界对这个地区的产业模式作了多方面的研究,并命名该地区为"第三意大利"。

意大利为中小企业服务的机构多如群星,其中包括像中小企

业技术创新推广中心之类的专门帮助中小企业技术创新的服务机构。这些服务机构的职能包括:向中小企业传播技术信息和技术知识,促进地区经济体系的革新进程;促进中小企业间的技术合作和企业网络的发展;为中小企业技术创新提供质检、各种认证、技术培训等多方面的服务;为中小企业技术创新创造良好的外部环境,等等。中国行业协会在促进提升产业国际竞争力中,可以充分借鉴"第三意大利"中的中介服务的一些成功经验。

1. 服务中介组织协调引导

意大利中小企业第一集群是由一群承担专业分工的起协调和组织作用的中介与中小企业相结合构成有机体,中介商和中小企业相互依存、互为条件,共同组织成生产网络。

在纺织和服务的集群地,有大量多种多样的纺织和服装设计所和设计咨询组织、专门销售图案的设计所、为生产企业提供图案设计咨询服务的机构等。此外,还有会计、法律、经营管理、市场调查、国际贸易、职工培训等服务机构。

"第三意大利"地区的政府和商会,各行业企业联合出资构建的以"真实服务中心"为代表的一系列的商务服务中介机构,为本地企业提供专业性的生产性服务。比如:为企业走出国门到海外发展提供海外市场调研和产品推广、组织本地企业集团参展、监督本地专业化生产质量、制定相关标准、协调政府和相关企业的关系、促进企业领会产业政策、促使政府了解企业发展的真实要求。这种真实服务中心的存在,为"第三意大利"地区的整体崛起发挥了重要作用。

2. 相关制造业群体联动

在意大利每个集群内都有相关联的上下游产业存在。在普拉特和皮埃拉两个纺织品集群地,同时有许多纺织机械厂商。纺织机械厂商和纺织生产企业紧密联系及时交流信息,促进了专业集群地的形成。而产业集群的形成需要公共信息、人员培训、产业基础技术研究开发、对外宣传、公共设施建设,等等,这必然离不开政府机关、大学、研究所等公共部门的支持。

3.地域内企业相对集中,竞争与协作共存

意大利地域集群内的中小企业在空间上相对集中,业主和职工的生活空间基本上在一个地域内,因而产业和生活共同构成地域社区。此外,小企业之间不仅在业务上分工协作,而且共同生活在一个社区,日常交往非常密切,建立了一种淳朴的信赖关系。这种密切的集群生活也促使意大利同业中小企业集群有很强的地域乡土传统文化意识,这种社会文化要素反映在产业和企业的发展上,就成就了地域产业人的价值观。

外部市场激烈的竞争压力,使地域集群内企业竞争相当激烈,催生企业之间竞相创造各自市场营销特色,谋求差别化。整个集群就具有高度多样化的产品供给能力,提高了整个地域集群参与外部竞争的能力。但是这种竞争是建立在专业化分工基础上的,大多是业务上的上下游关系,是在竞争中协调,又是在协调中竞争,结果推动了中间企业发展自己独特的技术,提高了地域集群的技术水平和多样性。

4."专、精"的柔性生产方式

"第三意大利"的各个企业以多品种、小批量的"后福特制"的生产方式代替了少品种、多数量的"福特制",并按照多变的市场需求,采用先进的生产与检测技术,快速地组织生产,同时注重产品的质量和特色,做到技术先进,专业化程度高。比如它的丝绸印染技术独树一帜,不仅花色品种达数百种,而且不褪色,再加上有一批世界知名的时装设计大师,致使意大利时装风靡全球。

5.企业群的功能分工

在同业中小企业集群地内,存在着两个起主导作用的企业群体:最终企业群和中间企业群。

最终企业群是指向集群地以外的市场提供产品的经营者,最终企业不一定拥有生产过程的所有设备,但拥有设计产品、制订生产计划、安排生产工艺、检验生产产品质量的能力,可根据产品的加工工艺选择和组织中小企业,把大部分加工分包给他们,自己负责监督和检验分包企业的加工质量。他们通过产品加上工艺把中间企业组织起来,因此被称为集群地的生产组织者,同时他们又穿梭在中间企业和市场之间,所以又被称为协调者。典型的最终企业自己没有设备,主要从事产品设计、营销策划和组织生产工艺的工作,内容包括区分市场需求、寻找市场需求的新概念和方向,制定商品计划;构筑市场营销渠道、制定市场战略、安排生产工艺、采购原材料、按工艺组织中间企业进行生产等。

中间企业群是指向最终企业群提供中间制品和服务,并不直接向集群地以外的市场提供产品的经营者。中间企业是专业化生产者,作为产品生产过程中的一个小规模经营者,是产品生产过程中的一个专业化工序的承担者——在自己的工艺范围内不断革新技术,开发新技术,以适应市场要求。每一个产品加工工艺存在大量的中间企业,他们作为独立的经济实体各自有一定差距性,具有各自的技术特征。大量中间企业集合构成了中间企业群体,使得整个集群地可以提供多样的技术、技能,适应高度变化的市场需要。虽然中间企业不直接与市场接触,但由于最终企业的中介作用,其技术进步也能跟上市场需求变化。另外,中间企业不用采购原材料,所以风险降低到了最低限度,再加上企业规模很小,固定成本低,经营比较稳定,从而使整个集群地成为"可伸缩性的专业化"产地。

6. 积极拓展海外贸易

海外贸易对"第三意大利"的发展至关重要,"第三意大利"的服装专业生产区每年的销售收入中有 35% 来自海外市场。对国外的服装出口一方面避免了国内诸多恶性竞争,开拓了新的市场;另一方面挑剔的国际市场客户要求和先进的设计理念潮流促使本地企业积极改进技术和重视设计创新。"第三意大利"地区的政府联合商会和行业协会鼓励本地企业开拓海外市场,设立专项扶持基金,同海关、银行、保险等机构建立一揽子合作平台,共同推进企业发展海外贸易。

7. 重视科研和人才培养

"第三意大利"地区政府和企业都高度重视人才问题,采取多种措施增强其竞争力。地方政府与通博洛尼亚地区的大学进行沟通,催进本地企业和大学共同建设纺织染料实验室、纺织技术实验室、机械技术实验室等,大力发展实用型技术,加速大学研究成果的产业化。同时地方政府和企业共同出资扶持和赞助本地区职业技术学校,提升教学水平,为本地区专业制造业发展提供大量高素质人才。

第六章　开放体系下落后企业如何增强国际竞争力：以海尔集团为例

　　根据欧睿国际(Euromonitor)2014年调查数据显示,海尔大型家电零售量第六次蝉联全球第一,海尔冰箱、冷柜、酒柜、洗衣机全球品牌份额继续蝉联全球第一;在全球中高端市场上海尔品牌价值也不断提升,已经进入美国前10大连锁渠道与欧洲前15大连锁渠道;在俄罗斯与博世、西门子等欧洲本土品牌平起平坐,在日本海尔冰箱定位已超过松下,十年前99欧元的海尔产品在今天的欧洲产品单价已升至2990欧元。2015年5月29日全球领先的品牌咨询机构Interbrand发布的2015最佳中国品牌价值排行榜中,海尔以1475.59亿元的品牌价值连续十二年蝉联国内家电行业榜首,是品牌价值增长速度最快的品牌,同比提升了42.3%。2015年5月,由世界绿色设计组织主办的,"2015世界绿色设计论坛扬州峰会暨世界绿色设计博览会"在来自27个国家或地区的企业峰会上,海尔天铂空调荣获"绿色设计国际金奖",是此次获奖企业中唯一获得绿色设计金奖的家电类产品。在智能产业成为中国经济发展的新动力、新亮点的趋势下,海尔U+加快生态圈落地步伐,传统产业的创新使其快速蜕变成全球知名品牌,在中国工业4.0中又引领风骚。

　　海尔集团由一家位于山东青岛市即将废弃的冰箱厂起家,企业创始人兼CEO张瑞敏先生将海尔打造成全中国最大的家电用品制造商。海尔集团从 2005 年开始就进入了世界品牌 500 强行列。拥有 41 年历史的英国调查机构欧睿国际发布 2013 年全球大型家用电器调查结果：海尔 2013 年品牌零售量占全球市场的9.7%，第五次蝉联全球第一。按制造商排名，海尔大型家用电器2013 年零售量占全球 11.6% 的份额，首次跃居全球第一。海尔继续在冰箱、洗衣机、冷柜、酒柜等分产品线市场保持全球市场占有率第一。

从 1984 年创业至今，海尔集团已经经过：名牌战略、多元化战略、国际化战略、全球化品牌战略四个发展阶段。海尔集团董事会首席执行官张瑞敏说"没有成功的企业，只有时代的企业"，在大工业向互联网转化的时代背景下，2012 年 12 月海尔集团宣布进入第五个发展阶段——网络化战略。海尔能否真正在互联网时代实现全球化战略，实现整合全球性资源，在海外实现完全独立经营的世界品牌？从海尔的发展战略历程中，我们似乎能够找到答案。海尔游走在发达国家掌握核心技术的成熟家电市场上，循序渐进，找准复杂多变的国际产业环境节点、快速反应市场的多元需要，踏准时代节拍的一系列动态发展战略，上演了后发展国家落后家电企业跃居全球零售第一的神话，值得我们体味与思考！

为什么海尔历经 24 年（1984—2008 年）能够从濒临破产的冰箱厂跃居连续成为全球家电零售第一的全球家电第一品牌呢？本章鲜活地再现了海尔集团和着时代节拍，充分利用开放经济体系释放的空间，主动进行内部再造，灵活地根据外界环境进行战略转化与衔接，承接、吸收、创新国际技术，进而全球布局实现海尔"走出去"、"走进去"、"走上去"，成功构建全球经营生产网络，形成良性海尔家电产业生态圈，我们从中可以体味到具有中国特质的企业如何从濒临破产成长为具有国际竞争力的中国跨国公司的经验与启示,希望对中国企业尤其是欠发展地区企业世界业务拓展有借鉴价值。

第一节　本土市场上的角逐

一、瞄准国际市场一流标准超越国内竞争环境——名牌战略

（一）公司缘于濒临破产的青岛冰箱总厂

青岛电冰箱总厂前身是成立于 1955 年的一个手工业生产合作社,1959 年改名为青岛电机厂后(后为东风电机厂),开始进入家电制造行业。1984 年 1 月 1 日,经青岛市经委的批准,企业正式更名为青岛电冰箱总厂,1984 年内换了四任厂长。当时,张瑞敏是青岛电冰箱总厂的上级单位青岛市家电公司副总经理。他目睹到青岛通用冰箱工厂外,那些捧着现金的顾客,仅为购买一台刚刚出厂的次等冰箱都能排成长龙,这使他确信冰箱有着很大的潜在市场需求。青岛市政府委派张瑞敏承担起拯救濒临破产的青岛电冰箱总厂的责任,1984 年 12 月 26 日,张瑞敏正式接管该厂。当时青岛电冰箱总厂负债 147 万元,产品滞销,人心涣散。张瑞敏到附近农村大队借钱,才使全厂工人过了一个年。这一情景被吴天明导演排进了以海尔人创业为背景的电影《首席执行官》中。

当时虽然从资产核算上企业拥有独立权,企业全体职工拥有工厂资产,可以分享上缴给地方、中央政府税赋后的剩余利润,但是企业的最终管理权却归属市政府。青岛冰箱总厂绩效不振、劳工懈怠、管理不当与政府人事管理也许有密切关系。

（二）分析国内外市场,确定名牌战略

1984 年,中国市场上大约有 300 家冰箱制造厂商,大部分产品质量远远低于国外同类产品。张瑞敏相信广大中国消费者愿意

出更高的价格购买高质量的产品与可靠的服务。1984年,他到德国参观时感慨地说:"我们并不比德国人笨,为什么不能做得像他们一样好呢?"随即,张瑞敏从德国冰箱制造商利勃海尔(Liebherr)取得技术授权,从丹麦特冰(Derby)、日本三洋等企业引进冰箱、冷气机生产线,与意大利梅洛尼公司(Merloni)和日本三菱(Mitsubishi)建立合资公司,不断学习国外先进技术与设计。张瑞敏说:"我们一开始观察、吸收,接着我们模仿,最后我们足以独立设计。"

张瑞敏接手青岛电冰箱厂与"名牌战略"几乎同步。1985年1月1日,张瑞敏在分析当时电冰箱市场基础上,得出市场上电冰箱品种繁多,竞争激烈,提出"起步晚、起点高"原则,制定"名牌战略"。1985年,张瑞敏从一封来自消费者的信中发现了电冰箱产品存在的质量隐患,他认为只有真正实现了问题清零和买断损失,才能卖出有价值的订单。为了真正唤醒员工的质量意识、市场意识,张瑞敏将76台问题冰箱从库房中拉出来,命令员工用大锤将其敲得粉碎。张瑞敏说:"这才真的让员工注意到,我并不是跟竞争者一样什么产品都拿出来卖,要卖就卖最好的。""砸冰箱"事件成为海尔历史上强化质量观念的警钟。多年后,海尔以"金锤奖"为名,激励那些创新绩效优越的员工。为了让"质量至上"精神深入人心,海尔让工作中出现质量问题的员工下班前站在漆有黄色脚印的工厂地板上,向其他员工解释问题的原因:一则提升个人责任感,二则吸取经验教训。1986年,由于产品质量过关,海尔冰箱在北京、天津、沈阳三大城市一炮打响,市场出现抢购现象。在1987年世界卫生组织招标中,海尔冰箱战胜十多个国家的冰箱产品,第一次在国际招标中中标!

面对市场庞大的需求与急速下滑的价格,海尔仍专注于质

量与品牌塑造。海尔的发展逐渐引起了各级领导和社会各界的
关注。1988年，海尔冰箱在全国冰箱评比中，以最高分获得中
国电冰箱史上的第一枚金牌。1990年，海尔先后获得国家颁发
的企业管理"金马奖"、"国家质量管理奖"。1990年，海尔产品
通过了美国 UL 认证。1989年，中国冰箱市场面临供过于求的
状况，有别于竞争者降价求售的方式，海尔反而逆势操作提高售
价。张瑞敏发现即使在价格战中，海尔的品牌仍能够带来超过
15%的溢价。

到1990年年初，电冰箱生产过剩不再是问题。"在需求大
于供给时我们并没有大规模的生产，因此并没有计划要将我们
的品牌推广到国际市场，而是将注意力集中在中国市场"。现已
退休的海尔集团总裁杨绵绵女士解释："如果未来我们的目标是
成为第一流的品牌，为了达成这个目标我们需要有相当庞大的
规模。"

二、专注、积累，多元化战略水到渠成

从1984—1991年，历时7年，海尔专心致志做冰箱，在管理、
技术、人才、资金、企业文化方面有了可以移植的能力和模式。
"现在，我们可以靠着卓越的声誉来推广新产品了。"张瑞敏说道，
"这正是从事多元化的好时机。"于是，海尔集团进入了多元化发
展的战略阶段。

海尔马上就找到了两个合适的并购对象：青岛空调器总厂与
青岛电冰柜总厂，两者皆因为缺乏有效管理而陷入困境。在青岛
市委市政府的支持下，海尔完成了与青岛电冰柜总厂和青岛空调
器总厂的合并工作，于1991年12月20日成立海尔集团。海尔承
担了他们的债务，保留大部分员工。青岛空调厂，借助推出新型冷

气机,注入海尔企业文化与管理,在一年内这个新并购来的部门就从原先150万元人民币的亏损中转亏为盈。

1992年,邓小平同志南方讲话,海尔抓住机遇在青岛市东部征地800亩,建立海尔工业园区,在此设立公司营运总部。海尔工业园区的土地成本价达8000万元,建筑物成本超过10亿元,而海尔在1992年的利润仅5100万元。海尔寄望于16亿元人民币的担保性银行贷款,但海尔完成购买土地的一个月后,中央政府开始实施全国性信用紧缩政策以遏止市场投机行为。海尔只好转向还不成熟的股票市场,1993年11月在上交所释出冰箱制造事业部43.7%的股权,在A股首次公开上市(IPO)募集到3亿6900万元。张瑞敏回忆时说:"这是海尔第一次如此高风险的行动,如果我们IPO没有成功的话,海尔就消失了。我们再也不会做类似的事情,这将是空前绝后的一次。"

海尔的并购活动基本上持续了整个90年代。海尔在1995年并购濒临破产的青岛红星洗衣机公司时,必须承担全部企业员工的安置费与高达1亿3200万元的负债,这相当于当时海尔全年的利润。然而18个月内,海尔成功地把红星公司打造成中国排名第一的洗衣机制造企业。1997年,海尔通过并购位于安徽省的黄山电子(Yellow Mountain Electronics)将电视与通信设备纳入其产品组合,进入彩电业,从而进入黑色家电、信息家电生产领域。随后,海尔以低成本扩张的方式先后兼并了广东顺德洗衣机厂、莱阳电熨斗厂、贵州风华电冰箱厂。到1997年海尔已经依循其并购策略收购了18家国内企业。海尔在多元化经营与规模扩张方面,进入了一个更广阔的发展空间。"我们只并购那些拥有市场与好产品但缺乏管理的公司。"张瑞敏说,"接着我们引入海尔专有的管理与质量控管流程来使它起死回生。"这就是张瑞敏的"吃休克鱼"的并购模式。通过输入海尔文化,盘活被兼并企业,使其规模不断扩展。海尔文化激活"休克鱼"的案例还入选哈佛大学商学院工商管理案例库。从专注生产冰箱这单一产品做起,高要求高标准成就了海尔享誉国内外的品质与地位,造就卓越的海尔企业文化和知识资产,动态管理能力又能把代表核心竞争能力的知识资产拓展到家电、家居、生物制药、IT 数码产品、通信、物流、金融、房地产等制造业和服务业多个领域,海尔逐渐成长为虚实相融、协同共生的全球领先美好生活提供商。

三、透析国内市场特色再造流程,本土市场优势成就国际化战略

1998 年,海尔实现年收益 168 亿元人民币,在国内的冰箱、洗衣机、空调冷气机市场占有率都超过 30%。虽然海尔经营业绩表现得非常好,但国内长期高速增长的顾客需求正逐渐趋缓。1997 年的全国零售额较 1996 年仅增长 11.6%,是 1990 年以来的最低点。家电产业分析者指出,占中国人口 72% 的乡村地区人均收入正在成长,但在 1998 年只有约 10% 的乡村家庭拥有一台冰箱、20% 的家庭拥有一台洗衣机。

(一)最初的 OEM 代工与再造流程"修炼内功"

海尔在 20 世纪 90 年代早期也曾以 OEM 代工的方式出口家电产品,并于 1990 年中期在亚洲设立了许多海外合资公司,海尔开始将目标锁定在海外市场。但是,经过十年扩张后的海尔,必须首先进行国内重组才能更有效地与跨国公司在国内外市场竞争。海尔将制造业务重组为七大产品事业部:冰箱、空调、洗衣机、信息科技产品、厨房卫浴、科技设备、直属单位(包括通信、住房建筑、生物工程等)。

1998年以前,海尔并购的企业大部分都拥有独立运作的研发、生产、采购、销售部门,海尔将众多职能部门合并为四个集团层次的"发展部门"——现金流(财务)、贸易流(销售)、原物流(物流)、海外部门(全球运筹),这些部门直接向海尔集团总裁报告。四个集团发展部门如同一个个利润中心独立运作,与外部服务提供商竞争的同时也提供服务给外部顾客。

人力资源、研发、顾客关系部门也是集团层次的事业中心,通过转移计价为海尔其他各部门提供服务。总管理处、全面设备管理中心、全面质量管理处也以类似的方法集合这些跨部门的功能。2000年新增网络商务公司来服务企业与个别客户。

(二)在中国市场上的国际竞争

2004年,海尔在国内市场竞争中处于领先地位,并成功地经受住跨国企业在国内市场的竞争考验,成为中国市场第一大家电企业。尽管有几家洗衣机与冷气机厂在特定细分市场中占有前三名的地位,但综合整个白色家电市场,海尔是市场占有率居于领先地位的企业。海尔拥有480亿元的冰箱、冷冻柜市场,约占整个白色家电市场销售额的38%。2002年,以销售量计算海尔在冰箱市场是27%的市场占有率,而以收益计算则高达52%,以产业获利计算大约是61%。

1. 来自国内的竞争者

根据中国产业协会估计,只有每年产能超过100万台的冰箱厂才能获利。在1989年中国大陆有100多家冰箱制造商,到1996年就仅剩下约20家主要厂商,前十大厂商市场占有率从1992年的50%上升为1996年的80%强。1996年的海尔就是当时符合该条件的三家中国厂商之一。

20世纪80年代,海尔的质量承诺促使海尔从众多竞争者中脱颖而出,随着市场的最弱竞争者倒闭或被并购后,海尔面临的是中国更强大的竞争者,这些强大竞争者通常只专攻一到两条产品线。长期价格战争,特别是在冰箱领域,对所有的领导厂商都造成了伤害,有时候企业必须以成本价甚至低于成本价消化库存。在这种竞争局势下海尔则依靠多元化的产品线、差异化产品、出口策略等确保了持续获利。

当时海尔国内最大竞争者是能提供完整的家电产品线的广东科龙,科龙也是 20 世纪 80 年代由冰箱制造起家。1998 年科龙与中国一家冷气机领军制造商合并,在 20 世纪 90 年代后期于香港与深圳股票交易所挂牌,跨国企业惠而浦(Whirlpool)公司则选择科龙为其在中国制造洗衣机。科龙不同于海尔单一品牌模式,而是采取多品牌策略:高端产品品牌为科龙、中端产品品牌是容声、低端冰箱和冷气机则采用康拜恩(Combine)品牌。由于科龙以三个品牌销售冰箱与冷气机,且各自都拥有独立装配线,并形成各自的品牌定位。相对于科龙这个最大竞争者,海尔单一品牌战略能带来更大的规模经济和效应。

由于市场的激烈竞争,科龙在 2000 年和 2001 年都报巨额亏损。一项会计丑闻揭露其上市公司与母公司之间经常性的共享信用贷款并支付彼此的营运费用。格林柯尔公司在 2001 年末取得科龙多数股权,科龙新管理层推出锁定乡村中国人口的一项新策略,随后一年里以新低端品牌销售近百万台冰箱。虽然海尔在乡村市场早占有一席之地,但在乡村没有采取特殊定价产品。科龙执行总裁说"科龙的未来掌握在二三线市场,即在县及镇的乡村人口"。2003 年约 23% 的乡村家庭拥有一台冰箱,当年科龙获得相当大的盈利,但在 2004 年却显示出 4470 万元的亏损,销售势头开始疲软。

2. 外商的进入

2001 年 12 月中国加入了世界贸易组织(WTO),这让海尔倍感压力。因为之前海尔的竞争者大部分都是国内品牌,但在中国加入 WTO 后竞争者则变成西门子、伊莱克斯、三星、LG、松下、索尼、通用电气与惠而浦等跨国企业。有些外国家电品牌进入中国市场的时间更早,惠而浦 1994 年就与中国制造商在北京成立合资企业生产冰箱。在 1996 年张瑞敏就注意到第二代竞争者正冲击中国白色家电市场。他说:"中国市场正逐渐变成国际家电市场的一部分。"

跨国公司开始认为在中国市场上的竞争者应该是其他跨国公司,但发现自己是与海尔、科龙在竞争。这些国内家电企业的技术几乎与惠而浦一样好,价格更低,款式、销售渠道更适合中国。由于认为中国市场并不需要最新的科技,惠而浦的合资企业在 1995 年依旧生产氟利昂冰箱。与此同时,国内本土制造商已开始响应消费者需求提供无氟利昂冰箱产品。1996 年,惠而浦合资企业制造的氟利昂冰箱仅卖出不到 60%,导致将近 1100 万美元的损失。等意识到这个决策的失误时,惠而浦在中国开始建立无氟利昂的生产线,但这却晚了 18 个月,市场已经接近饱和了。从 1990 年开始,惠而浦投资冰箱、冷气、洗衣机、微波炉的制造,到 1997 年为止在中国市场累积总损失超过 1 亿美元。惠而浦美国母公司卖掉大部分股份,依靠锁定出口来拯救中国微波炉制造工厂,并开始让科龙贴牌生产洗衣机。2001 年惠而浦卷土重来,在中国推出 30 个新产品、设立两个全球研发中心、一座大型生产工厂。

国外品牌以惊人速度抢夺中国品牌市场占有率,国外品牌冰箱市场占有率从 2001 年的 26%提升到 2002 年的 31%,特别是自动洗衣机市场,国外品牌从 2001 年的 31%跃升到 2002 年的 38%。

时任海尔集团总裁的杨绵绵女士相信,海尔比外国厂商拥有熟悉本土市场的优势,更贴近中国消费者,能够察觉到正在或潜伏的消费需求改变气息。海尔的产品设计是根据中国消费者偏好,同时海尔也在营销、市场领域发展人力资源。跨国企业仍以外国消费者的方式为中国设计产品,他们无法融入到中国文化、价值观中去。

(三)海尔本土竞争优势——熟谙中国零售渠道

2000 年以前国营百货公司大多是海尔的客户,到了 2004 年家电销售开始从百货公司移转到独立专卖店、民营连锁零售商。国美成为中国最大家电销售商,在全国 22 个大中城市拥有 100 多家店铺,2004 年通过国美渠道的销售占海尔总销售额的 30%。而国际连锁零售商(如沃尔玛),占海尔国内销售额的 5%。在第二、第三线城市,海尔设立的特许经销商网络占其销售额的 30%。独立零售店、政府采购各占了 15%,其余则是网络销售。

2000 年的渠道变革影响了海尔的顾客关系管理模式。几年前中国白色家电消费者对产品要求不是很苛刻,大型百货商店很容易就能把商品卖出去。当时海尔拿到订单、维持高市场占有率的主要方式就是与大型百货商店保持良好关系、准时交货。现在海尔销售商不仅是国内主要连锁零售商还有国际零售商,如沃尔玛、家乐福等。民营零售商更强调结果,传统管理方式不再适用。零售商管理的焦点从关系和交情更多转向盈利能力上。外国跨国家电品牌如西门子(Siemens)、通用电气(GE)与西方零售商一起进入中国主要城市市场。世界贸易组织规定,2004 年底中国全面开放零售业,这直接威胁到国内业者在第一线大城市的垄断优势。然而跨国零售商的经验并不足以使外国白色家电业取代海尔。当时,跨国品牌销售量总量还不到中国白色家电市场的 10%,因此不论是国内还是国际企业对于零售渠道的影响力仍旧有限。外国品牌在中国第二、三线城市或乡村地区情况更差。许多外国品牌,在适应中国多元经济发展水平时都曾遇到硬骨头,他们销售的方法在人口一致性较高时是行得通的,但在中国,区域购买偏好是相当严重的。在中国乡村市场,大多是小型民营家电销售企业。一个县可能只有两三家家电销售企业,并没有国内、国际大型超市存在。

(四)研发创新——硬技术、软技术市场竞争力的根基

品牌信誉与公司创造力是海尔在国内竞争中的主要优势。消费者认为海尔是中国第一品牌,虽有品牌溢价但海尔仍能成为销售冠军。支持品牌影响力的则是每年5%~7%收益在 R&D 的投入。海尔每年都有新产品问世,产品并不是被竞争者而是被海尔自己的新产品淘汰。海尔的经营者并不会宣称任何具有决定性的竞争优势,但海尔至少有三个领域持续地获得称赞:创新与快速响应市场、优越的售后服务与高效率的配销。这种软技术环境是新产品创新硬技术的源泉。

1. 市场响应力

"海尔之所以能在中国如此成功是因为我们专注于满足顾客的需求。"张瑞敏说:"海尔有组织地去了解并满足顾客,有时甚至是相当差异化的需求。"海尔遍布全国的配销中心如同独立的"销售公司"般运作,他们需要对顾客的需求及时回应,以便产品符合多变的市场需求。

当有位四川省乡村顾客抱怨海尔洗衣机故障时,海尔服务技术人员发现管线里塞满了泥巴。这是因为乡村顾客会用海尔洗衣机来清洗衣物、红薯、花生甚至是蔬菜。于是工程师完善洗衣机设计来满足乡村用户的特殊需求。自此,海尔在四川省的洗衣机标

示中明确标出："主要用途：清洗衣物、红薯、花生。"

为适应夏天每天要更换轻柔衣物，海尔创造了一种能清洗单次换洗衣物的小型洗衣机。这种能省水、省电机型在上海一炮打响，并成功地推广到欧洲市场。海尔还创新研发了不需要洗洁剂的洗衣机和洗衣与干衣合二为一的机型，洗、干一体机型大大节省了宝贵的时间与空间，深受都市丽人的欢迎。

为了满足国内外市场的需求，海尔开发了许多创新机型（例如拥有保存韩国泡菜隔间的冰箱），结果导致在96个产品类别中多达15100种规格。海尔的经营者认为这种在特点上的创新对生产的费用影响并不大但对消费者而言却很有价值。"为了管理制造不同机型的成本，我们的生产以零件与子系统为基础，拥有一个可以修改的基础平台。"张瑞敏说："偶尔我们会增加某些特点，但我们并不会随意更改基础的机型。"

2. 服务

早在1990年，海尔就在青岛设立了一个计算机化的服务中心系统来追踪数以万计的顾客。当这些原先已习惯于很少甚至没有售后服务的中国顾客，开始意识到海尔是一家很不一样的公司时，这样的努力很快就有了回报。像出租车司机朱晓明与他用了十年的海尔冰箱这样的故事，不断地在中国反复流传。在1996年，朱师傅半信半疑向海尔消费者服务专线打了电话，并不期待他那台买了十年的冰箱故障能获得什么帮助。一位产业观察家记录到：让朱师傅感到惊讶的是，一位穿着制服的服务员隔天就出现在他门前，他将冰箱带回工厂并在过渡期间借了另一台冰箱给朱师傅。两个星期后，朱师傅的旧冰箱再次冷藏着他们家的肉与蔬菜回来了。最棒的是这项服务非常便宜。"这次的维修他们只收我200—300元人民币（约24—36美元）。"朱师傅说，"我感到非常满意。"

到 2004 年,海尔拥有一个具有 5500 家独立承包商的服务网络,每一个销售据点都有一家。这些承包商有些专属于海尔,有一些同时为海尔与竞争对手的产品服务。海尔客户可以打全国服务热线要求安排上门维修。如果家电需要送修,海尔会提供免费的暂时代替品。海尔的免费完整维修保修期都符合或是超过中国政府的规定。海尔人认为,顾客对海尔服务的赞许是企业最重要的竞争优势。在国家级的服务等级与售后服务评比中,海尔总是首屈一指。不管是在服务的质或量上,几乎没有人能跟海尔一较高下。

3. 配送

于 1999 年海尔进行组织再造时成为一个独立运作的公司,海尔的物流单位已经成为该领域中的国际先驱,提供"Just In Time"(即时)的采购、原物料运送、产品配销服务。1998 年到 2004 年海尔将主要原物料库存的规模从 200000 平方公尺、30 天的库存周期缩减到 20000 平方公尺、7 天库存周期。

在 2004 年,海尔即时订单处理中心为集团的生产线从大约 1000 家遍布中国及海外的供货商购买了大约 300000 种不同的零件,而在组织再造前大约是 2300 家供货商。物流单位平均每两个小时配送一次原物料到生产处,并使用计算机条形码扫描,自动进行存货纪录更新与跨公司间付款。工厂通常一收到订单就开始生产,花费约一到两天的时间。

海尔要求在购买订单送件之前使用现金全额付款,一旦收到货款,物流单位就会将货品送到海尔 42 个遍布全国的配销中心的其中之一。从 20 世纪 80 年代末期,政府开始大量投资于交通基础设施建设,这使得海尔有机会利用中国成长中的公路网络,与超过

300 家运输公司合作,在中国除了西藏以外的地区使用总共约
16000 辆交通工具,此运输网络每天运送超过 100000 件货品,这
还不包括小型货物,如手机、真空吸尘器等。海尔每天按照订单数
量直接运送大量的货品到零售店的仓库。每个配销中心平均处理
约 200 个顾客,有些顾客拥有许多的零售店面。由最初的订单到
最后的货品配送,这整个流程从之前的 36 天缩减到大约 10 天。

　　海尔物流与国内的竞争者之间最主要的差异在于,海尔将物
流单位组织成一个单一公司来服务整个集团。其他公司,如美的
与 TCL 则是为每个产品线都设有各自的物流单位。"海尔拥有相
当广的产品线,而海尔物流则为整个集团与集团以外的品牌进行
配销。"时任海尔物流主管的王正刚说:"当运送一个冰箱时,我们
可以同时运送微波炉、热水器与其他产品,其他的公司则不行。这
样的规模与数量使我们拥有最低的物流成本。"王正刚同时也看
到海尔相对于跨国公司的优势:在中国,跨国公司在物流领域的经
营仍然受到法规限制,所以他们必须以合资的方式进入中国。跨
国公司有着比本土企业更多的经验,但在物流成本或网络上他们
并没有竞争优势,例如人工成本相对很高,而且在中国并没有建立
网络。所以并不能说跨国企业当时在中国国内市场具有相当竞争
力。在中国要建立一个物流网络是一件很复杂的事,需要涵盖相
当广泛的地域、行驶于相当复杂的地形以及涉及与许多地方政府
的协调。这使得与发达国家相比,物流作业成为一件非常麻烦的
工作。要建立一个像海尔一样高度整合的库存系统也是困难重
重。在像上海这样的大城市,要找到一个地点足以容纳运送白
色家电的众多大卡车是相当不容易的。而在大多数偏僻的地
区,如何将仓库接上公司的信息系统则是一大挑战。"要在内蒙
古与新疆设立仓库并将货物配销到周围的区域是既昂贵又困难

的。"王正刚说:"这并不是两三天就可以达成的事情,这牵涉到许多的基础建设。"

外国跨国公司可以将配销作业外包给中国众多物流公司,但成本通常比较高,且涵盖范围仅限于特定区域。"外国公司通常群聚于开发程度较高的心脏地区,而这些地区有许多独立的物流公司。这些公司并未延伸其范围到中国内陆地区,而且这些地区的业务量并不多。"王正刚接着解释,"那些想要涵盖整个中国范围的跨国公司必须要使用许多不同的物流公司来完善整个国内网络。但仍旧有许多外国公司,如三星,成功地将物流外包给中国的业者。而那些想试图建立自己配销网络的外国跨国公司通常以失败收场。《中国经济时报》就将惠而浦在洗衣机市场的损失归因于跨国公司无视其合资伙伴现存的配销系统。惠而浦试图建立他自己的销售团队与配销网络,因而导致他在中国的合资企业相当高的营运成本"。当然,通用电气和惠而浦都是拥有超过100年历史的伟大公司,他们在中国没有表现很好只是因为他们还不够本地化,一旦实施和完成本地化后,相信他们会表现得更好。

第二节　全球网络的构建

一、海尔国际市场布局

海尔自1997年正式实施国际扩张策略,张瑞敏宣布他的"三分天下"(three thirds)之计,要将海尔销售产品的收益平均分配在三个范畴:三分之一制造与销售都在中国,三分之一在中国制造但在海外销售,三分之一在海外制造与销售。1998年,海尔的海外销售大部分集中在欧洲与美国,总计约6200万美元,仅占集团总销售额的3%。1999年成立的海尔海外推广部门象征着国际销售的开始,出口业务与海外制造业务急速成长,到 2004 年海外销售收入约占总收益的 17%。

　　海尔早在 1990 年初期就以贴牌生产方式出口海外市场。一开始出口到英国、德国,随后是法国、意大利。同时,海尔也以合资的方式来扩展海外市场,1994 年与日本三菱(Mitsubishi)合资设立了中国最大的空调压缩机工厂。1995 年海尔与印度尼西亚企业合资成立一家冰箱与空调工厂,海尔成为第一家在海外直接投资的中国企业。1997 年,海尔通过与南斯拉夫一家公司建立合资企业,在贝尔格莱德生产空调,成立海尔第一家欧洲制造基地。在德国,海尔最初以德国家电公司——利勃海尔(Liebherr)的品牌"Blue Line"进行销售,市场反应良好。一份德国杂志进行的用户盲测显示,海尔的 Blue Line 冰箱获得八项最高分,而利勃海尔仅有七项。1997 年德国成为第一个海尔牌冰箱出口的目的地市场。同年,海尔与菲律宾电子公司 LKG 成立合资企业,在菲律宾生产海尔牌冰箱、空调机、洗衣机,并销售给当地及区域市场。

　　1999 年是个转折,海尔从持续为外国跨国公司进行 OEM 生产、主动寻求 OEM 客户,开始转向专注海外市场销售海尔品牌产品。"大部分中国企业的目标是将产品出口赚取外汇,这是他们唯一的目的。"张瑞敏说,"而我们出口的目的在于建立品牌在海外的声誉。"典型的中国制造企业会以 OEM 客户的品牌来出口商品,比如海尔在国内最大的竞争对手——科龙。2003 年海外销售占科龙总收益的 12.5%,但其并没有在海外以自有品牌进行营销。

　　海尔战略性地承担起海外自行建立公司的初期建设成本。"我预期海外获利的成长会比整个公司获利的成长来得稍微慢一些"。张瑞敏说,"在某些成熟的市场我们会获利,但在进入新市场时我们可能会先有一些损失"。

为了在国际市场上进行扩张,海尔向一些成功的日本公司、韩国公司学习。2004年拥有240亿美元收益(约有25%来自于白色家电销售)的LG电子,可能是海尔的最佳模范。LG公司在1950年生产了第一台韩国冰箱,然后扩展到其他家电与电子产品生产制造。1990年公司专注于转为较高档的LG品牌,开始根据市场规模、预期成长率、对外国公司的开放程度、竞争激烈程度进行国际扩张策略。

二、国际市场策略

海尔决定一开始聚焦于"困难的"发达国家市场,并直到在这些市场上证明自己后,才进入相对"容易的"后发展国家市场。2004年海尔约有70%的海外营业收入来自于欧洲、美国、日本等发达国家市场。张瑞敏在阐述"先难后易"战略时解释说,"大多数中国公司会先进入东南亚,但是海尔在渗透美国与欧洲这类困难市场后,再进入这些相对容易的市场。欧美市场正是全球强大竞争对手的母国市场,需要克服更大困难。海尔相信如果海尔可以在欧美市场成功,海尔也能在较容易的市场成功"。

海尔进军发达国家市场是为了达到最高质量标准而向自我发起的挑战。"我们选择先进入发达国家是因为他们的消费者与零售商的要求都相当严格并难以满足。"海尔的海外部门主管刁云峰说,"在进入美国市场时,我们学到了UL认证的必要性以及美国与中国消费者的差异。我们学到了很多如果我们只待在东南亚或其他后发展国家市场无法学到的事情。"成为在欧洲或美国具有一定市场地位的品牌,使得海尔在进入发展中国家市场时拥有现成的声誉。

海尔也会利用在美国或欧洲的经验来说服发展中国家市场的

零售业者销售海尔的产品。海尔发现即使在发达国家市场仅有少数成功的产品，也能帮助海尔在发展中国家市场引入完整的产品线，包括从入门到高阶机型。"如果我们能在成熟市场有效地跟通用电气、松下、飞利浦等知名品牌竞争，我们当然能毫不费力地拿下发展中国家的市场。"张瑞敏说明，"就像我们在国内市场一样，当海尔的冰箱在北京及上海取得成功后，我们进入那些中小型的城市时一点困难也没有"。

三、发达国家市场战术——从利基产品做起

海尔通常以少数的机型进入发达国家市场来试水并避开主要竞争者。海尔海外部门主管刁云峰这样说道："当我们进入美国市场时，我们发现并没有竞争者专门制造冰箱给学生或办公室使用，因此我们提供对美国制造商而言由于数量与价格都太低而放弃生产的产品，不到三年时间，我们在小冰箱的市场占有率就超过30％。"由于竞争者相对较少，这种产品带来较高的毛利。当其他人开始模仿时，海尔就增加一些新的属性，例如锁定住在宿舍的大学生，提供计算机桌一半大小的小冰箱等。

在美国拥有如小冰箱或储酒柜之类相当成功的产品，使得海尔能吸引到像沃尔玛、百思买主流连锁零售商的注意力。跟这些连锁商店建立关系后，在要求他们销售家电产品时，海尔可取得一个较有利的位置。刁云峰补充说，"当我们在利基产品成功后，我们开始引入如标准冰箱、公寓冰箱、空调、洗衣机等通用产品到美国市场"。

四、员工国际化——雇用当地人

每当进入一个新市场，"第一件事就是用对的人来建立架

构"。刁云峰说,"如果我们使用当地人,我们能够扩展得相当迅速,因为当地人相当了解本地市场。如果我们仅使用海尔在中国的员工来扩展全球,并没有足够的人力,特别是拥有全球视野的员工"。海尔从找到一位有经验的当地人开始,最好是从一家具有领先地位的白色家电公司寻找有经验的商业领袖来带领在该国的营运。他会雇用当地团队并发展出销售与配销通路。

"我们的策略不只是出口,我们希望使用当地人及本土的思考来满足顾客的需求"。现已退休的海尔集团前总裁杨绵绵女士说,"相较于其他外国品牌,我们的优势在于网罗了拥有为顶级品牌工作经验的人加入我们"。这跟跨国公司进入中国时所做的并不一样,杨绵绵解释道:"当顶级跨国公司到中国的时候,他们使用当地的中国人,但这些中国人之前并没有为主流品牌工作过。所以如果他们想用这些没有品牌经验的人来建立他们在中国的品牌,他们的麻烦就大了。"

刁云峰相信一旦时机成熟,海尔终将安排国内的员工到海外关键职位上,以获得对市场更深切的理解。"我们想参与更多细节,我们需要知道终端的信息。"刁云峰说,"本土化的人员就是我们的眼睛、鼻子、耳朵。如果你没有眼线,你就不知道市场发生了什么事。当地的 CEO 不可能事无巨细地汇报给海尔总部"。

杨绵绵倾向于持续从中国派遣暂时性的技术支持小组,同时仰赖当地的合伙人来经营公司。杨绵绵相信美国顾客视海尔为美国品牌,"因为海尔是由美国人生产与制造的",她说,"美国人可以建立通用、惠而浦和伊莱克斯,他们也能建立海尔"。

五、全球市场上的竞争——速度、差异化

海尔采用双管齐下的策略来跟当地品牌竞争:速度与差异化。

在美国的消费者习惯于通用和惠而浦这样的大众品牌,因此他们会怀疑为什么要选择一个默默无闻的品牌。但大公司做事按部就班且行动迟缓,于是海尔看到了一个能在本地市场与他们竞争的机会,靠的是比他们更专注于顾客。为了赢得这些顾客,海尔在速度与差异化两个方向努力。

就如同在中国本土一样,海尔相当注意海外市场顾客的需求,并愿意做产品上的细微调整以取悦顾客。"我们卖大冰箱的策略与小冰箱一样"。张瑞敏说,"我们将研发人员送到美国与消费者直接对话,或是与销售人员一起待在连锁商店内以找出顾客的特定需求。"海尔的市场研究导致了一些简单的创新,例如:冰箱中有一个小夹层以稍微高一点的温度保存冰淇淋,使其更柔软并容易取用。"消费者喜欢我们提供的特色,"张瑞敏说,"大制造商并不注意这些小细节。"海尔致力于成为全球家电行业的引领者,企业内部通过研发形成核心竞争力,在管理模式、解决方案上实施颠覆性创新。海尔还充分利用东道国人才、科技实力、科研基础,全球安排科研机构从事新技术、新产品研发。截至 2014 年 6 月,海尔通过全球五大研发中心作为知识资源接口,与全球一流供应商、著名大学、研发机构建立战略联盟,形成上百万科学家、工程师组成的创新生态圈。这使得产品发展变得迅速。从各地来的灵感可以很快地测试并做成试用原型。海尔的经营者也相信公司扁平的结构有助于提升速度,销售人员能够直接提供市场情报给模块化经理,这些彼此竞争的型号经理会在调动资源生产前快速地评估设计的可行性与获利能力。2013 年底,海尔累计申请 15737 项专利,其中 10167 项获得授权。

六、创客时代的网络化战略

没有成功的企业,只有时代的企业,张瑞敏认为,所谓成功只不过是踏准了时代的节拍。在互联网时代,张瑞敏的管理思维再次突破传统管理的桎梏,提出并在海尔实践互联网时代的商业模式——人单合一双赢模式,让员工在为用户创造价值的过程中实现自身价值;通过搭建机会公平、结果公平的机制平台,推进员工自主经营,让每个人成为自己的 CEO。"张瑞敏的'时代理论'能让你真正领会海尔 30 年来不断发展的历程,也才能深入理解为什么海尔会成功转型,从传统企业管控组织,转变为成千上万员工的创业平台。颠覆是海尔存在的唯一理由。"这是 2014 年 4 月 17 日下午,在与张瑞敏深入交流之后,《经济学人》资深记者帕特里克·福利斯深有感触地说,"海尔再也不是一家传统的制造产品的企业,现在用户要的不仅是产品,更重要的是体验"。福利斯先生认为,网络化所带来的机遇,让海尔有机会与全球竞争对手一决高下,谁能为用户提供最佳的体验,谁就是最后的赢家。"我能感觉,互联网为海尔参与全球化竞争开辟了一条全新的跑道,'外去中间商,内去隔热墙',海尔正在通过组织与机制的颠覆实现与用户零距离的终极目标。而这对很多已经被过去的成功所僵化的大企业而言是不可想象的"。

　　海尔从 1984 年到 2005 年历经的名牌、多元化、国际化三个战略阶段是传统经济的思路,海尔是在传统经济的分工理论基础上进行管理的,按照生产链条建立生产线,按科层进行组织。从2005 年到 2012 年这 7 年的全球化品牌战略是海尔开始向互联网时代企业转型,"人单合一"双赢模式是转型的标志。2012 年海尔进入网络化战略阶段,在此阶段海尔就不再是转型,而是坚定地在大数据时代做好"人单合一"双赢模式。网络化市场、网络化企业、创客化管理,以海尔为平台创设出的用户与世界一流资源对接,形成商业生态网。

（一）交互用户,企业平台化

海尔电商 CEO 杨励耕谈到当前海尔面临的更大挑战时把视线拉得更长,他说:"在近 20 年里,互联网颠覆和吞噬媒体、游戏、图书影像、线下零售诸多行业,对海尔来说,最重大的课题就是如何适应互联网时代! 用互联网的思维做品牌,用做品牌的思维做电商。"海尔电商找对了路子,成为海尔网络战略化的关键。

"企业互联网思维"对应着"企业的平台化",其宗旨是"用户的个性化",员工互联网价值体现在"员工创客化"。这就颠覆了传统管理理论。与传统思维最大的不同是企业平台化:零距离、网络化。用户与企业之间必须零距离,零距离能够充分满足用户的个性化需求。通过打造营销网、物流网、虚网和服务网四网融合的竞争力,以交互平台和配送平台推进平台型的商业生态网。流水线代表着大规模制造,网络化用户又要求大规模定制。过去企业是先制造后销售,那是为库存生产,海尔探索着让用户参与前端设计,现在是必须变成先有用户后制造。企业与员工、用户、合作方三者的关系从原来的博弈关系变成了合作共赢的生态圈关系,各方都为市场创造价值。

在充分收集用户需求的基础上,整合全球优势资源设计研发。继海尔发布"U+"智慧生活操作系统后,2014 年 3 月 18 日,海尔在上海中国家电博览会上宣布又一网络化战略重要布局是:与新西兰高端家电品牌斐雪派克(Fisher Paykel)合作成立全球首个跨国厨电研发平台。"全球研发资源整合平台"不但整合诸多领域技术资源,还可以快速配置资源,海尔只要将自己的研发需求发布到平台上,就可以准确找到相应的解决方案。

斐雪派克(FPA)的电控团队非常强大,是全世界第一家做直驱电机(Director Drive Motor ©)的企业。2013 年,海尔对斐雪派克实现并购以后,双方开展了一系列合作:多条生产线的智能化升级,水晶洗衣机、洗碗机等新产品开发。海尔的优势在于发现用户需求,并建有整合平台;斐雪派克(FPA)的优势在于利用自己的知识资源,能快速找到技术解决方案。在用户互动中,海尔发现洗衣机"噪音大"是用户抱怨的焦点,市场呼唤以"静音"为特征的洗衣机。海尔通过连接外部资源,整合一流供应商,实现了智能化制造。斐雪派克(FPA)为此提供了直驱电机驱动模块,没有了皮带/齿轮传动和变速结构。斐雪派克(FPA)电机直驱技术有效地消除了洗衣机因机械转动所带来的噪音,洗衣机结构呈现最优、最简单,比交流电机节电50%。水晶洗衣机上市仅4个月时间,便拉动海尔滚筒洗衣机整体份额超过了原行业老大——西门子3.5个百分点,增长速度超过行业增速的3倍。水晶洗衣机实现了10.5%的利润率,高达行业平均水平的1.65倍。水晶洗衣机实现了单个产品引领、生产线满负荷运转、产品仍然供不应求的市场效应。在深入的创新合作过程中,双方资源和知识进行了深层次交互,相互学习,彼此受益。

(二)去中心"倒三角"组织管理结构

海尔打破了企业原有边界,成为一个开放的平台,按用户需求以单聚散。为了跟上用户点击鼠标的速度,海尔改变传统的层级关系,去中心化,组建一个个直接对接用户的自主经营体,建立一个按需设计、按需制造、按需配送的供需链体系,从大规模制造转向大规模定制。"去中心化"就是每个人都是中心,企业内外信息对称关系都发生了变化。互联网时代,改变了以往企业领导掌握更多重要信息的局面,员工掌握的信息可能比领导还要多。在企业外部每个用户都是中心,用户能够把自己的体验瞬间在全球直播。员工没有领导,用户也不以企业为中心,整个组织就要变成扁平化。海尔的组织现在变成很多自主创新的小团队，在海尔现在只有三类人，第一种人是"平台主"，他的任务是快速配置资源；第二种人是"小微主"（小微即小微企业，每一个创业团队就是一个小微）；第三种人是"小微成员"。"小微主"对员工有直接的留用与否的决定权。原来的金字塔压扁了，员工现在以用户为核心，实现官兵互选，快速满足用户个性需求。海尔企业组织由原来的金字塔结构变成倒金字塔结构。接触用户的员工在第一线，领导在下面，领导从原来的指挥者变成了资源提供者。张瑞敏说："这种结构实现员工内部协同即时，组织与外部用户的沟通即时。"

七、海尔的全球视野

海尔从 1998 年进入国际化战略阶段，2005 年开始进入全球化品牌阶段。海尔国际化阶段主要是利用市场机会对外进行出口，而进入全球化品牌战略阶段海尔就从"走出去"迈向"走上去"。张瑞敏在阐述全球化品牌战略的背景时讲到，全球化品牌战略是全球经济一体化下的产物，中国加入 WTO 之后，不可能在全世界找到一块不是国际市场的市场，中国市场不管城市还是农村，都是国际市场的一部分。在全球竞争中取胜的标志是品牌，因此必须运作全球范围的品牌。海尔的国际品牌竞争对手，那些跨国公司具有悠久的历史品牌、商业信誉、稳健的销售渠道与运营能力。张瑞敏谈到海尔国际化战略与全球化品牌战略的异同点时说："国际化战略和全球化品牌战略有很多类似，但是又有本质的不同。国际化战略阶段是以中国为基地向全世界辐射，但是全球化品牌战略阶段是在当地的国家形成自己的品牌。所以，这一点有非常大的不同。国际化战略阶段主要是出口，但现在是在本土化创造自己的品牌"。从中可以看出全球化品牌战略是海尔赶超世界品牌的战略。

　　海尔全球化品牌战略是在打一场持久的攻坚战,张瑞敏早就说海尔要实施全球化品牌战略至少要过三道坎。第一道坎:全球化品牌入围资格的获取。全球市场入围资格首先是解决布局的问题。海尔在全世界有 30 个制造基地,要想在全世界范围完善布局,还需要很大的力度。打进中国市场的国外跨国公司积累了上百年,中国市场是他们以十攻一进行的,而拥有 30 年历史的海尔则是在以一攻十去进行。海尔需要建立物流、资金流、信息流三位一体的营销体系以打造当地名牌,产品的差异化要做到全球差异化。第二道坎:从机遇利润迈向双赢利润。中国企业做得好更多是靠市场红利,在全球市场上企业要想获利就必须靠自己,产品能否给客户带来价值,用自己优质的产品资源换对方的市场资源,达到双赢目的。第三道坎:在双赢能力基础上获取比竞争对手更快更多地创造市场需求的能力——实现企业文化的多元化发展。面临着欧美的休闲文化、日本的年功序列文化等全球多元化文化,根植于中国大地的海尔文化面临着挑战。原来海尔文化以中国为据点面向全世界辐射,现在强调企业精神全球化、美誉全球化。海尔企业文化在中国市场红利下更多强调速度,而在全球市场上,仅有速度是远远不够的,还必须与市场精准对接,做到"人单合一"。

　　在 2007 年全球年会上张瑞敏说:"世界就是我们的研发部,世界就是我们的一切。"海尔的战略目标是整合全球创新资源,满足全球用户不同的需要。出口到国际市场标志着海尔"走出去",海外建厂标志着海尔的"走进去",全球化并购配置资源是海尔在全球市场"走上去"的重要途径。一位美国产业分析师说:"人们也许会从海尔买一个宿舍用的冰箱,但我不认为他们会花一大笔钱从一家名不见经传的公司买家庭电器。"一位惠而浦的主管相信："很多亚洲品牌普遍缺乏打造品牌权益所需要的庞大投资"。海尔在深层次的全球化道路上还面临着更多挑战。

海尔将国际销售分为六大区域市场：美洲、欧洲、澳洲、中东非、东盟与南亚。美洲区域主要是美国的销售占了海外收益的30%，欧洲占了另外30%，剩下其余的区域加总起来为40%。2011年，海尔在全球建立了21个工业园，5大研发中心，19个海外贸易公司，全球员工超过8万人。2011年，海尔集团全球营业额实现1509亿元，品牌价值962.8亿元，连续11年蝉联中国最有价值品牌榜首。2011年，海尔集团同时拥有"全球大型家电第一品牌、全球冰箱第一品牌、全球冰箱第一制造商、全球洗衣机第一品牌、全球酒柜第一品牌与第一制造商、全球冷柜第一品牌与第一制造商"共8项殊荣。

在网络化战略商业模式下，海尔集团在后危机时代实现业绩平稳增长，品牌价值稳步提升。2012年实现160亿元人民币利税，其中利润是90亿元人民币，同比增长20%。2013年海尔是中国最有价值品牌100榜之首，海尔连续12年稳固在榜首位置。在德国慕尼黑举办的2013年德国IF设计奖项评选典礼上，海尔在与全球51个国家顶级品牌的角逐中脱颖而出，所参选的六款产品同时摘得IF设计大奖。截止到2014年6月，海尔在全球有5大研发中心，24个工业园，66个贸易公司，全球用户遍布100多个国家和地区。

"自杀重生，他杀淘汰"，这是海尔集团首席执行官张瑞敏秉承的理念，在大数据、云计算的互联网颠覆着生产、消费、服务方式的时代，张瑞敏由衷地说"我从事管理30多年，体会就9个字：企业即人，管理即借力。"企业即人"说的是，企业好坏不在于有多么好的资产,资产再优秀,设备再好都不能增值,要增值必须靠人,驱动每个员工成为自己的 CEO,让他们自觉对企业资产负责;"管理即借力"是说管理不是靠自己的能力,而是靠能不能整合到资源。能整合多少资源,就会取得多大成功"。"网络化战略"颠覆着海尔已有的组织管理结构,颠覆着已有的生产流程。

"没有成功的企业,只有时代的企业"——海尔! 世界在变,海尔在发展!

第三节　海尔构建全球化生产经营网络的经验做法与启示

提升中国产业国际竞争力最终的践行者还是要靠微观主体——企业,中国连续三年(2012 年、2013 年、2014 年)保持世界第三大对外直接投资。在未来 10 年中国对外投资官方估计将达 1.25 万亿美元②,中国正迈向资本净输出国。但是当前"走出去"的中国企业往往不具有国际性品牌,不具备创建全球化品牌的战略性系统性投资,导致中国企业海外投资多呈现为孤立性、点式投资,企业关联、协同、反哺效应不明显。伟大的品牌是公司维持超额利润的唯一途径(菲利普·科特勒),像可口可乐、耐克等世界级品牌已经成为所在产业世界发展的导向。"走出去"的中国企业成功与否取决于企业的全球经营网络的构建与其全球化品牌价值决定的获利能力。海尔游走在发达国家掌握核心技术的成熟家电市场上,循序渐进,找准国际产业环境节点、快速反应市场多元需要,踏准时代节拍步步推进海尔品牌,从山东青岛一家濒临破产

---

② 2014 年 11 月 19 日 17:55,证券时报网。

的冰箱厂跃居全球家电零售第一的全球知名品牌！本节在前两节阐述其历程发展的基础上分析其经验做法，从战略决策角度进行分析，对中国企业尤其是欠发展地区企业"走出去"创建全球化经营网络有所启迪。

一、海尔集团创建全球化品牌路径解析

海尔是最早实现国际化战略的中国企业之一，张瑞敏认为中国企业做实国内市场、做强国外市场关键的破解点就是品牌形象，一个国家如果没有自己的全球性品牌，在世界舞台上永远是配角，海尔每一战略的制定与实施都以创建全球化品牌达到全球配置资源为宗旨。面对占世界人口1/4强的中国市场，作为传统家电产业的海尔首先是夯实国内市场，稳居国内家电市场第一为海尔搏击世界市场创建全球化品牌提供强大后盾支撑。从1984年张瑞敏接手海尔开始就超越国内卖方市场环境实施了"名牌战略"，历经七年在国内做实海尔品牌后，1992年开始了品牌扩张战略，"多元化"战略使海尔成为多产业、综合性品牌。在做实国内市场基础上，海尔在品牌全球化道路上走出了别样的三部曲：第一部，产品"走出去"，本着"创牌"而不是"创汇"的原则出口产品到德国、英国、法国、意大利、美国等主流国家市场，收获品牌的"知名度"；第二部，海外办厂"走进去"，在"先有市场，后建厂"方针指导下，在销售额达到盈亏平衡点时海外办工厂，赢得品牌的"信誉度"；第三部，本土化发展"走上去"，现实"三位一体"的发展战略，树立品牌形象，增强品牌全球性的"美誉度"。为了能够清晰对比分析品牌战略决策的市场环境、战略的具体实施、品牌效应等，笔者把海尔全球化品牌推进战略的转换做成表格，见表6.1。

表 6.1 推进海尔品牌全球化的战略演变

	名牌战略	多元化战略	国际化战略	全球化战略	网络化战略
跨期(年)	1984—1991	1992—1998	1999—2005	2006—2012	2012—2019
市场环境	改革开放;国内市场家电需求旺盛;国内家电质量低于国外同类产品质量	邓小平南方讲话,特区经验推广	2001年中国加入WTO,国内市场国际化,国际家电巨头抢夺国内市场	互联网对制造业商业模式的冲击	后金融危机时代,全球进入经济调整;大数据工业4.0;中国经济新常态
海尔品牌市场位阶	产品滞销、人心涣散、濒临破产	拥有在管理、技术、人才、资金、企业文化可移植模式与能力	逐步确立国内市场领先地位;管理、技术创新、品牌、销售渠道优势	全球家电8项第一殊荣	全球家电品牌;国际创新、制造竞争优势;全球一流服务营销网络
品牌推进目标	起步晚,起点高;专注冰箱生产,全面质量管理意识	"吃休克鱼"模式并购;海尔品牌扩张、盘活兼并企业	建立品牌在海外的声誉;国内抗衡跨国公司;突围海外市场	产品、服务差异化,满足个性需求实现"人单合一"即时服务	网络化市场、网络化企业、创客化管理;海尔商业生态网
战略实施	从国外引进技术、设备;砸冰箱事件	建立海尔工业园;省内外加紧并购	流程再造;全国销售网络;三位一体海外投资	建全球研发中心、创新体系;海外并购	去中心"倒三角"组织管理结构
海尔的品牌效应	走出去,出口国际市场:1986年突破质量关;1987年世界卫生组织中招标中标;1988年冰箱金牌;1990年国家质量管理奖。1990年开始OEM代工出口欧洲,在亚洲设立海外合资企业	走进去,海外建厂:白色、黑色、米色家电领域兼并重组,在国内外市场上抗衡跨国公司;在东南亚、欧洲进行投资;1999年开始以海尔自有品牌出口	走进去,海外建厂:主动寻求OEM客户,开始转向专注海外市场销售海尔品牌产品	走上去,全球化配置资源:2011年在全球有21个工业园,5大研发中心,19个海外贸易公司,全球员工超过8万人;全球大型家电第一品牌、全球冰箱第一品牌、全球洗衣机第一品牌、全球酒柜第一品牌与第一制造商、全球冷柜第一品牌与第一制造商8项殊荣	走上去,全球化配置资源:2014年在全球设立5大研发中心、24个工业园、66个贸易公司,用户遍布160多个国家和地区;海尔全球研发资源整合平台;2015Interbrand发布海尔连续十二年蝉联家电行业榜首,品牌价值同比提升了42.3%,排名同比提升了6位,榜单排名前50品牌中,增长速度最快的品牌

资料来源:根据 http://www.haier.net/cn/about_haier/history/信息整理。

二、海尔集团推进全球化品牌战略的经验做法

（一）品质优势成为海尔品牌竞争力的基石

1984 年底张瑞敏接手濒临破产的青岛冰箱厂，当时国内市场家电需求旺盛，生产能力是企业的重要竞争力，但张瑞敏前瞻性地断定如果在国内市场投放高质量冰箱，价格、销售额都会上涨。张瑞敏果断超越卖方市场上专注产量的窠臼，提出"起步晚，高起点"的企业愿景，确立"名牌战略"。从德国、丹麦、日本引进生产线，从日本、意大利学习先进技术与设计。引进技术只是名牌战略的技术支撑，企业可持续发展的利润取决于高品质的终端产品。为了在当时国内大环境下唤醒员工的真正质量意识、市场意识，将 76 台冰箱从生产线上拉下来，命令员工将其敲得粉碎。当时张瑞敏笑着说："这才真的让他们注意到，我并不是跟竞争者一样什么都拿出来卖，要卖就卖最好的。"1986 年，由于产品质量过关，海尔冰箱在北京、天津、沈阳三大城市一炮打响，市场出现抢购现象。在 1987 年世界卫生组织招标中，海尔冰箱战胜十多个国家的冰箱产品，第一次在国际招标中中标！海尔产品的质量优势、品牌效应是海尔走出去搏击激烈竞争的国际市场的根基。

（二）海尔先进企业文化转移——品牌多元化扩张

海尔首先要求自己在熟悉的行业做强做大，1984 年到 1991 年专注 7 年做冰箱的历程中，形成了管理、技术、人才、资金、企业文化等方面可以移植的海尔模式。海尔开始了品牌扩张，品牌虚拟经营，以品牌投资控股稳打稳扎地迈向多元化发展战略。海尔"吃休克鱼"并购活动持续了整个 20 世纪 90 年代，快速进入黑色家电、信息家电生产领域。通过输入海尔文化，盘活被兼并企业，海尔从单一的冰箱品牌跃升为多产业、系列化经营生产的综合性

品牌。多元化品牌扩张使企业规模不断扩展,规模经济优势能使海尔充分受益广阔、纵深的国内市场,为集中实力攻克海外市场目标奠定雄厚的资金基础、积累管理经验、提升研发能力,进一步强化了海尔的品牌效应。

(三)快速市场反应能力提供差异化产品和服务对决国外品牌

海尔以质量完胜国内市场的时候,2001年12月中国加入世界贸易组织(WTO),国外品牌以惊人速度抢占国内市场,国外品牌冰箱市场占有率从2001年的26%提升到2002年的31%,国外品牌自动洗衣机市场占有率从2001年的31%跃升到2002年的38%,国内市场国际化,在国内市场海尔面对的是全球性竞争。激烈竞争中,不仅需要国际品质的产品,更需要深入人心的国际品牌形象,取信于消费者。海尔贴近消费者,敏锐捕捉消费者正在或蛰伏的消费变化气息,快速设计出满足不同地形地貌个性消费者偏好的产品,在产品差异化上取胜国外品牌。树立"真诚到永远"的品牌理念,实施"星级服务"。海尔在内部管理、营销、市场领域大力发展人力资源,构建起覆盖中国各类地形的销售网络,即时处理客户订单,这成就了外国品牌商无可比拟的优势。在2004年中国全面开放零售市场的时候,海尔拥有一个具有5500家专属海尔的独立承包商服务网络,服务的质和量上海尔都首屈一指。产业分析师以产业获利计算2004年海尔市场占有率大约是61%,成功地抵御外国企业在国内市场的竞争,成为中国第一大家电企业。海尔的创新与快速响应市场、优越的售后服务与高效率的配销等海尔品牌的国际信誉优势成为其在对外直接投资过程中与海外先进企业合作谈判时的重要优势。

（四）创造、抓住机遇，从自己OEM到寻找海外OEM生产客户的品牌战略转变

海尔依托国内市场成就自身优势，但是激烈竞争的国际市场上并没有名不见经传厂家的生存位置，出口是从事标准化产品制造的后发展国家企业最初参与国际市场竞争最便捷的方式。海尔在20世纪90年代初期开始以两条路径挤入海外市场的：其一，一开始以贴牌生产方式出口到英国、德国，随后贴牌生产出口到法国、意大利；其二，通过招商引资以合资企业方式扩展海外市场，1994年三菱投资3000万元人民币与海尔成立中国当时最大冷气工厂，生产三菱最新的五种机型出口到日本。在国际家电之王——德国，海尔最初以德国利勃（Liebherr）家电公司的"Blue Line"品牌销售，且销售得特别好。1993年，TEST杂志对德国家电盲测试评比中，海尔的Blue Line冰箱以八项最高分击败Liebherr的七项，名列质量榜首。海尔紧紧抓住这一契机向海外市场销售自己品牌产品，德国成为第一个海尔牌冰箱出口的市场。1997年德国科隆博览会上海尔首次向欧洲12家经销商颁发"海尔产品专营证书"，成为中国海外第一家家电企业，开始转向专注海外市场销售海尔牌产品。不论是贴牌生产打入国际市场还是海外合资办厂，海尔一直没有忘记的是成就国际市场上海尔自己的品牌。"大部分中国企业的目标是将产品出口赚取外国货币，这是他们唯一的目的"。张瑞敏说，"而我们出口的目的在于建立品牌在海外的声誉"。海尔超越出口创汇法则，出口创牌！并得到ISO9001及美国、加拿大等国质量、环境、等级等一系列认证。

海尔品牌建立起了海外市场网络，开始从为外国跨国公司进行OEM生产向主动寻求OEM客户进行海外生产，从而向品牌家电迈进。1995年海尔以主要合伙人身份与印度尼西亚一厂商合

资成立一家冰箱与冷气工厂,从而海尔走向海外直接投资之路。同年,海尔与菲律宾电子公司 LKG 成立合资企业,在菲律宾生产海尔牌的冰箱、冷气机、洗衣机销售给当地及区域市场。1997 年,海尔通过与南斯拉夫一家公司建立合资企业,在贝尔格莱德生产冷气机,成立海尔第一家欧洲制造基地。

(五)"先难后易"海外市场一体化布局品牌推进战略

1999 年成为海尔的转折点。1999 年海尔在美国南卡州建立了美国海尔工业园,在美国成立了第一个"三位一体本土化"的海外海尔:洛杉矶的设计中心、纽约的营销中心、南卡的生产中心。海尔进军发达国家市场向全球最高质量标准发起了挑战。美国劳动力成本的确很高,但是海尔在美国追踪市场最新信息与世界市场行业动态,获得先进技术,进而反哺海尔的全球市场。海尔在美国、欧洲市场成就的高端国际声誉为开发后发展国家市场奠定了牢固、深厚的根基。在 2004 年海尔约有 70%的海外营收来自于如欧洲、美国、日本等发达国家市场。成为在欧洲或美国具有销售地位的品牌,使得海尔在进入发展中国家市场时拥有现成的声誉。

(六)互联网时代"人单合一"本地化推进全球化品牌

"没有成功的企业,只有时代的企业"。在互联网时代,张瑞敏的管理思维再次突破传统管理的桎梏,提出并在海尔实践互联网时代的商业模式——人单合一双赢模式,让员工在为用户创造价值的过程中实现自身价值;通过搭建机会公平、结果公平的机制平台,推进员工自主经营,让每个人成为自己的 CEO。海尔致力于成为全球家电行业的引领者,企业内部通过研发形成核心竞争力,在管理模式、解决方案上实施颠覆性创新。海尔创建本地化品牌还体现在充分利用东道国人才、科技实力、科研基础上,全球安排科研机构从事新技术、新产品研发。截至 2014 年 6 月,海尔通过全球五大研发中心作为知识资源接口,与全球一流供应商、著名大学、研发机构建立战略联盟,形成上百万科学家、工程师组成的创新生态圈。销售人员能够直接提供市场情报给模块化经理,这些彼此竞争的经理会在调动资源生产前快速地评估设计的可行性与获利能力,根据从各地来的反馈信息可以很快地做成试用原型。"海尔再也不是一家传统的制造产品的企业,现在用户要的不仅是产品,更重要的是体验"(《经济学人》资深记者帕特里克·福利斯)。海尔通过组织与机制的颠覆实现与全球用户零距离接触的终极目标,网络化市场、网络化企业、创客化管理,海尔创设出的平台上全球用户与世界一流资源对接,形成商业生态网。目前,海尔用户遍布全球 100 多个国家或地区,拥有全球 5 大研发中心、24个工业园、66 个贸易公司,保持着全球大型家电零售第一的市场份额。

三、可供中国企业创建全球生产网络、提升国际竞争力借鉴的经验启示

具有中国经济特质的海尔在激烈竞争中推进全球化品牌战略过程中的经验做法,一定程度上能够破解我国企业"走出去"中的一些问题。

(一)具有全球竞争格局的企业家精神是准确定位推进全球化品牌战略的前提

中国企业要想跻身于既定的全球市场格局,双赢思维尤显重要,只有我们的品牌能够带来更多更好的消费体验才会把消费者从其他世界品牌商品上吸引过来。中国企业不仅要有卓越的品质,还要有即时快速的差异性服务、先进的管理、优秀的企业文化

等,我们的软硬技术要能够带给东道国顾客与消费者协同且优势互补的发展。中国跨国公司成长过程中既要锻造高品质高品味产品,又要具有差异化的创新研发,不断开拓出长期稳定的国际销售渠道,积淀国际品牌的美誉度。中国企业海外投资是爬坡行为,既要自我发展完善赶超发达国家跨国公司,又要应对既得利益者高压性地围追堵截。在国内专注规模生产时,海尔专注质量创建品牌;国内企业出口专注创汇时,海尔专注创牌;激烈竞争中树立国际品牌形象,向用户提供差异化产品与服务;互联网时代又先行构建全球生产经营网络成为平台型企业,这都离不开海尔企业领导者全球化品牌经营理念的引领下,一路上坚定不移地锻造自身过硬本领,用超值的服务与产品换得国外市场,成就全球化品牌。

(二)先进企业文化转移、世界资源整合能力增强品牌国际竞争软实力

组织管理技能、企业家精神等软技术是先进生产技术、先进设备等硬技术发展的深厚根基。在企业实践中及时对管理经验进行整理形成系统的管理哲学理念,不仅能够确保企业战略的贯彻执行,还形成可移植的特质性企业文化,成为企业跨国经营的软实力,增强品牌全球市场的美誉度。海尔文化的核心——创新成就了海尔在国际市场上的差异化产品、差异化服务、差异化管理,引进海尔文化激活生产要素不只是成就海尔国内的一系列多元化并购,也是国际市场上成功战略联盟的重要因素。海尔企业文化的向心力大大降低了海尔海外市场跨文化管理中的风险。植根于中国环境的企业自我文化管理哲学理念的形成不仅是对世界经济发展的贡献,也是企业品牌国际社会形象的折射。

（三）企业内部组织结构的动态管理是稳健推进全球化品牌战略的保障

海尔初期主要是引进先进技术设备、引进外资建立合资企业贴牌生产，凸显企业初期的学习性，类似砸冰箱的一系列活动其实质在于激发员工的学习进度，快速跟进企业理念，以便企业理念贯彻到每个工作细节；随着海尔品牌海外市场的不断开拓，海尔反向寻找海外 OEM 客户以合资、合作多元柔性方式在国际上生产海尔品牌产品；今天作为全球家电引领者之一的海尔，打造无边界的平台型企业，超强柔性地构建"人单合一"双赢的创客商业模式，整合全球研发、生产、销售资源，成就海尔全球品牌。海尔的组织结构的变革彰显出海尔全球化品牌战略动态演变的主动性。企业在国际化的初级阶段由于自身的局限性，在洞察国内外环境基础上准确定位消费者与市场，变革组织机构，编制学习型组织，创建机制确保所洞察、确立的目标得以实现；企业发展进入到国际化阶段时，在学习变革型组织基础上要加强组织的柔性；在国际化高级阶段，协调发展环境洞察能力、组织学习变革能力、组织柔性，但要以环境洞察能力、组织柔性为主。

（四）海外区域一体化布局借势区位优势推进品牌国际化

对外直接投资中中国企业海外市场布局更是缺乏一体化系统战略意识，中国社科院张蕴岭调研 2007 年中国企业在出口中是否利用 FTA 优惠政策时，发现利用超过 50% 的企业仅占调查的 8.8%③。在区域经济盛行的今天，企业要充分利用成员国间区域经济一体化协定的优惠政策布局海外生产经营网络推进品牌全球

③　张蕴岭、沈铭辉、刘德伟：《FTA 对商业活动的影响——基于对中国企业的问卷调查》，《当代亚太》2010 年第 1 期。

化步伐。海尔海外布局锁定世界上欧盟、北美自由贸易区,东南亚联盟等最大的 10 个经济合作区域,充分受益直接、间接区位优势推进品牌全球化。海尔的美国市场确立了海尔产品在全球市场上的品牌定位;在印尼的冰箱厂,不仅享受印尼招商引资的优惠政策,生产出的冰箱还可以卖到东盟各个国家,成数倍地实现了品牌效应。中国企业根据产品生产价值链上每一个链节特点在全球寻找最佳区位,规划布局企业的生产经营活动,做到海外供应链区域一体化布局,实现企业全球战略的协同发展,借势发力推进全球化品牌建设。

第七章　欠发展地区借鉴国内外经验提升产业国际竞争力

　　思想认识到位,政策制度、战略才能到位。欠发展地区企业要对当前国际分工模式有充分认识,紧跟当前时代特点。政府、企业、协会要从长远发展战略制定政策制度,共建欠发展地区全球经营网络的软硬环境。加大对国际投资商务人才的培养。行业协会要真正搭建起成就企业战略视野的平台,充分做到内引外联作用,使更具有先进性的非编码知识在企业间快速传播产生生产力效应。传统产业要动态分析比较优势,及时根据优势的变化前瞻性调整战略,主动出击省外、国外市场,高标准主动发展,建立全球生产网络。制造业要缩短技术差距,不只是在国际销售市场的竞争,而最终取胜世界市场的是在研发领域地位的确立,所以新兴制造业要大胆走出去,建立国际研发战略联盟,真正获取和掌握世界一流先进技术,并建立有效路径转移到国内生产领域。本章在调研的基础上,对欠发展地区产业国际竞争力的提升提出一些方案。

第一节　欠发展地区承接产业转移提升国际竞争力政策建议

一、欠发展地区接受外国直接投资的战略措施

（一）制定切实有效的政策提高引资质量

基于我国欠发展地区软硬环境的制约,从产品生命周期、边际

扩张理论的分析来看,到欠发展地区投资的外商基本上都是基于资源获取型的技术含量很低的投资,这与中西部引进外商直接投资的初衷相悖,从欠发展地区长远发展战略着眼,国家应有重点地促使外商到欠发展地区投资,又要根据针对欠发展地区的优势与产业特点,制定和进一步完善欠发展地区的引资政策和创新引资模式。除了传统的合资、合作和独资等以新建投资企业为主的"绿地投资"外,要逐步引进国际通行的跨国并购、BOT④、TOT⑤等新兴的外资利用方式。并且,由于 BOT 和 TOT 方式主要用于公共基础设施建设,这与欠发展地区在地区开发中利用外资的重点相符合。因此,要争取在运用 BOT 和 TOT 方式中有所突破,以便为欠发展地区加快基础设施建设提供一条切实可行的融资渠道。另外,在兼顾 FDI"量"的同时更加注重 FDI 的"质"。一直以来,我国很多地区一味地看重 FDI 的数量而忽视所引入的质量,从而对地区经济的可持续发展造成不利。因此在欠发展地区接受外资时应该具有可持续发展的战略眼光。在吸引外资的时候不能只关注其对地区经济的短期促进作用,要用发展与联系的眼光看待问题,提高引进外资的质量。使我国欠发展地区经济能够健康的

---

④ BOT 是英文 Build-Operate-Transfer 的缩写,通常直译为"建设—经营—转让"。BOT 实质上是基础设施投资、建设和经营的一种方式,以政府和私人机构之间达成协议为前提,由政府向私人机构颁布特许,允许其在一定时期内筹集资金建设某一基础设施并管理和经营该设施及其相应的产品与服务。

⑤ TOT 是英文 Transfer-Operate-Transfer 的缩写,即移交—经营—移交。TOT 方式是国际上较为流行的一种项目融资方式,通常是指政府部门或国有企业将建设好的项目的一定期限的产权或经营权,有偿转让给投资人,由其进行运营管理;投资人在约定的期限内通过经营收回全部投资并得到合理的回报,双方合约期满之后,投资人再将该项目交还政府部门或原企业的一种融资方式。

发展。

（二）提升欠发展地区的劳动力素质

欠发展地区尽管劳动力丰富，而且工资水平较低，但劳动力素质不高，使得效率工资很高。而外商在高素质、高工资和低素质、低工资之间，更青睐高素质、高工资，尤其是资本和技术密集型FDI，更为重视劳动力的素质，因为高素质、高工资劳动力的综合成本会低于低素质低工资劳动力综合成本。欠发展地区虽有一些高素质人才，但毕业后也只有少部分会留在区内，多数都会选择进入较为发达的沿海省市工作。所以欠发展地区在加强教育力度的同时，更为重要的是想方设法留住人才，否则到头来只能是为他人做嫁衣。欠发展地区要制定有效的人才政策，因此，欠发展地区应该在加大教育投资力度的同时，加强对高素质人力资源的培养，同时也要加强普通劳动力的培训，提高劳动技能和熟练程度，为FDI的进入提供充足优质的人力资源。同时提高高素质人才的工作和生活条件，留住人才，并吸引外省市人才的流入。

（三）注重产业集群效应及配套产业的发展，促进产业转移

大力促成欠发展地区一些具有经济地理区位优势、交易成本较低的地区，尽快形成经济聚集区域，采取明确的产业和地区倾斜政策，吸引以降低成本为主要目的的劳动力及资源指向的外资企业前去投资，使外资在中国撤减变为外资在中国境内的转移。要实现这一目的，政府要从两方面努力。一是要加强产业集群内部的专业分工，形成弹性生产体系，进一步发挥集群内部的规模经济和范围经济效应，形成集群竞争力。二是要不断完善集群成长的社会化服务体系，形成由中介服务机构、科技服务机构、教育培训机构组成的社会化服务体系，使企业能够实现高度专业化生产，使集群内部结构不断优化和健康、稳定发展。

在后危机时期,欠发展地区接受 FDI 的速度也大大超过了东部地区,但规模与东部地区仍有差距。同时,我们也应看到,欠发展地区经济的发展仍有许多的制约因素,并且国际形势在未来的几年内可能仍有波动。所以欠发展地区在接受外国直接投资方面仍有不确定因素。但欠发展地区在接受外国直接投资方面遇到了前所未有的转折点,应该抓住契机,实现地区经济的腾飞。

二、基于河北省自身环境对利用外资的具体思路与对策建议

河北省的经济腾飞和超越肯定需要借助国外及省外的投资,关键问题是如何利用好外资发展本省经济。河北省地处沿海地带,具有对外开放的天然优势,但内环京津,也面临京津在资本、人才和技术上的虹吸效应,在吸引和利用国外资本与人才技术上具有一定的不利之处。如何利用好沿海优势和扬利避害,是河北省在经济发展和利用外资中需要认真思考的问题。只有充分认识自身环境、条件的优势和不足,正确确定河北省的长远发展与引资战略目标和思路,并能够忍受、克服眼前困难,防止和避免急功近利倾向,才能在承接国际产业和资本、技术转移时方向明确、策略有利、掌握主动,取得理想的效果。

(一)基于国内外经验明确利用外资思路

从前面论述的中国台湾、韩国、日本、新加坡利用外资的路径与管理经验可以看出,中国台湾的引资路径要比韩国、日本轻松得多,但几十年后,形成路径依赖的中国台湾在转型中又是如此艰辛,我国珠三角、长三角地区金融危机后也面临艰难转型的抉择。河北省在利用外资时一定要紧紧围绕如何提升自己核心竞争力,在模仿、消化、吸收外来先进技术和管理经验上下工夫,在利用外商直接投资过程中培养自身创新能力,培养自己的品牌,拓展自己

的国际销售渠道。在利用外资方式上注重集约化,不能盲目引进,更不能重复引进,要使每一分外资都用在需要和最能提升自己长远竞争力的地方。近些年,由于微观主体的逐利性及一些地方政府在引资战略上片面追求短期政绩和招商引资规模,导致外商直接投资良莠不齐。我国珠三角、长三角自发形成的专业村、专业镇及其外资加工企业生产的都是技术含量低的劳动密集型产品,而通过政府扶植利用外资发展的应是高技术含量的知识技术密集型产业。河北省要充分借鉴韩国、日本对利用外资的管理经验,加强对招商引资宏观调控和具体引导,并制定能够保证正确的引资战略能够严格执行下去的政策措施,严格甄别外资的真伪与质量,准确评估外资进入后的资本效应、技术进步效应、产业结构调整效应、对外贸易效应和就业效应等。

要想达到根据自己的发展战略挑资选资的目的,自身环境必须有让选中的资本进入的意愿。只凭低发展水平下的廉价劳动力、低廉的用地成本及相对丰裕的自然资源而吸引来的外资,在很大程度上是面向加工装配等劳动密集型生产环节,而对于面向高新技术产业及研发环节的高质量外资,其不具有根本和足够的吸引力。这就要求政府在引资战略上千万不能避重就轻和避难就易地重复老路,必须统筹安排,加强引导,全面完善本省引资环境,向能引进更多携带先进技术和先进管理经验的外商直接投资的方向努力。

(二)大力完善生产性服务和行政服务,优化引资环境

首先是要充分发挥河北海陆空枢纽优势,打造良好的物流体系。有专家实证分析证明,金融危机以来,外资在全国区域选择上并没有出现所预料的大批从东南沿海向欠发展地区转移的情况,分析其原因是在东南沿海投资的外商大多数是为了满足国际市场

需要,而中西部地区较低的劳动力和自然资源成本无法弥补其相应提高的物流成本与交易成本。河北省要想加大开放力度,通过引进外资承接好国际产业转移,真正以强者身份和有利地位融入世界经济体系,最重要的出路之一就是要把自己真正的潜在优势——沿海优势发挥出来。河北省在全国铁路、公路、民航和海运上都处于枢纽地带,具有良好的自然地理条件,不仅能够辐射全国,也便于辐射世界。而实际状况是这些优势还没有充分转化为现实的生产力,特别是河北省的港口建设力度不够,秦皇岛港等现有港口的利用也多在内地资源的国内运输方面,缺乏强劲的国际伸展能力。此外,相对于先进沿海国家和国内其他东、南沿海地区,河北省也没能充分利用沿海和港口优势发展起多受外资青睐的沿海和临港经济,而全球临港经济占世界经济 GDP 总量的60%以上,世界上 35 个国际化大城市中 31 个是沿海港口城市,其中前10 名又都集中在港口城市。因此,发展沿海经济和打造完善的物流体系是打开河北通向世界的一扇大门,无论从招商引资还是从整体经济发展的需要来看,近期河北都必须在这方面有较大的作为。

其次是优化各级行政部门办事效率,减少外资企业交易成本。明确各级政府部门在引进外资管理和外资企业监管中的职能与责任,改进工作作风,简化工作程序,取消不必要的干预,提高办事效率,在审批、验证、检查、进出口等各环节为外资、外商提供方便快捷的服务。特别是要严格行政纪律,依法依规办事,并建立健全渎职、违规责任追究制度,防止把分内之职变成牟取私利和部门利益的手段。借此使各级政府部门保持良好的行政信誉,树立河北省良好的市场形象与国际形象,从而形成优越的投资软环境,增强对外商投资的吸引力,使外商和外资企业除正当生产经营外,既无非分之想,亦无分外之忧。

（三）发展产业集聚,增强跨国公司与河北产业的媾和度

从生产社会化与分工的演进看,随着"福特式"生产模式进化到"温特尔"式生产模式,模块化生产分割使分工从产业内分工向产品内分工转变,同一企业内的分工转变为企业间的分工,生产迂回程度加深,生产者更加专业化地关注某一生产环节,使生产效率与质量大大提高,世界经济因此形成一种新的生产和集聚模式。在这种情况下,跨国公司进行海外直接投资时更多地是考察当地产业分工及专业性生产人员素质与其所从事的产业的媾和程度。产业集聚给企业带来显著的外部经济效应,构成了一个具有共性和互补性的专业化企业生产网络,从而企业能够根据客户需求,快速组织生产,并产生外部经济,例如降低运输成本、共享市场和技术信息、减少信息搜寻成本等,最终提高企业和整个产业的竞争优势。

河北省在食品、钢铁、医药、机械、化工、建材、纺织等生产领域,均具有占据突出优势的产业集群。辛集皮革商城、安国东方药城、留史皮毛市场、白沟革制品专业市场、安平丝网大世界、清河羊绒市场、平乡自行车零件城、高阳县庞口汽拖农机配件城等都已经形成了全国著名的市场集聚地。这些优势产业形成了河北省一定的产业基础,储备了一定专业化人力资本,河北省要因势利导,进一步加大这些强势产业集聚的培养力度并逐步与国际接轨,借此增强对外资的内在吸引力,并通过引进和利用直接投资重点助推技术的升级、自主品牌的培育和国际市场开拓能力的提升,有效提高产业在国内外市场上的整体竞争力。

（四）提高教育水平,加大专业人才培养力度

当地的教育水平与引资质量高低密切相关。对于任何一个产

业来说,高素质的劳动力与专业化人力资本往往都是稀缺的要素。当劳动力素质不能满足企业的需要时,企业的物质资本与人力资本难以达到优化配置,企业的生产水平只能在生产可能性边界之内,造成生产能力的闲置。马歇尔曾经指出,技能型工人的分布与企业的区位选择会相互影响。因此,跨国公司投资的区位选择更会考虑员工素质。早期中国台湾地区大量投资长三角的IT产业,就是因为大批高素质人才北迁入住长三角,使得长三角成为更多高素质人才集聚地,而且长三角地区的中层管理人员本地化、当地选拔程度都要高于其他地区。跨国公司投资于我国的研发部门主要集中在上海,许多高技术产业研发机构在长三角的分布也主要集中在以上海和江苏七市、浙江六市构成的小长三角地区。这些研发机构之所以能够落户小长三角,不仅仅因为上海是我国重要的经济中心,更主要的原因是上海及周边城市是我国科技实力最雄厚的地区,集中分布着一千多家科研机构,四百多所高等院校和中等专业学校,科研技术人员达一百五十余万人。

经济发展与当地教育是相得益彰的关系。波特指出:"一个国家想要经由生产要素建立起产业强大又持久的竞争优势,则必须发展高级生产要素和专业性生产要素。这两类生产要素的可获得性与精致程度也决定了竞争优势的质量,以及竞争优势将继续升级或被赶上的命运。"对于经济发展和提高利用外资水平,人才是最重要的高级生产要素,而教育则不仅事关人才培养,也是高效利用外资的最重要的软环境。相对于外资青睐的发达地区,河北省高素质人才缺乏和教育水平落后是最突出的弱点之一。河北省要想在利用外商直接投资并借此助推经济发展方面取得根本和长远优势,就必须在教育和人才问题上谋求突破,以有效满足外资进入对本土技术和管理人才的需求。当然,解决教育和人才问题不是一朝一夕之功,而是一个长期努力的过程,但其边际效用递增明显,只要认识明确,真正重视,措施得力,就一定能够扭转弱势,取得长效。就近期而言,解决河北省的教育和人才问题,可在以下几个方面寻求出路:

1.加强高校教育与当地经济的联系,强化高校服务经济职能。在注重基础教育的同时加大高校建设力度,加强教育、教学与人才培养的国际化。本地高校一般更多的是满足本地人才需求,应把培养具有国际化经营理念的专业性人才和加大高校教学体系的开放性及拓宽其国际化视野作为高校教育教学改革的重要内容,同时建立多种形式的产学研一体化平台,增强高校教师与企业的联系与合作。目前河北省内许多企业不仅在技术和管理上与跨国公司对接能力低,而且对国际规则、标准以及中国与国际区域合作中的一些优惠条件也不是很熟悉,从而直接影响了河北省利用、驾驭外资的能力和河北省经济发展的国际化进程。因此,在高校建设和校企联合中,应有针对性地加强这些方面的智力服务和校企合作,实现良性互动。

2.加大企业员工培训力度,建立企业家交流平台。政府要加大对企业人力资源优化的支持力度,建立健全针对企业和相关管理部门的经常化、社会化的培训制度。此外,有关研究表明,非正式交流也是传播隐含经验类知识、未编码知识和许多编码知识的重要途径。人们通过闲谈、非正式讨论、聚会等方式相互学习,可以获取重要的技术和市场信息。这种交流不仅锻炼和提高人们搜寻、处理信息的能力,而且也使生产经验的传播和技术扩散更加迅速。因此,除系统化、有目的的技术和管理培训外,政府还应出面建立企业相互交流平台,并将其作为构筑本地企业人才支持体系的重要部分,定期以讲座、讨论会等各种形式交流、传播有关的先进理念与经验。

3.效仿江浙"周末工程师"经验,搞好省内企业、高校与京津企业、高校的对接合作,引进和利用好京津人才。长期以来,由于河北省与京津的势能差,形成了显在的京津对河北省人才的虹吸效应。河北省应认真分析和直面这种客观环境,采取现实有效的应对策略,充分利用好内环京津的地理距离优势,灵活引智,不求留得住,但求用得上。为此,一是可以效仿浙苏利用上海人才的"周末工程师"经验;二是根据河北省需要,搞好与京津在相关领域的对接合作,实施对京津人才和智力资源的软引进,发挥京津对河北省经济和引资环境的助推作用。

第二节 欠发展地区产业转型提升国际竞争力: 行业协会的视角

中国行业协会本身是适应经济发展,在全球化中发展起来的,但全国行业协会涉外经济职能总体上还非常薄弱,后发展地区有一些行业协会在涉外经济职能中存在着完全缺失的现象。基于此,本部分针对政府过度管理行业协会从而影响行业协会职能的充分发挥,以及行业协会在行业管理过程中涉外经济职能严重缺失这两方面的突出问题进行对策分析。

一、政府要加强对行业协会的引导与扶持

(一)建立健全的第三部门体系

中国正处于经济发展的高速时期,但中国的经济体制还不健全。不断探索行业协会的发展途径,在行政政策与法律法规上给予支持和认可,使行业协会在数量和质量上都有提高,职能也逐渐

增加与明确。但是行业协会依附性强、缺乏独立性的现象还是行业协会发展的主要问题,这需要政府作进一步的探索,引导行业协会摆脱"二政府"的状态。在不违背政策和法规的前提下,给予其充分发展空间,把行业协会与政府的沟通渠道制度化,政府要及时听取行业协会的呼声,公共政策才能有较好的执行力。同时,为了促进行业协会优质发展,可适当引入竞争机制,彻底改变政府部门领导同时担任行业协会的领导职务,把对企业服务的质量作为行业协会竞争力形成的考核指标。虽然河北省打破一业一会限制,但是需要建立相关政策机制激活行业协会内部与外部环境,促使行业协会更努力提升服务质量,形成具有中国特色的行业协会体系。

(二)加快政府转型,适当赋权

在政府职能转变的大背景下,行业协会在市场经济中的角色更加凸显,要充分发挥行业协会的作用,政府应当加快转型,适当赋权于行业协会,把行业管理范围内的非宏观经济活动的管理职能交给行业协会,令行业协会具有相关审批、行业技能资质的评定与考核、价格制定与协调、行业技术标准和服务技术标准制定、处罚等权力,在确立行业协会在行业内的权威的同时,进一步转变政府管理社会经济活动的方式和方法。

(三)正确借鉴国外经验

根源于中国历史原因与长期的计划经济体制,我国行业协会与国外行业协会存在诸多的不同点,发达国家行业协会无论从外部法律政策,还是内部治理体系都有值得我们借鉴的地方,一是制定专门的法律,明确法律地位。如德国通过《工商会法》使得工商会在履行政府赋权与委托的职能时拥有与政府一样的权威,能对公共事务进行有效的监管与协调。二是确立自治规范。英国、美国、德国、日本四国的行业协会都有较强的自治性。我国应当从人事制度上与政府脱离隶属关系,做到自我管理、规范与服务。三是提高自我发展的经济能力。英国、美国、德国、日本的行业协会通过合法的途径获得较多的经济资源确保行业协会的正常运行。行业协会不能仅仅依赖会费的收入,而应当拓展其他经济渠道。同时,要谨防行业协会过度追求营利性而给行业协会内会员或行业内非会员利益造成损害。

二、行业协会对内要采取的措施

(一)充分发挥管理监督职能,规范企业经营活动

行业协会需要在会员企业以及行业内树立权威,积极履行政府授权与委托的职能。尽管不同地区政策与法规不尽相同,职能的规定有所差异,但是行业协会要充分利用这种公共事务管理的身份,规范出口企业的经营活动,通过行业标准的建立,严格把关出口产品,淘汰生产以次充好产品的企业。监督企业出口产品成交价格,对于故意低价竞销,骗取出口退税,严重扰乱市场秩序,损害行业长远发展利益的企业,要根据法律规定依靠执法部门来解决。

(二)全面掌握企业动态,做好政府与企业的沟通

行业协会作为民间组织,不论其成立方式如何,都要紧紧依靠行业内的企业,保持与企业的密切联系。作为行业利益的代言人,行业协会应当通过调查走访、期刊发放、技能培训等方式,全面掌握行业内企业的动态,了解企业在经济活动中遇到的价格、质量、标准、法律等方面的问题,做好数据统计与分析,为整个行业出谋划策,并及时向政府反映行业内企业状况,保持与政府沟通渠道的畅通。同时,要对与行业利益相关的出口政策和法律法规认真研

习并传达给行业内的企业,保证政策的贯彻与执行。这样才能从整体上保持国家政策与行业企业的相对一致,提高国际竞争力。

在国际争端中,靠政府或者企业应诉的效果并不理想,一是为政府增加负担,二是企业个体很难掌握整个行业的全面信息,行业协会有能力全面掌握企业动态,如产品的生产成本,国际市场占有率与增长率,对国际市场上同类产品的影响与未来的趋势等,这样才能了解行业整体的信息详情,在应对反倾销投诉时才能扭转被动局面,促进行业发展。

(三)建立绩效体系,提高行业协会能力

行业协会自身的发展水平决定了其为整个行业服务的水平,当前我国行业协会发展状况大致分三类:难以维持、勉强维持、发展得比较好。这三类经营状况的行业协会所占比例大致均等。这样的状况肯定是不能适应我国建立和完善社会主义市场经济体制的需要,不能适应应对国际贸易争端工作的需要。

建立行业协会内部绩效体系,完善自身功能势在必行。现在河北省很多行业协会是由原来的政府机构转化而来的,在一定程度上成为实现少数部门和个别人牟取私利的工具,这种现象成为行业协会发展改革的一大痼疾(涂超华,2008),这种现象必须得到解决,否则不仅不利于行业协会的发展,也会破坏市场经济体制的建立和完善。

三、行业协会涉外经济工作中应注意的方面

(一)全面掌握国际市场动态,建立贸易壁垒的预警机制

在反倾销案件中应诉不力的重要原因是河北省反倾销预警机制的缺失。所谓反倾销预警机制是指出口国有关部门通过各种途径了解各进口国设限动态,发布进口方重要产业受到实质性损害、

实质性损害威胁或者阻碍产业建立的预警信息,及时发现和制止不正当出口竞争,避免国内出口企业遭受国外反倾销指控。

一方面行业协会应该建立 WTO 主要成员国的产业政策、法律、法规以及重点产业数据库;跟踪研究主要贸易伙伴产业政策变化及发展动态;建立国际贸易争端案例库。在行业协会内部成员认真研究争端解决方案的同时,聘请行业相关专家及时对国际经济形势进行评估,对有可能发生的倾销行动进行预警,并传达给政府和行业内企业,全面提高预警水平和效果。另一方面,行业协会应当加强对企业尤其是中小企业的法律意识与操作水平的培训、学习和宣传,并提供跟踪咨询服务,不断提高行业内企业整体素质。同时行业协会要加强与国外行业协会之间的交流与合作,增进国内外行业协会间沟通与了解,以便及时发现贸易摩擦,并通过友好协商缓和矛盾,化解其反倾销意愿。

(二)积极应对外国起诉,树立行业信心

在改革开放以来,我国受到国外反倾销投诉逐年增多,平均每年因此损失 100 多亿美元。但是中国应对国外反倾销投诉成果并不理想,在国际上以政府反倾销机构和企业个人应诉的国家少之又少。20 世纪 90 年代初欧共体和加拿大诉中国倾销案件中,企业各自为营,所提供的证据互相矛盾,不但没有争取到单独关税,还被取消了普惠制待遇。应诉反倾销案件本就是一个行业的问题,反倾销申诉书应包括存在倾销和由此对该国造成的影响的充分信息,这些都需要在行业协会组织有关企业共同努力下才能完成。行业协会在应对贸易摩擦中起着举足轻重的作用。

中国的行业协会在反倾销应诉的道路上逐渐成熟,有许多经典案例不仅为自身行业争取利益,为成功应诉积累宝贵经验,最重要的是树立起行业信心,使企业明白只有积极应诉,才能维护市场份额,巩固市场地位。

(三)主动参与国际事务,做政府与企业的军师

许多发达国家的行业协会已经发展的比较成熟,他们在市场经济中的地位是由其在经济活动中为整个行业所做的贡献而确立的。而我国行业协会在行业内的权威远不如发达国家,更不用说其在国际中的地位。而发达国家行业协会不但在本国具有权威,还在国际市场中制定行业标准,最大限度地保障国内行业企业的利益。如日本的行业协会一方面立足市场经济的自由企业制度和公平竞争的基本秩序,为内部成员服务:为其提供国内外经济形势各种情报、提供企业培训、指导企业经营管理、密切同行企业或相关产业间的交流、进行信息沟通和经营协调;另一方面日本的行业协会立足于本行业在国内生产结构和国际关系中的地位进行考察,向政府提出意见和建议,派代表参加政府的各种会议,谋求对政策的制定产生影响,以使本行业可以获得更大的发展空间。

综上所述,针对行业协会在涉外经济治理秩序中的作用不明显,而国外发达国家的行业协会在不同方面表现出影响力,在市场经济中,我国的行业协会必须加快发展,完善自身职能,发挥对出口竞争秩序的应有的作用。

第三节　欠发展地区产业转型提升国际竞争力:企业的视角

一、加强人才培养储备体制建设

产业发展离不开人才,欠发展地区产业的国际化发展迫切需要高素质的管理人才、专业技术人才、外贸出口营销人才等。时代

的发展使得人才资源成为最重要的战略资源,人才的数量和质量是经济增长和社会发展的关键因素。在人才管理工作中,要克服"见物不见人"和"重使用,轻培养"的倾向,形成"成才、用才、重才、爱才"的社会氛围,营造出一个有利于培养、吸引、留住和用好人才的科学机制。企业的竞争归根到底是人才的竞争,企业要实现国际化经营,最需要的是一批熟悉国际经营的人才。除了采用系统的举措来吸引外来的人才参与产业的发展,并且要留住人才,同时更要培养好本地人才,为本地企业补充人才。为此,企业首先应开发和完善有效的人才培养机制,一方面,通过对在职人员进行跨国经营的培训,培养一批高素质的国际经营人才;另一方面,企业可以直接聘请有经验的外经贸人才,甚至招聘国外的专业人才来为企业服务。大力引进优秀外贸人才,建立健全企业的员工保障机制,提高薪酬待遇。在人才招聘上,可以有更灵活的手段吸引人才,例如,可以用参股入股的方式或者利用分成的方式,鼓励真正有用的外经贸人才参与到企业的经营管理,将有市场、懂外贸的人才招聘进来。另外,在培养和引进人才后,要营造留住人才的企业文化氛围,使人才能长期稳定地为企业的发展服务。

二、强化品牌培育战略

经济新常态下,劳动力短缺、成本增加、产能过剩及全球经济的疲软制约了企业的发展。来自全球的竞争在逐渐蚕食着中国"世界工厂"的地位。低端制造正快速从中国向其他低成本国家转移,而高端制造向发达国家回流,这些对中国制造企业来说无疑更是雪上加霜。面对种种压力,转型升级已经成为企业的当务之急。并且互联网技术的产品创新、精益制造、柔性生产以及供应链集成,成为中国制造业发展的主基调。模块化分工模式导致小型化、专业化将成为制造企业发展新特征。当今的中国企业管理模式主要以业务为导向,依靠集中生产,规模生产来提高企业的议价能力,实现规模效益,减少企业运营成本。然而庞大的规模限制了企业的灵活性与反应速度,面对瞬息万变的市场环境,企业往往无法及时作出调整,从而增加了企业风险,错过市场机遇。因此小、快、灵再加上专注与极致才是未来中国制造企业生存与发展的出路,这对于欠发展地区制造企业来说也具有借鉴意义。

在消费设计的时代,国际消费者对产品品质也有很高的要求。要走向国际化,电子商务面向世界,首先要做的就是品牌战略,只有品牌打响了,才会有市场和销路。国外特别是欧美,高端市场都是在销售品牌。企业能否走向国际市场并保持长期稳定的竞争优势,关键在于企业是否形成并保持了自己的核心竞争力。核心竞争力来源于企业的核心资产,特别是知识资产。如技术、专利、生产技能、互补性知识、自主品牌、自主知识产权等。企业必须加强对自主知识的创新和保护,努力开发自主技术,树立品牌意识,将自主知识产权进行专利申请注册,高度重视自有品牌建设,扩大研发投入。

企业根据自身实力定位好海外目标市场,并细分确定目标市场的消费群体,进行深入地市场调研,对其文化进行研究,对细分消费群体对产品花型、颜色、款式等各方面的选择进行全面了解,根据目标市场不同消费群体的偏好设计独具特色又符合消费者品位的产品,然后对确定的目标市场进行深入开发,这样再结合欠发展地区企业集聚的优势,尽可能降低生产成本,最终既可以实现产品设计优势又可以实现价格优势,相信国外客户也一定会认可其产品,而欠发展地区企业也会获得定价的主动权,也不会陷入各个企业之间盲目的价格战中。

拿出了时时能够吸引住国外消费者的独具特色的产品,产品在海外市场树立起自己的品牌信誉,进而积淀成美誉与忠诚,海外品牌自然形成。

三、加强信息化建设

欠发展地区企业在接待国外客户的到访与洽谈业务中,由于外贸业务员的英语能力差,往往会导致客户不理解的困境。而且某些业务员由于不经意的动作会给客户留下不好的印象。因此,外销企业一定要完善自己对于国外客户的全方位服务体系。提前针对不同的国外客户根据其文化、宗教习俗等情况制定相应的接待规范。在产品生产过程及交单、交货过程中努力做到细致精确。在成交后仍然要继续跟进客户,掌握其销售状况以及当地市场消费者对产品的反应,及时收集消费者的反馈信息,为以后的产品改进提供参考。信息化建设可使企业通过互联网在全球销售产品和服务,也可使企业在交易时获得充分信息,避免不必要的损失,从而节省交易成本。

这个需要政府、行业协会、企业协调共建庞大的信息系统。建立和培育一些专门为跨境电商企业服务的行业,为跨境电商企业完成报关、报检、物流运输和结账等服务。这样就能减轻跨境电商企业的压力,使整个交易环节变得简单,也能加快产业集聚园区的完善和专业度的加强。

政府、行业协会出面引导一些已经有规模的跨境电商企业建立电商示范区,这样做不仅能为新生企业提供咨询,提供经营管理的学习机会,也能有助于各企业之间相互学习、交流经验和心得,求得共赢,推动跨境电商的发展和创新,为企业增添活力,发挥集聚效应。

四、加强企业经营管理

企业国际核心竞争力的提升决定着产业结构优化升级。在"温特尔"国际分工体系中,欠发展地区企业还有雄厚的潜力没有发挥出来。欠发展地区企业更多地是在进行适应性开放运营,缺乏迎头赶上去、主动捕捉世界机遇的气魄与勇气,战略上缺乏与国际市场信息同频率的跳动与动态管理。思想意识、思维格局决定企业战略,企业战略决定产业发展方向,这就导致欠发展地区企业总体上对外开放程度不够。

企业的管理水平也是欠发展地区产业国际竞争力提升的关键,企业必须努力进取通过完善管理制度,明晰产权结构,改进管理体制,不断提高管理水平。一是观念要不断更新,要在企业管理层中树立现代化管理意识;二是企业的发展是个渐进的过程,在不同的时间段里企业中会有不同的矛盾和问题,企业管理必须坚持管理方法、手段与企业的发展阶段相适应;三是要集中优势资源,发展企业最具有决定性的核心能力,提高企业市场竞争力;四是加强企业的公司治理。欠发展地区民营企业大多采用家族治理模式,虽然这种治理模式的代理成本比较低,但在决策和选拔人才等方面存在明显的局限性,因此,企业要不断完善法人结构,优化企业组织结构。实现企业创新,最根本的是要抓好内部机制的创新,建立现代企业制度,实现两权分离。即稳固所有权,放活使用权。首先,企业管理者应通过规范公司治理结构,明确股东会、董事会和经理层的职责,防止内部管理体制的家族化;其次,应建立人才选拔和任用机制,聘请优秀管理人员,引进职业经理人,在员工招聘选拔、考核晋升、职称评聘等方面,公开公平竞争,发挥优秀人才的作用,避免用人机制的家族化,从最根本的管理机制上为企业开展自主创新铺平道路。

经济新常态下,世界经济危机导致国际市场上的高失业率、通货膨胀、外需萎缩、贸易保护主义滋生,且周边不稳定政治因素还会持续很长时期,欠发展地区传统对外出口面临着重大挑战,所以应从根本上提升国际竞争力、调整升级本省产业结构着眼,欠发展地区企业应结合自身的比较优势与比较劣势对外直接投资。传统产业可以按消费驱动型全球网络化生产模式,专注品牌、销售渠道的经营,外包生产环节。机械制造业可以按照生产者驱动型全球生产网络对外进行投资,在全球企业所经营领域中选择最先进的国家进行技术研发性投资,充分利用当地的研发环境,及时捕捉产业发展的世界最新信息,利用当地的研发人才,确保能够掌握世界一流的技术,反哺国内企业的生产需要。如能做到这样,国内产品的国际竞争力也会快速确立起来。

欠发展地区历史上形成不少的产业集群,但是从产业集聚的水平来看,没有突破传统意义上的产业集聚,并没有充分利用当前大数据时代的物联网、互联网把产品按照价值链充分进行分工。更主要的缺陷是产业链非常短,关键技术、关键原材料还需要从省外或国外引进。辛集的关键技术师傅还是从江浙一带请来的,江浙一带师傅到辛集来做工要么工资远远高于江浙一带,要么相对于江浙一带的师傅来说水平一般,只好选择外出。是否培育出产业集聚的专业性人才是产业集聚的生命力所在。比如调研中发现双鹰有限公司品牌、销售渠道都非常响亮,但是缺乏长远发展战略,正逐渐萎缩,品牌遭遇侵蚀。在国际竞争国内化的局面下,双鹰输的不是技术,而是上游钢材的质量上。产业集聚在国内还没有形成网络性生产,没有配套的生产性服务与供应链。中国本身就处于国际分工的低端,欠发展地区企业又处于国内的低端,所以所谓的产业集聚更是加工环节,缺乏品牌、技术、销售渠道等软性竞争力,产业集聚区环境污染非常严重,是资源环境掠夺性的发展。根据价值链原理重新定位自己的位置,进行长远发展战略的调整,逐步在产业集聚区内形成上下游链条。

发挥行业协会及其他中介组织的作用。行业协会是同业竞争者的联合组织,它以维护协会成员的利益并实现行业的整体利益最大化为价值理念,因此,行业协会可以较好地促进和维护自由、公平的竞争。行业协会要进一步加强行业监督,实现行业调控,为促进欠发展地区企业出口提供一个良好的外部支持。

随着国际化程度的提高,企业必须按国际规范、国际惯例来加强海外分支机构的管理。企业的管理者必须更新观念,树立规则意识,进行制度创新和管理创新,彻底改变落后的企业制度、传统管理模式和低层次服务方式,建立既能适应本土文化和市场环境,又能与国际接轨的现代企业制度、管理模式和服务规范。

宏观管理部门应结合欠发展地区实际情况与国际经验,抓紧研究制定跨国经营总体战略、地区战略、技术战略、投资战略及市场营销战略。

参 考 文 献

［1］杨大楷：《国际投资学》，上海财经大学出版社 2003 年版。

［2］迈克尔·波特：《竞争论》，中信出版社 2003 年版。

［3］范金、郑庆武、梅娟：《应用产业经济学》，经济管理出版社 2004 年版。

［4］董伟：《后危机时代：制度与结构的反思》，社会科学文献出版社 2011 年版。

［5］康学芹：《粤港澳增长三角次区域经济一体化研究》，中国社会科学出版社 2014 年版。

［6］张琴：《国际产业转移与中国产业结构优化研究》，经济科学出版社 2012 年版。

［7］李欣广：《国际产业转移与中国工业化新路》，中国时代经济出版社 2007 年版。

［8］陈建军：《要素流动、产业转移和区域经济一体化》，浙江大学出版社 2009 年版。

［9］梁琦：《分工、集聚与增长》，商务印书馆 2009 年版。

［10］隆国强：《大调整时代的世界经济》，中国发展出版社 2013 年版。

［11］干春晖：《产业经济学教程与案例》，机械工业出版社 2006 年版。

［12］［法］泰勒尔：《产业组织力量》，中国人民大学出版社 1997 年版。

［13］林毅夫：《新结构经济学》，北京大学出版社 2012 年版。

［14］王缉慈：《创新的空间——企业集群与区域发展》，北京大学出版社 2003 年版。

［15］李小建：《公司地理论》，科学出版社 2002 年版。

［16］魏后凯、刘楷：《中国地区发展——经济增长、制度变迁与地区差

异》,经济管理出版社 2007 年版。

[17]刘江华、张强:《战略创新与产业演进》,中山大学出版社 2008 年版。

[18]杨国亮:《企业竞争优势论》,中国经济出版社 2007 年版。

[19][澳]约翰·加托纳:《动态协同的供应链》,电子工业出版社 2007 年版。

[20][美]迈克尔·波特:《竞争战略》,华夏出版社 2010 年版。

[21]唐志红:《经济全球化下一国产业结构优化》,西南交通大学出版社 2007 年版。

[22][美]迈克尔 P.托达罗、斯蒂芬·C.史密斯:《发展经济学》,机械工业出版社 2014 年版。

[23]金碚:《产业组织经济学》,经济管理出版社 2005 年版。

[24]喆儒:《产业升级——开放条件下中国的政策选择》,中国经济出版社 2006 年版。

[25]李军、孙彦彬:《产业结构优化模型及其评价机制研究》,华南理工大学出版社 2009 年版。

[26]罗辑、张其春:《区域产业竞争力研究:理论与实践》,科学出版社 2008 年版。

[27]范金、郑庆武、梅娟:《应用产业经济学》,经济管理出版社 2004 年版。

[28]李悦、李平:《产业经济学》,东北财经大学出版社 2004 年版。

[29]裴长洪:《利用外资与产业竞争力》,社会科学文献出版社 1998 年版。

[30]陈勇:《FDI 路径下的国际产业转移与中国的产业承接》,东北财经大学出版社 2011 年版。

[31][美]Christopher R.Thomas、S.Charles Maurice:《管理经济学》,机械工业出版社 2014 年版。

[32][美]托马斯·L.惠伦、J.戴维·亨格:《战略管理与企业政策》,清华大学出版社 2005 年版。

[33][美]弗雷德·卢森斯、乔纳森·P.多:《国际企业管理:文化、战略与行为》,机械工业出版社 2010 年版。

［34］卢进勇、刘恩专：《跨国公司经营与管理》，机械工业出版社 2013年版。

［35］赵春明：《跨国公司与直接投资》，机械工业出版社 2013 年版。

［36］刘常宝等：《品牌管理》，机械工业出版社 2014 年版。

［37］李兴浩等：《品牌管理》，东方出版社 2007 年版。

［38］孙春苗：《论行业协会——中国行业协会失灵研究》，中国社会出版社 2011 年版。

［39］徐家良：《互益性组织：中国行业协会研究》，北京师范大学出版社 2010 年版。

［40］汤蕴懿：《行业协会组织与制度》，上海交通大学出版社 2009年版。

［41］曲如晓：《中国对外贸易概论》，机械工业出版社 2016 年版。

［42］迈克尔·波特：《国家竞争优势》，华夏出版社 2002 年版。

［43］高国珍：《后危机时代中小企业对外直接投资的战略选择》，载《西北农林科技大学学报（社会科学版）》2010 年第 5 期。

［44］张建红、周朝鸿：《中国企业走出去的制度障碍研究——以海外收购为例》，载《经济研究》2010 年第 6 期。

［45］佟家栋、彭支伟：《从"干中学"到"加工中学"——经济全球化背景下的国际分工、技术外溢与自主创新》，载《南开学报（哲学社会科学版）》2007 年第 6 期。

［46］柴庆春：《我国对外直接投资的现状及问题分析》，载《国际贸易》2008 年第 1 期。

［47］裴长洪、樊瑛：《中国企业对外直接投资的国家特定优势》，载《中国工业经济》2010 年第 7 期。

［48］田泽：《后危机时代我国企业对外直接投资风险与对策》，载《现代经济探讨》2010 年第 10 期。

［49］李梅：《企业战略联盟：我国企业"走出去"的必然选择》，载《宏观经济管理》2010 年第 10 期。

［50］高玉兰：《后危机时代中国企业对外直接投资前景分析》，载《东方企业文化·国家与城市竞争》2010 年第 10 期。

［51］关秀丽：《十二五时期我国企业走出去前景分析》，载《宏观经济

管理》2011 年第 2 期。

[52]张燕生:《十二五期间中国实施走出去战略选择》,载《当代世界》
2011 年第 6 期。

[53]何伟文:《积极探索 善于走出去》,载《国际贸易论坛(内部刊
物)》2011 年秋。

[54]金灿荣:《走出去战略十年回顾:成就与挑战》,载《现代国际关
系》2011 年第 8 期。

[55]关利欣:《商贸企业集群式"走出去"探析》,载《国际经济合作》
2011 年第 7 期。

[56]岑丽君:《中国在全球生产网络中的分工与贸易地位——基于
TiVA 数据与 GVC 指数的研究》,载《国际贸易问题》2015 年第 1 期。

[57]胡彦宇、吴之雄:《中国企业海外并购影响因素研究——基于新
制度经济学视角的经验分析》,载《财经研究》2011 年第 8 期。

[58]周君、张震:《"走出去"战略下中国对外直接投资的母国约束研
究》,载《投资研究》2012 年第 2 期。

[59]李金珊、张默含:《中国对外直接投资宏观、中观与微观研究述
评》,载《现代管理科学》2012 年第 2 期。

[60]徐少卿、王大贤:《我国企业走出去的特点、问题和金融支持对
策》,载《金融会计》2012 年第 2 期。

[61]康增奎:《中国企业"走出去"战略的路径选择》,载《中国经贸导
刊》2012 年第 3 期。

[62]朱永香:《外商直接投资对河北省产业结构的影响研究》,《河北
师范大学》,硕士学位论文,2008 年。

[63]吕传俊:《中国后发展地区的界定与低碳发展策略》,载《中国人
口·资源与环境》2014 年第 2 期。

[64]邬国盛:《后发展地区经济市场化模式创新研究》,载《湘潭大
学》,硕士学位论文,2008 年。

[65]江小涓:《"十五"我国对外投资趋势研究:全球背景、投资规模与
重点选择》,载《管理世界》2001 年第 1 期。

[66]江小涓:《中国对外开放进入新阶段:更均衡合理地融入全球经
济》,载《经济研究》2006 年第 3 期。

［67］江小涓：《中国开放三十年的回顾与展望》，载《中国社会科学》2008 年第 6 期。

［68］茹玉骢：《技术寻求型对外直接投资及其对母国经济的影响》，载《经济评论》2004 年第 2 期。

［69］陈继勇、黄蔚：《外商直接投资区位选择行为及影响因素研究》，载《世界经济研究》2009 年第 6 期。

［70］刘明霞、王学军：《中国对外直接投资的逆向技术溢出效应研究》，载《世界经济研究》2009 年第 9 期。

［71］梅新育：《全球贸易保护主义风潮及其应对》，载《国际贸易》2009 年第 3 期。

［72］赵彦云、陈芳：《中国企业管理软国际竞争力评价和分析》，载《经济理论与经济管理》2006 年第 6 期。

［73］谷克鉴：《后危机时代中国外贸宏观管理的战略调整：金融经济语境的实证描述》，载《国际贸易问题》2009 年第 12 期。

［74］李海蓉、王振锋：《后危机时代：金融危机背景下 FDI 的变化及启示研究》，载《生产力研究》2011 年第 3 期。

［75］邵永恒、张永庆、廉正：《跨国公司在华投资战略调整对中国产业发展的影响研究》，载《软科学》2011 年第 1 期。

［76］陈秀山、赵宵伟：《后金融危机时期中国区域发展格局的演变及其走向》，载《天津行政学院学报》2011 年第 1 期。

［77］王志国：《后金融危机时期中部地区承接产业转移的态势与对策》，载《求实》2011 年第 1 期。

［78］何龙斌：《金融危机背景下的国内产业转移与承接问题研究》，载《改革与战略》2010 年第 11 期。

［79］范增英、吴立源：《企业集群治理主体研究》，载《华侨大学学报》2009 年第 4 期。

［80］王海光：《企业集群与民间商会：一个共生视角的解释》，载《经济体制改革》2006 年第 5 期。

［81］费钧：《当代中国非政府组织管理体制变迁研究——基于社会管理改革的视角》，上海师范大学 2012 年硕士毕业论文。

［82］孙春苗：《广东省行业协会体制改革调研报告》，载《学会》2009

年第 1 期。

［83］郁建兴：《沈永东行业协会在产业升级中的作用》，《中国行政管理》2011 年第 9 期。

［84］张瑞敏：《张瑞敏：向"三无"企业迈进》，载《商学院》2014 年第 4 期。

［85］张瑞敏：《张瑞敏：颠覆式创新再造海尔》，载《经理人》第 231 期。

［86］张瑞敏：《张瑞敏：三问海尔，打造世界品牌》，载《中外管理》2011 年第 4 期。

［87］张瑞敏：《张瑞敏：海尔的国际化战略》，载《国际市场》2003 年第 3 期。

［88］李维安、戴文涛：《公司治理、内部控制、风险管理的关系框架——基于战略管理视角》，载《审计与经济研究》2013 年第 4 期。

［89］叶笛：《企业转型的动态能力研究》，载《内蒙古农业大学学报》2014 年第 3 期。

［90］商迎秋：《企业战略管理理论演变与战略风险思想探析》，载《技术经济与管理研究》2011 年第 3 期。

［91］武常岐：《中国战略管理学研究的发展述评》，载《南开管理评论》2010 年第 6 期。

［92］杨香豹：《海尔打"飞靶"》，载《企业管理》2014 年第 3 期。

［93］孔文泰：《"海尔"进入国际市场的战略及所带来的启示》，载《企业科技与发展》2013 年第 12 期。

［94］刘琪：《海尔：互联网转身中的电商突击》，载《IT 经理世界》2013 年第 11 期。

［95］赵剑波：《管理意象引领战略变革：海尔"人单合一"双赢模式案例研究》，《组织管理研究》2014 年第 4 期。

［96］赵剑波：《海尔在互联网时代的转型与创新》，《新经济导刊》2014 年第 7 期。

［97］柴利：《中国企业海外并购中存在的问题及对策分析》，载《改革与战略》2011 年第 8 期。

［98］金碚：《工业的使命和价值——中国产业转型升级的理论逻辑》，《中国工业经济》2014 年第 9 期。

［99］Vernon,R.,"International Investment and International Trade in the Product Cycle",*Quarterly Journal of Economics*,May 1966.

［100］Kojima,K.,"Direct Foreign Investment:a Japanese model of Multinational Business Operations",*Croom Helm* ,1978.

［101］Sanjaya,Lall,"Determinants of R&D in an LDC:The Indian Engineering Industry",*Economics Letters*,1983.

［102］Wells,L.T.,"Third World Multinationals.Cambridge",*MA The MIT Press*,1983.

［103］Ambos, T. C., Ambos, B. & Schlegelmilch, B. B., " Learning from foreign subsidiaries:An empirical investigation of headquarters'benefits from reverse knowledge transfers",*International Business Review*,2006.

［104］Fey,C.F.& Birkinshaw,J.,"External sources of knowledge,governance mode,and R&D performance",*Journal of Management*,2005.

［105］Yang, Q., Mudambi, R. & Meyer, K. E., "Conventional and reverse knowledge flows in multinational corporations",*Journal of Management* ,2008.

［106］Hymer, "International Operations of National Firms: A Study of Direct Foreign Investment", Doctoral Dissertation, Massachusetts Institute of Technology,1960.

［107］Dunning,"Explaining the International Direct Investment Position of Countries:Towards a Dynamic or Developmental Approach",*Review of World Economics*,1981.

［108］河北省工业经济联合会提供的政策性资料。

［109］海尔集团官方网站:http://www.haier.net/cn/。

［110］http://www.hebmz.gov.cn/,河北省民政厅网站资料。

附　录

调研初期问卷设计总思路

一、企业基本情况

1. 企业规模有多大？（员工人数、销售额、纳税金额）

2. 企业所有制性质是什么？

3. 企业是否有国际经济活动？

二、如果是传统产业,如辛集皮衣厂

1. 出口市场是哪些国家和地区？

2. 行业中企业数量、产量、市场需求量、产品利润率是多少？

3. 绿色壁垒对出口是否有影响？

4. 国际营销策略,如何建立品牌？

5. 债务危机对出口的影响？

6. 原材料成本的变化？

7. 人民币升值对企业利润的影响？

8. 企业在经营发展中遇到的主要问题是什么？

A.资金短缺　B.人才问题　C.管理问题　D.市场营销问题 E.技术问题

三、与光伏类似产业

1.企业产品主要针对什么样的市场？

A.出口国外　B.国内销售　C.本地销售　D.定向加工

2.哪些国家对中国光伏产业发起反倾销调查？美国和欧盟的反倾销调查的程序和调查侧重点不同表现在哪些方面？

3.反倾销对本企业有何影响？

4.是否开发新市场还是转到国内销售？

5.企业在反倾销案件中如何应诉？需要哪方面的帮助？

四、资本密集型的汽车产业：技术进步

1.企业技术进步的途径？

2.企业内如何开展技术创新活动？研发投入情况？研发投入效果？研发资金来源。

3.技术创新的困难？

4.引进外资对本企业技术进步的影响？

5.是否有 OFDI 的战略想法？

6.本企业是否开展创新竞赛活动？

7.本企业每年的研发投入占销售收入的比例？

河北长城汽车调研问卷

尊敬的先生/女士：

您好！

我们是《对外直接投资促进河北省产业结构调整研究——欧美债务危机背景下的分析》（河北省科技厅 2013 年度科研项目）、《河北省国际投资商务人才培养战略研究》（教育厅重大科研项

目,课题编号:SD122008)课题组。本问卷是利用学校暑期社会实践进行的课题调研的一个重要组成部分,目的是通过收集我省具有竞争优势的产业在经营发展过程中国际竞争力方面的一些优势与期待解决的问题,通过课题组的研究架起企业与政府、高校研究的桥梁,为我省地方经济提升国际竞争力、创建国际品牌过程中存在的实际问题献计献策。本活动纯属高校暑期社会实践、课题研究,不涉及任何商业活动。我们非常感谢您的参与、支持,期待您对高校教学、科研工作提出宝贵意见!

一、长城汽车作为中国自主品牌汽车,能够实现全部自主生产吗?哪些关键技术和零部件来自进口?企业在引进设备和生产线的过程中是否能够学到国外的先进技术?

二、企业每年的研发投入是多少?中央政府、地方政府、企业的研发投入比例?

三、企业新能源汽车发展中存在哪些问题?

四、作为汽车行业中比较优秀的民营企业,认为政府、行业协会应该采取哪些政策或具体措施来扶持民营企业?(比如金融服务、法律服务、技术服务、信息政策支持等)

五、面对越来越激烈的市场竞争,长城汽车"走出去"面对的最大问题是什么?长城汽车对外直接投资是市场寻求型还是技术获取型投资?

六、据我们了解,长城汽车每年都要招聘不少大学生,对大学生的培养单位——高校,有何建议?换句话说,高校需要在平常教学中注意哪些问题,以真正提升大学生的综合素质,从而实现学校和企业的无缝对接?

七、河北经贸大学作为地方高校,担负着服务地方经济的职责和任务,也非常愿意和企业合作提升河北经济发展水平,长城汽车有无短期或者长期的校企合作计划?

河北省辛集皮革产业集聚区调研问卷

尊敬的先生/女士:

您好!

我们是《对外直接投资促进河北省产业结构调整研究——欧美债务危机背景下的分析》(河北省科技厅 2013 年度科研项目)、《河北省国际投资商务人才培养战略研究》(教育厅重大科研项目,课题编号:SD122008)课题组。本问卷是利用学校暑期社会实践进行的课题调研的一个重要组成部分,目的是通过收集我省传统优势产业在经营发展过程中国际竞争力方面的一些优势与期待解决的问题,通过课题组的研究架起企业与政府、高校研究的桥梁,为我省地方经济提升国际竞争力、创建国际品牌过程中存在的实际问题献计献策。本活动纯属高校暑期社会实践、课题研究,不涉及任何商业活动。我们非常感谢您的参与、支持,期待您对高校教学、科研工作提出宝贵意见!

一、企业经营状况

企业性质	企业员工	女性人数	学历	
		男性人数	学历	

年份	2013	2012	2011	2010	2009	2008	2007
年销售额							
出口额							
出口主要产品							
出口主要地区							
新产品占当年销售比例							

二、企业发展

1. 企业长远规划是什么,在日常经营中是否有意识地为长远战略规划目标积累?

2. 在企业经营过程中是否有意识地进行国际市场营销战略,是否能熟练地利用电子商务平台? 请对市场拓展能力进行自我评价。

3. 在企业经营过程中是如何建设自己的品牌,企业品牌定位是什么样的,当前企业处于国际上什么位置? 每年在研发上的投入是多少? 新产品开发率是多少,新产品利润率如何?

4. 企业的技术创新、更新的主要渠道是什么?

(企业自主研发、政府研发、利用外商投资、国外购买技术、对外直接投资获取当地技术)

5. 金融危机以来的销售情况怎么样? 主要冲击是什么? 采取

了怎样的主要应对措施？

三、相关支撑机构

1. 本企业知道了解哪些与企业经营相关的行业协会？其主要服务功能是什么？本企业加入了哪些行业协会？

2. 本皮革产业集聚区对中小企业是否有专业知识教育培训机构？企业是否参加？有参加的必要吗？

3. 本地是否有提供管理咨询服务的机构？企业认为有参加的必要吗？

4. 政府在皮革产业集群发展中是否能从产业政策上提供有效的支持？（产业规划、市场管理、信息政策供应、土地规划）

5. 企业在经营过程中对员工提出什么要求？刚毕业的学生存在着什么问题？

6. 企业在发展过程中是否存在人才瓶颈制约问题？企业目前需要什么样的人才？学校教育过程中应该如何去做。

7. 是否把国际市场调研、国际市场客户资料收集、寻找、翻译、谈判、涉外法律纠纷等国际经营中的一些基础业务外包给高校或更专业的公司去做？

8. 当前面临的问题是什么？比如在原材料供应、中间产品供应、产业发展网络方面。

后　记

当感觉所从事的工作是有价值的时候,所有长期的劳累与繁琐都会化作清风拂过。在《粤港澳次区域经济一体化研究》的研究基础上对中国欠发展地区产业升级、国际竞争力提高进行思考,不是水到渠成而是责任使然,尽管能力的局限使我无法完全兑现这份内心的担当,但依然向蜗牛一样慢慢地思考、爬行。

在中国改革第一季,粤港澳次区域经济一体化创造了深圳奇迹,外向型发展模式逐渐四面传导,自此中国经济版图呈现新的一幕,经济区域化块状发展,是国家经济发展不平衡战略还是产业媾和能力的问题,值得深深地思考。作为河北人,看着传统的优势产业在河北省逐渐萎缩、竞争力让位他省之时,我展开了深入的探访和思考。2012 年、2013 年、2014 年暑假带着相关课题对河北省新兴产业制造企业、传统产业制造企业、中小企业产业集群、行业协会进行了调研,形成调研报告,最后汇集在这里形成这本书。

在本书写作过程中,中国发生了深刻的变化,以上海自贸区为先导的自贸区建设、经济新常态的提出、中国工业 2025、"互联网+"、"一带一路"……中国里应外联,突破 TPP 筹划世界新格局,转移过剩产能,步入资本净输出国,中国进入强国崛起性深层次改革,堪称中国改革第二季。扑面而来的改革概念、"互联网+"带来的思维和商业态势的变化也曾让我充满了焦虑,变得太快了!拂去一切,掩面静思,一切形式的变化都无法替代制造业实质竞争力的提升。国内格局是中国世界格局的根基,欠发展地区是第二季深化改革的纵深腹地,直接影响着国内产业格局的转型升级。欠发展地区关键还是要解放思想,思想决定战略格局。欠发展地区的经济格局与改革深化第二季的国内外背景为中西部地区崛起提供了难得的机遇。如何破解当前落后格局,思想的疏导、行业协会的引领似乎更接地气。所以,本书避开了在粤港澳次区域经济一体化研究中的计量实证论据,更多地从一个个实际案例去剖析,希望能唤起欠发展地区政界、企业界人士的思考。

感谢河北经贸大学学位办学术文库的资助与支持。感谢人民出版社相关领导和编辑,他们的辛苦工作使本书能够顺利出版。感谢在本书写作过程中河北省保定长城汽车股份有限公司、保定双鹰农机有限公司、石家庄辛集富泰皮革有限公司、河北省民政厅、河北省工业经济联合会、河北省石家庄鹿泉市政府、河北省白沟国税局、河北省奶业协会、河北省农产品协会、河北省汽车协会、河北省信息产业协会等 12 家机构和协会给予的帮助、讲解与资料提供。感谢河北经贸大学学位办的领导与老师的帮助与支持;感谢商学院王小平院长、戎素云副院长在调研工作中给予的支持。感谢同行调研的老师与学生(老师:戎素云、刘晓亮、邓丽娜;学生:刘孜仪、张凤莲、吕媛、赵颐淇、闫江、赵嘉辉等)。调研过程中深入的思考、激烈的讨论使我的认识更加深刻,前行更加坚信。

图书在版编目(CIP)数据

经济新常态下欠发展地区提升产业国际竞争力路径研究/
康学芹 著. —北京:人民出版社,2018.6
ISBN 978－7－01－016674－2

Ⅰ.①经… Ⅱ.①康… Ⅲ.①产业发展－竞争力-研究-中国
Ⅳ.①F269.24

中国版本图书馆 CIP 数据核字(2016)第 216843 号

经济新常态下欠发展地区提升产业国际竞争力路径研究
JINGJI XINCHANGTAIXIA QIANFAZHAN DIQU TISHENG
CHANYE GUOJI JINGZHENGLI LUJING YANJIU

康学芹 著

人民出版社 出版发行
(100706 北京市东城区隆福寺街 99 号)

北京汇林印务有限公司印刷 新华书店经销

2018 年 6 月第 1 版 2018 年 6 月北京第 1 次印刷
开本:880 毫米×1230 毫米 1/32 印张:8.75
字数:200 千字

ISBN 978－7－01－016674－2 定价:29.00 元

邮购地址 100706 北京市东城区隆福寺街 99 号
人民东方图书销售中心 电话 (010)65250042 65289539